VIAGENS VINHOS HISTÓRIA

VIAGENS VINHOS HISTÓRIA

VOLUME II

ALTA BOOKS
GRUPO EDITORIAL
Rio de Janeiro, 2023

Bodega Spinoglio

PREFÁCIO

Já li muitos livros sobre vinho, sobre história e sobre turismo. Mas o Milton Assumpção reúne tudo isso em um trabalho meticuloso. O livro, como um rio caudaloso, nos leva dos séculos XV e XVI, tempo das Navegações e Grandes Descobertas, passa pelo Apartheid e por Mandela e desemboca em deliciosas visitas às vinícolas, com um completo programa para viagens.

Dizem que Deus está nos detalhes. O Milton é um deus detalhista. Suas viagens e seus vinhos são realmente fascinantes porque nos colocam dentro das áreas pesquisadas, de tal forma que podemos até sentir os aromas locais. O Milton é demais. Um pesquisador minucioso e com uma sensibilidade incrível para transferir conhecimento.

Já estive na África do Sul e, também, percorri as regiões vinícolas. Foi ótimo. Mas teria sido muito mais proveitoso se o Milton já tivesse publicado este livro, tão rico em informações e recomendações. Imediatamente, percebi o quanto eu havia perdido na minha observação superficial. Vou ter de voltar lá com o livro em punho.

Recomendo a todos os amantes de vinho e viagens que desfrutem de mais esta obra-prima do gênero.

Milton se supera mais uma vez. Parabéns.

J.B. de Oliveira Sobrinho (Boni)

SUMÁRIO

8 TRIBUTOS AO VINHO

10 APRESENTAÇÃO

28 ÁFRICA DO SUL
Cidade do Cabo
Joanesburgo

82 BRASIL
Pinto Bandeira
Vacaria
São Joaquim

110 CHILE
Vale do Aconcágua
Vale de Casablanca
Patagônia Chilena
Ilha de Páscoa/
Rapa Nui

170 ESPANHA
Rioja
Ribera del Duero
Rueda
Tordesilhas

224 ESTADOS UNIDOS
Vale de Napa
Sonoma

258 FRANÇA
Champagne
Troyes
Tain'Hermitage
Tournon

296 ITÁLIA
Barbaresco
Cinque Terre
Puglia
Úmbria
Vêneto

412 PORTUGAL
Bairrada

424 URUGUAI
Colônia de Sacramento
Montevidéu
Punta del Este

452 ÍNDICE
REMISSIVO

TRIBUTOS AO VINHO

Onde o vinho falta não há lugar para o amor.
Eurípedes

Um bom vinho é como um bom filme: dura um momento e deixa na boca um gosto de glória; é novo em cada gole e, como acontece nos filmes, nasce e renasce em cada sabor.
Federico Fellini

Tenha o cuidado ao confiar
em uma pessoa que não gosta de vinho.
Karl Marx

A língua é o vinho nos lábios.
Virginia Woolf

A dor pode ser aliviada, com um bom sono,
um banho e um copo de vinho.
São Tómas de Aquino

A cerveja a fazem os homens, o vinho o faz Deus.
Martin Luther King

Se bebemos vinho, encontramos com sonhos
que saltam sobre nós da noite eminente.
D.H. Lawrence

Um bom vinho é poesia em garrafa.
Robert L. Stevenson

O vinho é como a encarnação; é divina e humana.
Paul Tillich

Eu gosto sobre a mesa, quando falamos,
a luz de uma garrafa de vinho inteligente.
Pablo Neruda

Se Deus tivesse proibido o vinho,
porque o teria feito tão saboroso.
Cardeal de Richelieu

O vinho lava nossas inquietações, enxuga a alma até o fundo, e entre outras coisas, garante a cura da tristeza.
Sêneca

No vinho há a verdade.
Plínio o velho

O vinho e a música sempre foram para mim um magnífico saca-rolhas.
Anton Techkov

Embriaga-te sem cessar, com vinho, com poesia e com virtude.
Charles Baudelaire

Prefiro guardar o vinho na memória a guardar na adega.
Alvaro Cézar Galvão

O vinho molha e tempera o espírito e acalma as preocupações da mente.
Sócrates

O vinho alegra o pobre e o rico, sem distinção de classe e de religião.
Luis Pato

A natureza produz as uvas e, se não houver um destino, estragam. As mesmas uvas transformadas em vinho criam um produto de validade longeva.
Ademir Brandelli

O vinho foi para mim uma estrela brilhante, que me envolveu, e tem sido o guia de toda a minha família.
Plinio Pizzato

O bom vinho é aquele que sabe bem na sua boca, e cabe no seu bolso.
Milton Mira de Assumpção

Quanta poesia poderíamos escrever observando uma garrafa, duas taças e duas pessoas bebendo vinho.
Vilmar Bettu.

APRESENTAÇÃO

Como programar visitas às principais regiões vinícolas, mesmo não sendo um especialista ou conhecedor de vinhos.
As histórias das regiões vinícolas, seus vinhedos, uvas e vinhos.

VENHA COMIGO E VIAJE EM MINHAS VIAGENS!

Vinhedos na Toscana

Exatamente como no meu primeiro **Guia Viagens, Vinhos, História**, o conceito básico deste novo **Guia Viagens, Vinhos, História 2** é dar ao leitor recomendações e sugestões para que possa programar suas viagens a várias regiões vinícolas, em diversos países, com mais conhecimento e segurança, mesmo sendo um simples apreciador de vinho.

Ambos os Guias são também direcionados a profissionais e especialistas. Inclui informações interessantes e úteis e recomendações de vinícolas que vale a pena visitar.

No primeiro Guia foram incluídas importantes e conhecidas regiões vinícolas da **Argentina**, do **Brasil**, do **Chile**, da **França**, da **Itália** e de **Portugal**.

Neste segundo Guia, estão a **África do Sul**, a **Espanha**, os **Estados Unidos**, o **Uruguai** e novas regiões vinícolas de **Brasil**, **Chile**, **Itália** e **Portugal**.

Viagens, Vinhos, História e **Viagens, Vinhos, História 2** são independentes e se completam, com informações sobre 55 regiões vinícolas em 10 países.

A grande maioria tem seus vinhos exportados e disponíveis no Brasil.

Em companhia da minha esposa Ruth, visitamos em torno de 250 vinícolas e degustamos, possivelmente, cerca de 1.250 vinhos.

Nos Guias, relato em detalhes todas as programações e visitas que fizemos.

Para quem tem a possibilidade de viajar, os Guias poderão ajudar a fazer suas programações de viagens.

Para muitos, também, serão importantes para ampliar o conhecimento sobre a cultura do vinho e, através da leitura, ter o prazer de viajar comigo, em minhas viagens.

Após a publicação do primeiro Guia Viagens, Vinhos, História, visitei diversas vinícolas que havia incluído no livro. Em várias delas, em Portugal, França, Argentina e Chile, disseram-me que brasileiros estavam visitando, fazendo enoturismo, e seguindo as orientações do meu livro. Muitos levavam o Guia consigo.

Tenho conversado com várias pessoas que descobriram mais recentemente o prazer do vinho e o desejo de saberem mais, conhecerem mais. Muitos perguntam qual o melhor vinho, e sempre respondo: **O MELHOR VINHO É AQUELE QUE SABE BEM NA SUA BOCA E CABE NO SEU BOLSO!**

Ou seja, o melhor vinho é aquele que você bebe, lhe dá prazer e está dentro das possibilidades do seu bolso!

O novo apreciador de vinhos

Nos últimos anos, cresceu muito o número de apreciadores de vinhos. São pessoas que descobriram o prazer de beber e que buscam, cada vez mais, novos conhecimentos.

O vinho é uma cultura milenar que desperta paixões. Sinto que é realmente muito prazeroso conhecer e saber sobre vinhos. Não é necessário ter os conhecimentos técnicos e profundos de especialistas, enólogos e sommeliers.

Recomendo, sim, que, além do prazer de degustar, busquem conhecimentos, mesmo porque é um tema apaixonante, vivo e cheio de histórias.

Uvas/Castas

Há uma teoria de que no início dos tempos, havia somente uma uva. À medida que ela foi sendo plantada em várias regiões do mundo, foi adquirindo características próprias e mudando de nome.

Com o passar do tempo, os homens foram dominando a cultura da uva e da produção dos vinhos, fizeram enxertos, cruzamentos e produziram novas uvas.

Essas uvas com características diferentes e próprias foram classificadas como **Castas**.

Hoje, acredita-se haver, em todo o mundo, cerca de 12.500 uvas diferentes, ou seja, 12.500 diferentes castas, com diferentes nomes.

Cabernet Sauvignon, Merlot, Malbec e Pinot Noir são algumas castas de uvas. Então, quando alguém pergunta – *Qual a casta deste vinho?* – ele está perguntando com que uva o vinho foi produzido.

Saber as castas é importante porque, no Brasil e em alguns outros países, o vinho é escolhido pela casta, pela uva.

Nós dizemos – *Hoje vou beber um Cabernet Sauvignon!*, ou seja, hoje vou beber um vinho produzido com a uva Cabernet Sauvignon.

Aqui, bebemos um vinho Merlot, Pinot Noir, Malbec, Carménère ou Sirah, tanto que eu sempre digo **BRASILEIRO NÃO BEBE VINHO, BEBE A UVA!**

Na Argentina, no Chile, nos Estados Unidos e no Uruguai, onde se cultiva uma grande varie-

Uva Nebiollo, Piemonte

Solo de pedras, Châteuneuf-du-Pape

dade de uvas, o vinho também é escolhido pela uva e pelo bolso.

Na grande maioria dos países, as vinícolas estão colocando nos rótulos das garrafas o nome das uvas utilizadas na produção de seus vinhos.

Em Portugal, até bem pouco tempo, não era tradição colocar o nome das uvas nas garrafas, mas, com a globalização e o mercado internacional de vinhos, os portugueses foram obrigados a acompanhar as exigências do mercado.

Em Portugal, o vinho ainda é escolhido pela região — Alentejo, Dão, Douro, Bairrada — pela vinícola e pelo bolso.

Na maioria das regiões vinícolas da Europa, há algumas uvas consideradas **Dominantes**. São aquelas que melhor se adaptaram a uma determinada área, que produzem frutos de melhor qualidade e são mais utilizadas para a produção dos vinhos.

A adaptação das uvas, assim como a produção de melhores frutos, depende das condições da natureza de cada região. É o que chamamos de **Terroirs**.

Terroirs

São as combinações e condições da natureza nas regiões onde as videiras são plantadas. A qualidade e diversidade do solo, a incidência do sol, a chuva, a umidade, os ventos e, principalmente, a amplitude térmica — a combinação de todos esses fatores é o **Terroir**.

SOLO

Na maioria das regiões, o solo é composto de argila, pedras e pedregulhos, com algumas variações.

Aragem manual, com cavalos, vinhedos da Romanee-Conti

Na Provence, por exemplo, há uma porcentagem muito grande de pedras e pedregulhos. No Douro, o solo é composto de argila e xisto. No Vale de Napa, além da argila, pedra e pedregulho, o solo contém sedimentos marinhos e vulcânicos.

Essas características diferentes dos solos, de onde saem os nutrientes, mudam sensivelmente as características das uvas e dos vinhos.

Assim, uma uva Cabernet Sauvignon cultivada no solo do Vale de Napa possui características diferente das cultivadas, por exemplo, no Chile, onde os solos possuem atributos diversos.
E isso se reflete no sabor e no aroma dos vinhos.

Em minha viagem ao Vale de Napa, pude degustar vários vinhos Cabernet Sauvignon, e fiquei muito surpreso com a diferença de sabores e aromas, comparados com os Cabernet Sauvignon, do Chile, com os quais estou mais familiarizado.

Os nutrientes provenientes de sedimentos marinhos e vulcânicos agregam aromas e sabores especiais aos vinhos de Napa.

Acredito que mesmo alguém que seja um novo apreciador de vinhos sentirá a diferença.

CHUVA E UMIDADE
O ideal é que sejam na quantidade e na época certa. As raízes das videiras não podem beber muita água. A uva deve ser composta com uma maior quantidade de nutrientes.

Em várias vinícolas onde há incidência maior de chuvas, os agricutores cultivam entre os vinhedos algumas plantas com características especiais para absorver água, e competir com as raízes das vinhas.

Essas plantas, ao secarem, irão se transformar em adubos orgânicos para os vinhedos.

VENTO E BRISA
São importantes para o equilíbrio entre o ar seco e a umidade.

Em algumas regiões, como nos vales do rio Rhône (Ródano), na França, o vento **Mistral**, que sopra dos Alpes, além de reduzir a umidade, afasta pragas.

Já no Médoc, em Bordeaux, Vale de Napa, nos Estados Unidos, Mandúria, na Puglia, e Vale de Casablanca, no Chile, a brisa do mar traz sal e umidade.

AMPLITUDE TÉRMICA
É a diferença de temperatura durante o dia e a noite, um item fundamental para o cultivo das uvas destinadas à produção dos vinhos.

É desejável que na região vinícola haja temperaturas relativamente altas durante o dia, com uma boa incidência do sol para potencializar o açúcar na fruta. E que à noite a temperatura caia para potencializar o tanino.

O açúcar vai se transformar em álcool, enquanto o tanino vai produzir a cor e a formação dos antioxidantes dos vinhos.

Todas as plantas produzem melhores frutos quando cultivadas em regiões onde melhor se adaptam. As uvas são frutas muito sensíveis, e cada casta, cada tipo de uva, produz melhor onde se adapta melhor. E, assim tem a possibilidade de produzir melhores vinhos.

Algumas castas tornaram-se dominantes em regiões onde melhor se adaptaram.

Na Borgonha, França, a uva que melhor se adaptou foi a Pinot Noir, e a grande maioria de seus vinhos é produzida com a Pinot Noir.

Em Rioja, Espanha, a principal uva é a Tempranillo. No Piemonte, Itália, a Nebbiolo; na Úmbria, a uva Sagrantino; no Vêneto do Prosecco, a uva Glera. E assim por diante, em várias regiões.

Em minhas visitas às vinícolas, procuro sempre saber das castas, dos terroirs, do trabalho do agricultor, viticultor e engenheiro agrônomo, e do enólogo. Dá-me prazer saber das condições da natureza, da terra, de todo o trabalho feito, antes de os vinhos irem para dentro da garrafa.

AGRICULTOR, VITICULTOR E ENGENHEIRO AGRÔNOMO
São os responsáveis por cuidar da terra, das plantas, e do cultivo dos vinhedos, desde a formação dos cachos até a colheita das uvas.

ENÓLOGO
A partir do recebimento das uvas, é o responsável pela seleção das uvas, pelas fermentações, e por todas as decisões na produção dos vinhos. É responsável pelos vinhos que bebemos.

SOMMELIER
É o especialista nas recomendações e harmonizações no consumo dos vinhos.

Classificação dos vinhos
É muito comum as pessoas perguntarem para mim se um determinado vinho é bom.

Se conheço o vinho, prefiro responder que é um vinho de que gosto, que bebo bem. O conceito de "um bom vinho" depende do gosto de cada um.

Outra pergunta que sempre me fazem é se um vinho mais caro é melhor. Conceitualmente, sim. Afinal os vinhos mais caros são produzidos com as melhores uvas, estagiam em barricas de carvalho, são produzidos com mais cuidados. Mas de novo o conceito de "melhor vinho" depende do gosto de cada um.

Em uma ocasião, quando eu degustava vinhos em Châteauneuf-du-Pape, na França, o sommelier apresentou-me dois vinhos das safras 2006 e 2008 como sendo os melhores. Eu quis provar, o da safra 2007, e achei melhor. Acabei comprando o vinho de 2007.

Muitas vezes, mesmo não sendo um grande conhecedor, dá para perceber que um vinho é bom. Mas há situações em que o conceito de "melhor" é tão sutil que somente um especialista é capaz de perceber.

Recentemente, vimos o relato do que aconteceu no badalado **Restaurante Baltazar**, do Soho, em Nova York. Um grupo de executivos da Wall Street pediu um vinho caríssimo, um *Château Mouton-Rothschild* 1989, que custava na época US$ 2.000. Na mesa ao lado, um casal de turistas, escolheu um vinho econômico de US$ 20. Os garçons trocaram as jarras e ninguém percebeu.

Os vinhos são classificados principalmente pela seleção das uvas e pelo tempo de estágio nas garrafas e nas barricas de carvalho.

Para entender melhor, vou detalhar o processo de produção.

Após a seleção das uvas, ocorre a prensagem. Em seguida, o mosto e as cascas são colocados em tonéis de aço inoxidável para as fermentações alcoólica e malolática.

FERMENTAÇÃO ALCOÓLICA
É a transformação do açúcar em, álcool por meio da atuação das leveduras.

FERMENTAÇÃO MALOLÁTICA
É a transformação do ácido málico em ácido lático. Ajuda a reduzir a acidez da fruta na produção do vinho.

Após as fermentações, de acordo com a programação do enólogo, os vinhos são engarrafados e vão para o mercado, ou

Fermentação de uva Sagratino, Cantina Fongoli, Úmbria

então são colocados para estagiar em barricas de carvalho.

VINHO ECONÔMICO/JOVEM/VARIETAL

São os vinhos mais econômicos. Eles saem das fermentações e vão direto para as garrafas e para o mercado. Eu os chamo de vinho do *cash flow*. É o vinho que vai ser vendido mais rápido e gerar receita para a vinícola.

São, em sua maioria, vinhos monocastas, ou seja, produzidos com uma só uva. No rótulo das garrafas há sempre a indicação da casta do vinho: Cabernet Sauvignon, Merlot, Tannat.

Há duas razões para serem mais baratos. A primeira é que as uvas utilizadas são de vinhedos onde foram mantidos e colhidos todos os cachos que nasceram. Ou seja, a porcentagem de uvas colhidas neste vinhedo é maior.

Nos vinhedos destinados aos melhores vinhos, é efetuada uma poda, reduzindo a quantidade de cachos nas cepas, para que haja uma concentração de nutrientes nos cachos remanescentes.

A segunda razão é que o vinho é engarrafado assim que terminam as fermentações. O tempo dedicado ao estágio nas garrafas é pequeno. Ou seja, vai logo para ser vendido no mercado.

Em uma viagem à Mendoza, na Argentina, um enólogo me confidenciou que, em alguns *Varietais* além da uva principal, adicionam-se uvas que sobraram das colheitas de outros vinhedos. São quantidades relativamente pequenas, que não alteram, significativamente, o sabor e o aroma dos vinhos.

Estes são os vinhos mais vendidos no Brasil. Tenho provado vários vinhos jovens monocastas e varietais e alguns têm me agradado.

A Concha y Toro, do Chile, possui um vinho muito conhecido, o Casillero del Diablo.

Aproveitando o sucesso da marca, a empresa lançou em 2020 no mercado um Casillero del Diablo Econômico, com preço mais acessível. Continua muito bom! Afinal, é um Casillero del Diablo!

VINHOS CATEGORIA RESERVA/RESERVA ESPECIAL

Após as duas fermentações, os vinhos são colocados em barricas de carvalho para absorver taninos e aromas, e para tornarem-se mais longevos.

Normalmente, estagiam por 9, 12, 18, 24 meses, ou mais. A decisão é do enólogo.

As barricas de carvalho, em geral, franceses e americanos, são utilizadas por cinco anos, ou seja, cinco vezes.

Os vinhos que estagiam nas barricas de primeiro uso, normalmente, absorvem o melhor da madeira.

Os vinhos que estagiam nas barricas já utilizadas irão absorver uma parte menor do tanino e dos aromas da madeira.

Em média, uma barrica nova custa cerca de US$ 1.000,00.

Após cinco anos, as barricas são vendidas para produtores de aguardente, conhaques e outras bebidas destiladas, e, também, para uso em artesanato e decoração.

Essa classificação de Reserva e Reserva Especial não é uma regra. Cada região, cada vinícola possui suas próprias classificações.

Para entender melhor a diferença, eis um exemplo: um vinho colocado para estagiar por 24 meses, em barril de primeiro uso, com uvas melhor selecionadas, vai ser classificado como Reserva Especial.

Um outro vinho colocado para estagiar por 12 meses, em barril de segundo uso, com uvas selecionadas, vai ser classificado como Reserva.

O Reserva Especial vai ser mais caro e, teoricamente, tende a ser melhor.

Novamente, o conceito de "melhor" depende de cada um. É muito pessoal. Pode acontecer de alguém apreciar melhor o sabor de um vinho Reserva, em comparação com um Reserva Especial. O mesmo pode ocorrer com um Econômico ou Varietal.

É importante entender que o tempo de estágio e a utilização dos barris são váriaveis e dependem da decisão do enólogo.

Pessoas que habitualmente bebem vinhos, amantes e especialistas possuem condições de perceber melhor essas diferenças. Em algumas situações, são muitas claras. Um vinho português Porca de Murça Reserva é claramente melhor que um Porca de Murça Jovem. Assim como um Cartuxa Reserva é melhor que um Cartuxa Colheita.

Na Borgonha, há uma classificação que vem desde o século 16: Grand Cru, Premier Cru e Village. Várias regiões da França utilizam essa classificação.

Em meu primeiro Guia **Viagens, Vinhos, História**, há um texto dedicado aos vinhos da Borgonha.

No Brasil, na Argentina, no Chile e no Uruguai, cada vinícola cria a sua própria classificação.

BLEND/MISTURA/CORTE
É quando o vinho é produzido por mais de uma uva.

Normalmente, no rótulo das garrafas, são colocados os nomes das uvas que compuseram o *blend*.

O **blend** mais conhecido é o lendário *Corte Bordalês*, de Bordeux, na França, com as uvas Cabernet Sauvignon e Merlot. Esse *blend* é muito utilizado também no Chile, no Brasil, na África do Sul e no Vale de Napa.

Há, nas muitas regiões vinícolas de todo o mundo, *blends* com várias uvas.

Em Châteauneuf-du-Pape, Tain l'Hermitage e Tournon,

Vinhos Kosher, Lucio Leuci – Antica Casa Vinicola, Puglia

os principais *blends* são com as uvas Grenache e Syrah. Em Rioja, na Espanha, misturam as uvas Tempranillo e Garnacha. Recentemente, provei, em um vinho do Uruguai, um *blend* muito bom das uvas Tannat e Pinot Noir.

Aqui no Brasil, estamos familiarizados com blends das uvas Cabernet Sauvignon, Merlot, Cabernet Franc, Tannat, Alicante Bouschet, Syrah e muitas outras.

Em Portugal, por tradição, produzem-se vinhos com *blends* de três ou mais uvas.

O Vinho do Porto, obrigatoriamente, tem de ser produzido com um mínimo de quinze castas diferentes.

VIAGENS, VINHOS, HISTÓRIA — VOL. II

COMO O GUIA É ORGANIZADO

Este Guia é organizado por ordem alfabética de países e regiões.

Os textos seguem uma sequência-padrão para todas as regiões.

➜ Cada região abre sempre com um **mapa**, apresentando as principais cidades citadas no Guia.

➜ O texto começa com a **história** da região. Eu acredito que, se você souber da história da região antes de visitar, vai aproveitar e fazer uma melhor programação de viagem.

➜ Incluo sempre as características dos **terroirs**, o tipo de solo, o clima, os vinhedos, as uvas, os vinhos e uma narrativa da visita às vinícolas.

➜ Como referência, informo onde me hospedei, a **cidade** e o **hotel**.
A indicação da cidade é importante, para a programação da viagem. Já a do hotel serve mais como uma referência. Afinal, a escolha do hotel depende do gosto e do bolso de cada um. Inclusive sugiro, sempre, que pesquise nos sites do Trip Advisor ou Booking e confira os depoimentos de pessoas que já se hospedaram nos hotéis.

❶ Nos **ESTADOS UNIDOS**, Califórnia, estão as regiões vinícolas do **Vale de Napa** e **Vale de Sonoma**.
★ Como recomendação de turismo, incluí **Bodega Bay**, **Grand Canyon**, **Monument Valley** e a história do **Alaska**.

❷ No **CHILE**, estão as regiões do **Vale do rio Aconcágua** e **Casablanca**.
★ Como turismo, estou recomendando a **Patagônia Chilena**, **Ilha de Páscoa/Rapa Nui**, e **Pablo Neruda**. As outras importantes regiões do Chile (Santiago, vale do rio Maipo e Santa Cruz/Colchágua) foram descritas no primeiro Guia.

❸ No **URUGUAI** estão as regiões vinícolas de **Montevidéu**, **Juanicó**, **Colonia** e **Punta del Este**.
★ Como atração de turismo estou recomendando uma visita à **Casa Pueblo** do pintor **Carlos Vilaró**, e da música "era uma casa muito engraçada, não tinha teto, não tinha nada...."

❹ No **BRASIL** incluí a cidade de **Pinto Bandeira**, ao lado de Bento Gonçalves, que tem se destacado muito na produção dos espumantes, e **Vacaria** e **São Joaquim** reconhecidas pela produção dos vinhos de altitude.
★ Como turismo a surpreendente **Estrada do Rio do Rastro**.

❺ Em **PORTUGAL** estou incluindo a região da **Bairrada**,

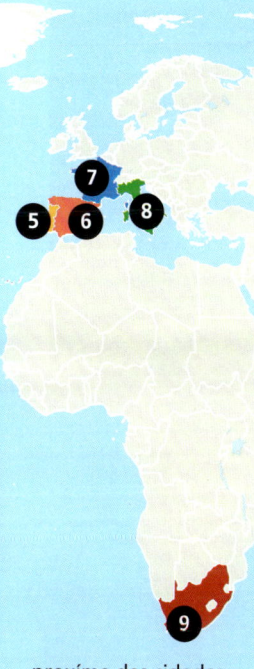

próxima das cidades de Coimbra, Aveiro e Catanhede. É considerada a quarta região mais importante na produção de vinhos. A uva Baga é sua principal referência na produção dos tintos.
★ Como recomendação de turismo estou sugerindo a cidade de **Coimbra** e o **Palacio do Bussaco**.

6 Na **ESPANHA**, além de **Rioja**, estou incluindo as regiões emergentes de **Ribera del Duero**, **Rueda e Tordesilhas**, vila histórica onde foi assinado o célebre tratado e que pertence à D.O. Rueda.
★ Como recomendação de turismo estão as cidades medievais de **San Millán de la Cogolla** e **Santo Domingo de la Calzada**. Santo Domingo é uma das paradas mais importantes de peregrinos no Caminho de Santiago de Compostela.

7 Na **FRANÇA** incluí novamente **Champagne**, com um foco nas regiões de **Troyes**, **Bar-sur Seine**, **Essoyes** e **Les Liceys** com suas vinícolas familiares e champagnes vintages. Como turismo recomendei o museu e casa do pintor **Auguste Renoir** em **Essoyes**. Incluí também as regiões vinícolas de **L'Ermitage** e **Tournon**, às margens do Rhone.

8 Na **ITÁLIA**, neste segundo Guia, estou incluindo as regiões do **Barbaresco** no Piemonte, **Úmbria**, **Puglia**, e os **Vênetos** do Prosecco e do Amarone/Valpolicella/Bardolino.
★ Na Puglia, como turismo, incluí o histórico **Porto de Leuca**, por onde entraram os primeiros cristãos para pregar o cristianismo na Europa, incluindo **São Pedro** e **São Paulo**. Foi também o porto utilizado pelas Cruzadas. Em **Bari**, eu narro a história de São Nicolau, o verdadeiro Papai Noel. Na Úmbria, incluí as cidades santuários de **Asissi**, **Nórcia** e **Terni**, dos Santos católicos Francisco, Benedito e Valentim. São Valentim é o mesmo do consagrado Valentine's Day. Nórcia é também a cidade do herói Brancaleone de Nórcia. Montalcino, Montepulciano e Chianti, na Toscana, e Barolo, no Piemonte, estão muito bem descritos no primeiro Guia.

9 A **ÁFRICA DO SUL** e suas seis importantes regiões vinícolas são apresentadas pela localização e proximidade geográfica. São elas: **Constantia**, **Paarl**, **Stellenbosch**, **Franschhoek**, **Hermanus** e **Robertson Valley**. Na região de Constantia, duas vinícolas, Klein e Groot Constantia, em suas narrativas históricas afirmam produzir o vinho licoroso favorito de **Napoleão Bonaparte**, e ambas têm suas razões.
★ Como recomendação de turismo, incluí **Johannesburgo**, **Cidade do Cabo**, **Cabo da Boa Esperança**, **Hermanus** e **Walker Bay**, onde está a maior concentração de tubarões brancos no mundo. Em **Walker Bay** há um tour para mergulhar dentro de gaiolas e ver os tubarões brancos bem de perto!

Enoturismo na Bodega Alandes, Mendoza

Enoturismo

É o turismo de visitas à vinícolas, com tours pelas dependências e degustações de vinhos.

O enoturismo é hoje um fator importante na promoção das vinícolas e na divulgação de seus vinhos.

Com o crescimento do consumo do vinho, passou a ser também um item importante em suas receitas.

Nos últimos anos, acredito ter visitado e feito enoturismo em cerca de 250 vinícolas, em vários países.

Foram, então, cerca de 250 tours, com diferentes sommeliers.

Na maioria das degustações, as atuações dos sommeliers foram muito parecidas, mas há algumas que consigo relembrar mais vivamente.

As que mais lembro e me encantaram foram as apresentações em que o sommelier, antes

Enoturismo na Quinta Nova, Sabrosa, Douro

de falar dos aromas, sabores e harmonizações, explicava sobre os terroirs de onde as uvas haviam sido colhidas, da seleção, das fermentações e dos tempos de estágios nas barricas de carvalho. Ao degustar o vinho, eu podia entender melhor as razões dos aromas e dos sabores que estava provando.

Geralmente, esses sommeliers eram também enólogos ou trabalhavam muito próximos dos agricultores e da terra.

Sobre os tours

Na maioria das vinícolas, as visitas são muito iguais.

Consiste em um tour pelas dependências, conduzido por um guia, que durante o passeio vai contando a história da vinícola e explicando a função de cada setor.

Em algumas vinícolas, o tour começa com uma visita a um vinhedo ou a um canteiro, onde estão plantadas várias castas, como uma espécie de mostruário.

Depois segue para a parte mais industrial, onde estão as seleções das uvas, as prensagens, os tanques de aços inoxidáveis onde são processadas as fermentações. Em seguida, visitam-se os salões das barricas de carvalho, onde os vinhos ficam estagiando, e por fim ocorre a degustação.

O próprio guia, geralmente um sommelier, é quem apresenta a degustação dos vinhos.

Esta é uma descrição-padrão de uma visita de enoturismo.

Com o objetivo de atrair visitantes, as vinícolas têm sido cada vez mais criativas na elaboração e apresentação de seus tours.

Os tours podem ser em grupo, quando você participa com outras pessoas, privativo em grupos ou privativo individual.

Normalmente, sempre que visito as vinícolas, dou preferência a um tour privativo individual.

Assim, tenho toda a atenção do guia e posso fazer as perguntas necessárias para escrever os textos dos livros.

Na visita a vinícolas pequenas e familiares, como já disse, você também tem a possibilidade de ter uma atenção maior e às vezes exclusiva do guia.

Quantas visitas ou degustações fazer por dia

É importante que você programe visitas às vinícolas localizadas em uma mesma região. Se gastar menos tempo de locomoção, você pode visitar mais vinícolas.

Na África do Sul, as regiões de Paarl, Stellenbosch e Franschhoeck estão muito próximas.

Na Puglia, o ideal é programar as visitas por duas regiões,

Mostruário de castas, Bodega Viu Manent, Colchágua

Salento e Taranto. Salento produz mais vinhos Negroamaro, enquanto Taranto produz mais vinhos Primitivo. A região do vinho Nero di Troia fica mais distante, ao norte de Bari.

No Vêneto do Prosecco, a mesma coisa: os vinhedos estão no entorno das cidades de Valdobbiadene e Colignano.

No Chile, Maipo, Colchágua, Aconcágua e Casablanca exigem programações específicas, pois estão muito distantes entre si.

Assim, para uma otimização do passeio, recomendo concentrar a programação das visitas às vinícolas pela localização geográfica.

O ideal é visitar quatro vinícolas por dia, com tempo para degustar tranquilamente os vinhos.

Há vinícolas que oferecem almoço com degustação, como são os casos de El Enemigo, de Mendoza, e La Azul, do Vale de Uco. Esses almoços são muito prazerosos, mas levam algum tempo. Assim, caso você programe um almoço com degustação, o ideal é visitar, nesse dia, apenas outras duas vinícolas.

Se a sua programação for feita por meio de um tour de agência, você irá visitar as vinícolas que estiverem programadas no tour. Com certeza, a agência vai escolher boas opções. O enoturismo está muito profissional e de alto nível.

Como escolher uma vinícola para visitar

Cada região possui um número bastante grande de vinícolas, com muitas opções.

Sempre que viajo, procuro programar visitas às mais importantes e conhecidas.

Muitas delas exportam regularmente seus vinhos para o Brasil. Seus vinhos são mais conhecidos.

Procuro incluir na programação vinícolas de médio porte e, principalmente, algumas pequenas e familiares.

Recomendo, sempre que possível, reservar com antecedência as vistas.

Várias vinícolas oferecem tours regulares o dia todo e não há necessidade de reservar, mas muitas só trabalham com reservas antecipadas.

Durante as altas temporadas, devido ao crescimento da procura, é importante fazer reservas antecipadas.

Todas possuem sites e e-mails para contato.

Nas narrativas de visitas de algumas vinícolas, mencionei o site. As agências fazem as reservas para seus tours.

Na Europa, principalmente no período das colheitas, que vai de setembro a novembro, muitas vinícolas reduzem ou interrompem o enoturismo.

As visitas que fiz às várias vinícolas servem de referências para sua programação.

Dois exemplos interessan-

Waterford Estate, Stellenbosh, África do Sul

tes são as visitas às regiões da Puglia, na Itália, e Rioja, na Espanha.

Na Puglia (também conhecida como Apúlia, em sua forma aportuguesada), há duas regiões distintas, Salento e Taranto.

No Salento, cuja capital é Lecce, 70% dos vinhos são produzidos com a uva Negroamaro e 30% com a uva Primitivo.

Na região do Taranto, no entorno de Gioia del Colle e Mandúria, é o contrário: 70% dos vinhos são produzidos com a uva Primitivo e 30% com a uva Negroamaro. Vale lembrar que a uva Primitivo teve sua origem em Gioia del Colle.

Hospedando-se em Lecce, você estará mais próximo para visitar as vinícolas de Salento e Mandúria.

Ficando em Bari, capital da Puglia, você estará mais próximo de Gioia del Colle e Troia.

Rioja é a região vinícola mais importante da Espanha. Está situada ao norte do país. Muito próximas de Rioja estão duas regiões vinícolas emergentes, Ribera del Duero e Rueda.

Amantes do vinho que visitam Rioja já estão incluindo essas duas regiões em suas programações.

No Guia, recomendo que, para visitar vinícolas em Rioja, você pode se hospedar em Haro ou Logroño. Para visitar Ribera del Duero e Rueda, a sugestão é se hospedar em Aranda de Duero, Penafiel, Rueda ou na histórica vila de Tordesilhas.

CONCLUSÃO

As histórias, os textos e as fotos deste Guia são frutos de viagens que, em companhia da minha esposa Ruth, empreendemos nos últimos anos.

A grande maioria das fotos foi tirada por nós mesmos. Incluímos também fotos enviadas pelas próprias vinícolas e algumas de bancos de dados oficiais.

Ao todo, se considerarmos os dois livros **Viagens, Vinhos, História 1 e 2**, foram cerca de 250 vinícolas visitadas, 1.250 diferentes vinhos degustados, contatos com centenas de pessoas e profissionais do vinho, visitas a cidades medievais incríveis e muitas, muitas histórias.

É bom frisar que, para todas as viagens e visitas às vinícolas, fizemos um planejamento com bastante antecedência, para aproveitar melhor o tempo.

Assim, o objetivo é ajudar o leitor a programar viagens a diferentes regiões vinícolas, para que possa usufruir de momentos mágicos e inesquecíveis.

Acredito que este Guia, além de proporcionar conhecimento e o prazer da leitura, possibilitará a muitas pessoas que viajem comigo em minhas viagens e minhas histórias.

Algumas curiosidades, que você vai encontrar neste Guia:

Qual a razão de os vinhos Cabernet Sauvignon do Vale de Napa serem premiados na Europa em provas às cegas, disputando com vinhos de Bordeaux, o berço desta uva?

Você sabia que o processo de produção do extraordinário vinho Amarone, da região de Valpolicella, aconteceu por acaso?

Por que na região de Rioja, na Espanha, a poda dos vinhedos é chamada de "matar a los americanos"?

Você sabia que o navegador português Bartolomeu Dias só contornou, de fato, o Cabo da Boa Esperança em sua viagem de volta?

Por que no Vêneto os dirigentes da DOCG – Denominação de Origem Controlada e Garantida mudaram o nome da uva Prosecco para Glera?

Você sabia que nas regiões de Ribera del Duero e Rueda, na Espanha, há mais de 160 caves medievais, muitas delas subterrâneas?

Você sabia que o champanhe de Troyes é produzido com uva Pinot Noir?

Espero que aprecie a leitura, e, para encerrar deixo a minha frase preferida. O leitor já deparou com ela no início do texto, mas é importante reafirmar que vinho é algo muito pessoal. E é por isso que faço questão, sempre, de enfatizar: *O BOM VINHO É AQUELE QUE SABE BEM NA SUA BOCA E CABE NO SEU BOLSO!*

Cidade do Cabo e a
Montanha da Mesa

África

África do Sul

do Sul

Cidade do Cabo e Joanesburgo

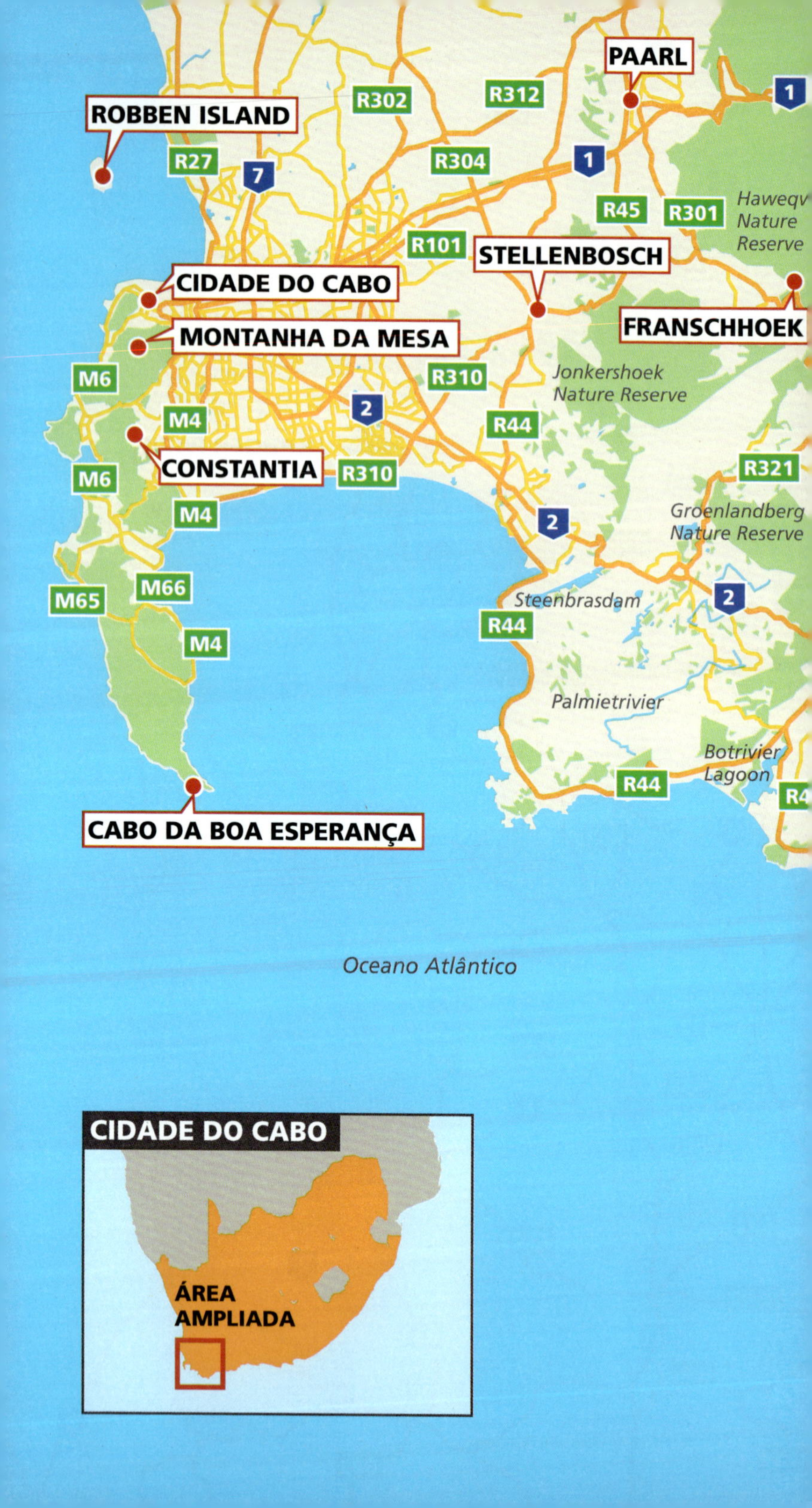
ROBBEN ISLAND
PAARL
R302
R312
R27
R304
R45
R301
Haweqv
Nature
Reserve
R101
STELLENBOSCH
CIDADE DO CABO
FRANSCHHOEK
MONTANHA DA MESA
M6
R310
Jonkershoek
Nature Reserve
M4
R44
CONSTANTIA
R310
R321
M6
M4
Groenlandberg
Nature Reserve
M65
M66
Steenbrasdam
R44
M4
Palmietrivier
Botrivier
Lagoon
R44
CABO DA BOA ESPERANÇA
Oceano Atlântico
CIDADE DO CABO
ÁREA
AMPLIADA

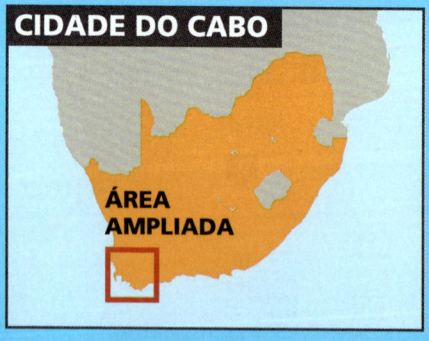

CIDADE DO CABO E JOANESBURGO

Pontão da Falsa Baia

África do Sul

*Os vinhos da **África do Sul** estão sendo vendidos no Brasil já há um bom tempo, e com uma boa imagem de qualidade. Se pesquisar na internet, você vai encontrar boas opções com preços, relativamente, acessíveis.*

Para completar o meu segundo livro, estive visitando diversas vinícolas nas principais regiões daquele País.

*Confesso que antes de viajar, além do que havia lido e pesquisado em livros e na internet, não tinha uma visão muito clara da realidade de lá. Muitas das informações eram de amigos que foram fazer turismo, safáris e aproveitaram para degustar vinhos nas vinícolas mais próximas da **Cidade do Cabo**.*

Para mim, foram muitas surpresas agradáveis. Encontrei lá uma realidade na produção dos vinhos que me surpreendeu.

O objetivo deste texto é relatar e fazer recomendações que possam ajudar na programação de sua viagem, para visitar as vinícolas na África do Sul.

Para quem não pretende viajar, é um relato, uma descrição do que encontrei lá.

Um pouco de história

Penso ser importante saber um pouco da história. Dá uma dimensão maior ao conhecimento.

Os séculos XV e XVI foram marcados pelas Navegações e as Grandes Descobertas.

Portugal, que havia desenvolvido conhecimentos extraordinários em navegação, iniciou uma série de viagens margeando as costas do Continente Africano, acreditando que por ali poderia chegar até as Índias.

As caravelas navegavam rumo ao sul e, após um determinado tempo de viagem, regressavam a Portugal para reportar o que haviam encontrado, para que, nas próximas viagens, outras caravelas seguissem um pouco mais adiante.

A lenda do Cabo do Bojador

Contornar e ultrapassar o Cabo do Bojador foi um dos maiores desafios dos navegantes portugueses.

As caravelas naufragavam e desapareciam ao tentar ultrapassar o Bojador.

Cabo Bojador

As ondas batendo forte nos rochedos pontiagudos do cabo levantavam uma densa neblina que fazia com que as caravelas perdessem o rumo e se chocassem contra as rochas. Havia também os naufrágios nos bancos de areia.

O Cabo do Bojador fica ao sul de Marrocos, no Saara Oriental. Os ventos conduzindo a areia do deserto formavam bancos, muitos deles, com menos de dois metros de profundidade, até a 25 quilômetros da costa. Criou-se então a Lenda do Cabo Bojador.

Os navegantes portugueses acreditavam que a terra era plana, que a África terminava no Bojador, onde ali o mar derramava suas águas nas chamas do Inferno, que então ao ferver, criava uma neblina para prejudicar a visão de quem ousasse atravessar.

Muitas caravelas não voltaram, muitas vidas foram perdidas, muita tristeza e medo.

Em 1434, o navegante Gil Eanes, com 15 homens, em uma caravela de um só mastro, e com remos, decidiu enfrentar o Bojador.

Algumas caravelas haviam chegado até o Bojador e, com medo, voltaram, mas trazendo informações importantes.

Ao chegar próximo do cabo, Gil Eanes desviou a caravela para o lado Oeste, navegou por

Cabo da Boa Esperança

um dia, contornou os bancos de areia, moveu-se em direção ao Sul e depois a Leste. Ao se aproximar novamente da costa, ele percebeu que havia ultrapassado o Bojador.

Descobriu então que o Continente Africano continuava e o mar não despejava suas águas no Inferno.

Estava aberto o caminho para os portugueses continuarem suas viagens para chegar até as Índias.

Cabo da Boa Esperança

Em 1488, o navegante Bartolomeu Dias seguia para o Sul, quando uma grande tormenta jogou sua caravela 30 quilômetros mar adentro.

Após três dias perdidos no mar, conseguiram chegar novamente próximo da costa, na Baia dos Mexilhões, com a bússola apontando a direção Norte.

Eles haviam contornado o Sul do Continente Africano, sem perceber.

Seguiram um pouco mais, sentido Norte, até onde hoje é Porto Elizabeth, quando decidiram regressar. Foi no regresso, com o mar um pouco mais calmo, que contornaram de fato, o Cabo da Boa Esperança.

Pela tempestade enfrentada na ida, Bartolomeu Dias resolveu denominá-lo de Cabo da Tormenta.

Voltando a Portugal, o Rei D. João II decidiu batizar como Cabo da Boa Esperança, por ser ali a passagem para as Índias.

Esta rota passou a ser conhecida na Europa como Rota dos Portugueses.

Na viagem seguinte, coman-

Mar do Cabo

dada por Vasco da Gama, em 1497, os portugueses chegaram, finalmente, nas Índias. Bartolomeu Dias fazia parte da tripulação.

Luanda, em Angola, e Maputo, em Moçambique, eram os pontos de paradas dos barcos portugueses para repor alimentos, água, fazer consertos dos cascos e trocas dos mastros.

Eles não se interessaram por estabelecer uma colônia na região do Cabo.

Cidade do Cabo

Em 1652, a Companhia das Índias Orientais decidiu criar um posto avançado, uma colônia para reabastecimento e consertos dos barcos. No dia 6 de Abril, o holandês Jan Van Riebeeck fundou a Cidade do Cabo.

A região era habitada por um povo de estatura baixa e franzino, não adequado ao trabalho que precisava ser feito na manutenção dos barcos. Trouxeram então escravos da Malásia e Indonésia.

Foram estes, juntos com os holandeses, que compuseram a primeira população da cidade.

Em 1795, os Ingleses, na época muito poderosos, invadiram e tomaram a Cidade do Cabo.

Montanha da Mesa encoberta

África do Sul

Cais de barcos de turismo

Como não encontraram nada que realmente interessava, em 1803 devolveram-na aos holandeses.

Com a ascensão de Napoleão Bonaparte ao trono da França, em 1806 os Ingleses decidiram proteger suas colônias e tomaram de volta a Cidade do Cabo dos holandeses, fundando, então, o que eles chamaram de Cape Colony.

Loja de artesanato

Cidade do Cabo é reconhecida como Mother City, por ter sido a primeira a ser fundada na África do Sul.

É uma cidade que venta muito, às vezes não se consegue andar pelas ruas. O vento é chamado pelos locais de o Doutor do Cabo, pelo fato de protegê-los de insetos e pragas.

Em 2014, foi escolhida pelo *The New York Times* dos EUA como a melhor cidade a se visitar no mundo.

VIAGENS, VINHOS, HISTÓRIA — VOL. II

Marina em Hout Bay

Família Bôer

Os Bôeres

Com a chegada dos Ingleses, os fazendeiros e agricultores holandeses, chamados de BÔERES, decidiram deixar a Cidade do Cabo e desbravar o interior.

Avançaram País adentro enfrentando tribos indígenas, abriram matas para plantações e criação de gado. Foi quando formaram a República Sul-Africana dos Bôeres.

Durante um determinado período, houve uma boa convivência entre os Ingleses na Cidade do Cabo e os BÔERES no interior do País.

Em 1884, com a descoberta de OURO em uma pequena vila chamada Joanesburgo, os Ingleses decidiram dominar esta região.

A Segunda Guerra Civil entre os Ingleses e os BÔERES durou três anos, de 1899 a 1902, com a vitória dos Ingleses.

Nesta guerra, os Ingleses tiveram todo o apoio do poderio militar da Inglaterra, enquanto os BÔERES lutaram sem o apoio da Holanda.

Os Bôeres já eram considerados sul-africanos, e a Holanda, também, não queria se indispor com a Inglaterra.

Após o cessar fogo, um

África do Sul

Joanesburgo

Até 1886, havia ali pequenas fazendas com plantações e criação de gado. Com a descoberta do ouro, diamante e platina, a cidade cresceu muito e é hoje a maior cidade da África do Sul.

São cerca de cinco milhões de habitantes, 72% de negros, 15% de brancos, 6% mestiços e 4% asiáticos. Mestiços são descendentes de Malaios e Indonésios.

É uma cidade alta, está localizada a 1.673 metros do nível do mar. Só como comparação, São Paulo está a 615 metros ao nível do mar. No Verão, a temperatura chega a 32 graus Celsius e no Inverno pode cair para 5 graus.

A economia é toda baseada em minério, agricultura e turismo.

acordo permitiu que os BÔERES continuassem com suas propriedades, fazendas e plantações, afinal eram eles que produziam os alimentos do País.

Cidade do Cabo

População e línguas

África do Sul possui nove tribos, sendo Zulu e Xhosa as mais importantes.

São onze idiomas oficiais. Os mais falados são o Africâner e o Inglês. As outras nove línguas são os dialetos das nove tribos.

Africâner é a língua oficial do povo sul-africano. É formada por 85% do Holandês, e os outros 15% do Inglês, Português, Alemão e Malaio.

Todas as placas nas estradas, rodovias e indicações em geral nas cidades estão escritas na língua Africâner.

O País tem três capitais. Pretoria é a Executiva, onde fica o Presidente da República, Cidade do Cabo é a capital Legislativa, onde fica o Congresso, e Bloemfontein é onde fica o Judiciário.

Hoje a população de 60 milhões de habitantes é composta por 42 milhões de negros, 9 milhões de brancos e os outros 9 milhões de mestiços.

Política e o Apartheid

Com o acordo entre Ingleses e BÔERES, a governança do País passou a ser conduzida pelos Partidos Políticos ligados a estes dois grupos. Os negros e os mestiços não podiam votar.

Os negros já viviam em condições de superveniência e empregos de baixos níveis quando, em 1948, o Partido Nacionalista ligado aos BÔERES conseguiu uma pequena maioria no Congresso.

Tempos de Apartheid

África do Sul

Estátua na Praça Mandela, Joanesburgo

Em 1950, apresentaram o Projeto do Apartheid, que os Ingleses, apesar de serem oposição, não fizeram uma defesa mais enfática. Ou seja, lavaram as mãos.

No Projeto do Apartheid, os negros perdiam os direitos de propriedades, eram segregados e não podiam circular pelos mesmos lugares que os brancos. Havia separação de bairros, ônibus, escolas e banheiros.

O bairro de Soweto em Joanesburgo é o maior bairro de predominância negra.

Houve uma grande pressão mundial. Em 1961, a Rainha da Inglaterra destituiu a África do Sul do British Commonwealth, que agrega todos os países que fizeram parte das colônias britânicas, como Canadá, Austrália, Irlanda e Escócia.

Em 1994, com o término do Apartheid, a África do Sul foi reintegrada.

Nelson Mandela (1918-2013)

Nelson Mandela era um estudante de Direito quando decidiu organizar uma resistência ao Apartheid.

Nelson Mandela

Prisão de segurança máxima

Cela onde Mandela ficou preso em Robben Island

Neste período, Gandhi, advogado em Joanesburgo, já fazia manifestações pacíficas, sem um resultado real.

Foi então que a partir de 1961, Mandela, já participando de grupos ligados ao Partido Comunista, e a uma resistência mais de confronto, iniciou uma série de atentados e sabotagem, incluindo a derrubada de torres de condução de energia elétrica.

Preso e condenado, tornou-se uma referência nacional e internacional para a causa do Apartheid.

Apesar de ser da tribo Xhosa, a segunda mais importante, recebeu o apoio e reconhecimento das outras oito tribos, principalmente, da mais poderosa, os Zulus.

Após 27 anos na prisão, o Presidente da República F. W. Klerk em 1990 concedeu-lhe o perdão e a liberdade.

Fora da prisão adotou uma posição mais conciliadora e de integração.

Com a queda do Regime do Apartheid, e com o voto da maioria dos negros, Mandela foi eleito em 29 de Abril de 1994 o primeiro Presidente negro da África do Sul.

Laureado com o Prêmio Nobel da Paz, buscou a integração entre negros e brancos.

Na língua Xhosa, seu nome é Madiba, Pai da Raça.

Depois de seu falecimento, já houve outros Presidentes da República negros e, como a população negra é a maior do

País, a possibilidade de ter um Presidente branco é nula.

Programação da viagem

Meu objetivo era visitar principalmente várias vinícolas e pontos turísticos de interesse, que pudesse recomendar. Assim, programei alguns dias em Joanesburgo, para conhecer a cidade e suas atrações turísticas. Depois, segui para a Cidade do Cabo onde estão as regiões de produção de vinhos.

Saí de avião de Guarulhos em um voo de oito horas e meia, pela South African Airways direto para Joanesburgo.

Ficamos hospedados no Hotel Holiday Inn do bairro de Sandton.

É um hotel grande, muito bem localizado, em uma região segura, próximo de Shopping Centers e restaurantes.

Sandton é um bairro relativamente novo, que se desenvolveu rapidamente em virtude do centro da cidade ter se tornado uma região muito insegura. Várias empresas, hotéis e restaurantes fecharam suas portas no centro e se mudaram para Sandton e outros bairros mais afastados.

Recomendo fortemente não se hospedar em algum hotel que possa ainda haver no centro da cidade.

Uma das atrações do bairro é o Sandton City Mall com cerca de 500 lojas, restaurantes, e dois hotéis 5 Estrelas, entre eles o Michelangelo.

Michelangelo é o hotel em que a Seleção Brasileira de Futebol se hospedou na Copa do Mundo de Futebol de 2010.

Montanha da Mesa, cable car

Muito próximo do Shopping e da Praça Mandela está o Signature Lux Hotel, com acomodações bem modestas e sem os serviços. É muito procurado por turistas pela localização e, principalmente, pelo preço.

Se procurar no Trip Advisor, em Sandton, há várias opções de hotéis para todos os gostos e bolsos.

Fiquei quatro dias visitando as atrações turísticas da cidade e, em seguida, viajei para a Cidade do Cabo.

Na Cidade do Cabo me hospedei no Hotel Victoria e Alfred Waterfront, de frente para o mar. Fica no centrão, no bochicho, na beira dos cais, de onde saem os passeios de barcos, a poucos passos, de restaurantes, lojas e do principal Shopping Center da cidade.

Apesar da localização é tranquilo, sossegado, e com um ótimo atendimento.

O preço está um pouco acima da média, mas se puder se hospedar lá, vale a pena.

Há outras opções de hotéis nesta área de Waterfront, ou um pouco mais longe, que dá para vir caminhando.

Consulte o Trip Advisor e tenha como referência o Hotel Victoria e Alfred para saber onde é o centro, o bochicho.

Fiquei na Cidade do Cabo cinco dias visitando vinícolas e pontos turísticos.

Saí de volta para o Brasil, em um voo da Cidade do Cabo com conexão em Joanesburgo, direto para São Paulo.

A South African Airways é a empresa aérea oficial da África do Sul.

Visita às vinícolas

Contratei os serviços do guia de turismo Luis Canário, para todos os passeios, no entorno da Cidade do Cabo e principalmente para me levar para conhecer as vinícolas.

Guia de turismo Luis Canário

África do Sul

Vinhedo em Constantia

É um português de Angola, simpático, muito prestativo e com muitos conhecimentos de história e turismo.

As 620 vinícolas da África do Sul estão localizadas em quatro regiões.

Constantia é a mais próxima, e fica a cerca de 30 minutos da Cidade do Cabo, em um vale atrás da Montanha da Mesa.

Stellenbosh, Franschhoek e Paarl ficam um pouco mais distantes, a cerca 60 minutos da Cidade do Cabo. Mas estão todas muito próximas entre si.

A região de Hermanus, com ótimos Pinot Noirs, está a 120 quilômetros a Sudeste.

E 160 quilômetros a Nordeste, está a belíssima região de Robertson Wine Valley.

Oitenta por cento de toda a produção de vinhos são destinadas à exportação.

Uva Cabernet Sauvignon

Em quatro dias, visitei 15 vinícolas em todas as quatro regiões.

Terroirs – principais uvas e vinhos

Os solos das quatro regiões são de argila, com pedra e areia.

Nas regiões no entorno da Cidade do Cabo, há um vento forte e constante.

Constantia e Hermanus, como estão relativamente próximas do mar, recebem o vento marinho. As outras, mais afastadas, recebem um vento mais seco.

Nessa região da África do Sul, não há grandes rios e riachos. Não há também lençóis freáticos para poços artesianos. A água dos reservatórios vem da chuva. É uma constante haver racionamento durante grande parte do ano.

Nas vinícolas, a irrigação é feita pelo sistema de gotas.

Setenta por cento dos vinhos produzidos são brancos secos, e os outros 30%, tintos.

As principais castas brancas são Sauvignon Blanc, Chardonnay e Chenin Blanc.

As principais uvas tintas são Cabernet Sauvignon, Merlot, Syrah e Pinot Noir.

Foi uma surpresa para mim verificar que há relativamente poucos vinhos produzidos com a uva Pinotage, levando-se em consideração que é uma uva local.

Pinotage é uma casta que foi desenvolvida em laboratório pelo Professor de Viticultura da Stellenbosch University, Abraham Izak Perold, a partir das castas Pinot Noir e Hermitage.

A uva Hermitage é também conhecida como Cinsaut. Muito plantada, mas segundo os produtores locais, difícil de cultivar.

Para mim, uma das razões, para não haver muita produção de vinhos Pinotage, é o fato de concentrarem a produção

Uva Sauvignon Blanc

África do Sul

Com Alba Mutandwa, Groot Constantia

em uvas mais reconhecidas no mercado mundial, Cabernet Sauvignon, Merlot, Syrah, Pinot Noir, Sauvignon Blanc, Chardonnay e Chenin Blanc.

Enoturismo

A grande maioria das vinícolas que visitei possui enoturismo com tours e degustações regulares de vinhos, sem necessidade de fazer reservas.

Muitas delas possuem restaurantes. Na alta temporada, é recomendável fazer reservas.

As vinícolas sao belíssimas, com construções e decorações muito lindas. Chego até a dizer que não parece que estamos na África. Lembra muito as regiões vinícolas do Vale de Napa e algumas da Europa.

Constantia

É uma região mais próxima da Cidade do Cabo, e em sua programação de viagem, se tiver só um dia para visitar vinícolas, é onde deve ir.

No século XVII, a região era composta de grandes propriedades com plantações de cereais, frutas, vinhedos e criação de gado.

Havia também eucaliptos e pinheiros utilizados nas construções das casas e nos reparos dos cascos e mastros dos barcos.

Em 1685, foi criada em Constantia, a primeira vinícola da África do Sul.

Para mim, foi uma enorme surpresa saber que, há quatro séculos, já produziam vinhos por lá.

No século XVIII, a vinícola produzia um vinho licoroso que era o preferido de Napoleão Bonaparte, que estava exilado na Ilha de Santa Helena.

Com o passar das gerações, as propriedades foram sendo subdivididas, dando origem a várias fazendas e vinícolas.

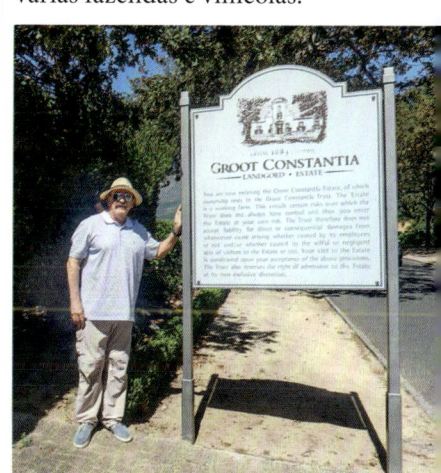

Groot Constantia

Groot Constantia

A subdivisão da vinícola original de 1685 deu origem a Klein Constantia e a Groot Constantia.

Em seus discursos históricos, se autodenominam a primeira vinícola da África do Sul, e ambas têm razão. São da mesma origem, a vinícola de 1685.

Em 1993, a Klein Constantia recuperou a fórmula do vinho licoroso preferido de Napoleão e lançou, em uma embalagem muito especial, o Vin de Constance.

Groot não ficou para trás e lançou em seguida o seu licoroso Grand Constance.

Ao visitar as duas vinícolas, há várias referências sobre seus vinhos licorosos, com descrições históricas e fotos de Napoleão Bonaparte nas paredes.

Groot Constantia

Após passar pela segurança no portão de entrada, com vinhedos a sua esquerda, o primeiro prédio é o da degustação e loja de vinhos.

O segundo prédio mais à frente, rodeado de carvalhos franceses e americanos, é o dos tours e degustações. O primeiro tour sai às 10 horas e não há necessidade de fazer reserva.

Em minha visita, fui recebido pelo responsável pelo enoturismo, Alba Mutandwa, com um tour e a degustação de vários vinhos, incluindo o licoroso Grand Constance.

Klein Constantia

Rodeado também de árvores, o prédio e a decoração interna são bem mais modernos. Há

África do Sul

uma atenção bastante grande às degustações, com mesas e poltronas individuais muito confortáveis. Em minha visita, fui recebido pelo enólogo Matt Day.

O responsável pelo enoturismo e atendimento dos visitantes, Alan Wickstrom, ofereceu-me a degustação de vários brancos, tintos e o seu licoroso Vin Provence.

A vinícola tem também um bom restaurante.

Com Alan Wickstrom, Klein Constantia

🍇 Steenberg Estate

Fica mais ao sul de Constantia, não muito longe da Klein e Groot.

Inclui um Hotel & Spa, Campo de Golf e o badalado restaurante Bistrô Sixteen 82.

Produzem, segundo eles, o melhor Sauvignon Blanc da África do Sul.

Em Fevereiro e Março, no período da colheita, não há tours. A degustação é feita, normalmente, em um grande balcão na entrada do restaurante.

Aproveitei para almoçar. A comida e o vinho branco Sauvignon Blanc estavam excelentes.

Pratos com porções normalmente pequenas, mas muito bem decorados.

Preço um pouco acima da média. Ambiente de alto nível.

🍇 Buitenverwachting – Beyond Expectation (Além das Expectativas)

Um nome muito sugestivo para uma vinícola. Fica muito próximo da Klein Constantia.

Klein Constantia

Buitenverwachting, Beyond Expectation

O local é todo rodeado de vinhedos, carvalhos franceses e americanos. Simples, familiar, em um clima bem descontraído, ótimos vinhos. Bastante movimentada e muito procurada pelos tours. Os próprios donos atendem a degustação e a venda dos vinhos. O atendimento é bem dinâmico.

A maioria dos vinhos produzidos nestas quatro vinícolas que visitei é branco, com as uvas Sauvignon Blanc, Chardonnay e Chenin Blanc. Os tintos são principalmente com Cabernet Sauvignon, Merlot e Syrah.

Se vier à Cidade do Cabo e programar somente um dia para visitar vinícolas, eu recomendo a região de Constantia. É muito próxima, muito bonita, com várias opções e atrações históricas, além dos bons vinhos.

Sixteen 82

Loja na Beyond Expectation

África do Sul

Com Matt Day, enólogo da Klein Constantia

🍷 Cape Winelands

É o nome da região onde estão Stellenbosh, Paarl e Franschhoek. Responde pela maior produção de vinhos do País.

No século XVII, o governo holandês aceitou receber a imigração de um grupo de Huguenotes franceses.

Huguenotes eram cristãos protestantes que estavam sendo perseguidos, na França, por cristãos católicos e buscavam um outro País, onde pudessem praticar livremente sua religião.

Uma das condições impostas pelos holandeses foi que plantassem vinhedos e produzissem vinhos.

Esta região, hoje conhecida como Winelands, foi destinada aos Huguenotes.

Stellenbosh

Em 1679, o governador holandês Simon Van de Stel fundou a segunda cidade da África do Sul, e homenageou a si mesmo dando o nome de Stellenbosh – Mato de Stel.

Foi para lá que foram enviados os Huguenotes e onde iniciaram as plantações dos vinhedos.

A cidade fica a 60 quilômetros da cidade do Cabo, com cerca de 80.000 habitantes.

Paarl

É a terceira cidade fundada no País, fica a 60 quilômetros da Cidade do Cabo, com cerca de 191.000 habitantes.

A cidade cresceu bastante quando os Huguenotes, cultos,

Praia de Camps Bay e os 12 Apóstolos

disciplinados e trabalhadores, expandiram seus vinhedos de Stellenbosh até Paarl.

Ficou, também, mundialmente conhecida quando, no dia 11 de Fevereiro de 1990, da sua prisão Drakeinstein Correcional Centre, Nelson Mandela foi colocado em liberdade.

Mandela ficou a maior parte dos 27 anos preso na ilha de Rodden, na Cidade do Cabo. Para libertá-lo e evitar um assédio maior da Mídia, levaram-no de Rodden para Paarl e lá então o colocaram em liberdade.

Franschhoek

É uma vila que pertence a Stellenbosh, e está a 75 quilômetros da Cidade do Cabo.

Possui hoje cerca de 15.000 habitantes e mantém todo o charme e cultura dos antigos Huguenotes franceses.

A rua principal lembra muito uma pequena cidade da França, com suas casas no estilo colonial, com varandas e flores. Há várias pequenas lojas e restaurantes dando um charme todo especial ao local. Há também um singelo monumento em homenagem aos Huguenotes.

A maioria das vinícolas em Franschhoek mantém os casarões antigos e seus nomes em francês, como La Motte, Haute Cabrière, Champagne, La Grand Provence.

As lojas e restaurantes mantêm a gastronomia, a cultura e o estilo francês.

Esta pequena vila é um charme, um lugar para passear nos fins de tarde.

África do Sul

a visitar algumas vinícolas na região.

Visitas às vinícolas em Winelands

Como o objetivo era buscar informações para o meu segundo livro, dediquei dois dias inteiros para visitar vinícolas. E como são muitas, escolhi prioritariamente algumas que já distribuem seus vinhos no Brasil. Vou procurar sintetizar ao máximo a descrição das visitas.

Em 1904, foi criada uma linha de trem que ligava todas as cidades da Winelands. Hoje, relativamente desativada, transformou-se no Franschhoek Wine Train, que leva turistas

Waterford Estate

Barris na Waterford Estate

Grandes barris de carvalho, KWV

Stellenbosh

Waterford Estate

Uma das atrações desta vinícola é incluir chocolates de vários sabores na degustação dos vinhos. O tour e o atendimento são muito bons.

Uva Chenin Blanc

Paarl

KWV South Africa

Foi fundada como uma Cooperativa de agricultores locais. Hoje pertence à iniciativa privada. Não possuem vinhedos e produzem seus vinhos com uvas de agricultores da região. O tour é tradicional pelas instalações. O salão de degustação é amplo e muito bonito. São muito visitados por tours. Exportam bastante para o Brasil.

Glen Carlou

Próxima da KWV, muito bonita, rodeada de vinhedos, tour tradicional. Sala de degustação com um grande balcão, e obje-

África do Sul

tos de arte nas paredes.
Na visita, encontrei um casal de brasileiros degustando alguns vinhos.

🍷 Fairview Estate

É um dos preferidos dos guias da Cidade do Cabo, e que agrada muito aos turistas.

Fica no alto de um morro e é toda rodeada de carvalhos franceses e americanos.

São três ambientes, o primeiro, uma loja de vendas de queijos, pães, vinhos e outras iguarias.

O segundo mais amplo com vários balcões para degustações dos vinhos, com harmonizações de queijos. Nesta degustação, você paga pelo número de vinhos que degusta.

O terceiro ambiente, mais fechado e profissional, tem mesas individuais com a apresentação dos vinhos com degustações de queijos e embutidos, atendidos por um sommelier.

Para este espaço é conveniente fazer reserva antecipada. Mas, dependendo da disponibilidade, você pode ser atendido.

Esta é uma vinícola que, se tiver tempo, vale a pena conhecer.

🍷 Franschhoeck

Haute Cabriére fica no alto, com uma vista linda de todo o vale rodeado de montanhas.

Com Linda Salomons e Lecinda Olivier, Glen Carlou

Osso de elefante, **Haute Cabriére**

Esta região, no passado muito distante, era o lugar em que os elefantes vinham para dar cria e cuidar dos filhotes. Depois, então, voltavam para as savanas.

Na vinícola, guardam como relíquia um grande osso de elefante encontrado na região.

O forte desta vinícola é a degustação em uma varanda com vista para o vale. O restaurante tem um cardápio pequeno, mas com comidas muito saborosas. Os preços são médios.

Grand Provence

É muito linda. O caminho é por uma pequena estrada, no meio dos vinhedos. Atravessa a linha do Wine Train, até um enorme casarão do século XIX, todo branco, rodeado de muitas árvores, carvalhos franceses e americanos.

O restaurante e a degustação podem ser feitos internamente ou na parte externa debaixo do arvoredo.

O lugar é muito lindo, um dos meus preferidos.

Com Deidre Williams, Fairview Estate

Vinhedos da Haute Cabriere

África do Sul

Grand Provence, Franschhoeck

Progamando sua visita para Winelands

Vai depender do seu interesse em visitar vinícolas.

Se tiver só um dia, eu optaria por Franschhoeck pelo charme da cidadezinha e das vinícolas.

Você pode também programar, em um só dia, uma vinícola em cada cidade.

Stellenbosh, Paarl e Franschhoek são muito próximas entre si.

Nestes casos, o ideal é alugar um carro ou contratar um guia exclusivo, por um dia.

Atrações na Cidade do Cabo

As principais atrações turísticas são a Montanha da Mesa, os passeios de barcos, toda a orla marinha, visita ao Cabo da Boa Esperança e à Ilha de Rodden, prisão onde Mandela ficou por 27 anos.

⊙ Montanha da Mesa - Table Mountain

Faz parte do Table Mountain National Park e é considerada a

Vista da Montanha da Mesa

maior atração. É uma montanha que domina toda a cidade, como é o morro do Corcovado no Rio de Janeiro.

O português Antonio Saldanha foi o primeiro europeu a subir até o topo, em 1503 e pelo formato deu-lhe o nome de Montanha da Mesa.

A montanha tem uma altura de 1.086 metros do nível do mar e um platô de, aproximadamente, três quilômetros de lado a lado.

Lá em cima além de um pequeno museu, uma pequena loja e lanchonete, a atração maior é a vista que se tem da Cidade do Cabo e seu entorno. É muito linda porque você pode caminhar para várias direções e em cada uma delas ter um visual espetacular da cidade.

Há um teleférico – **cable car** – que vai do pé da montanha até o topo. Foi construído em 1929, reformado em 1997, com um bondinho que leva até 65 pessoas por vez.

Na alta temporada, feriados e fins de semanas, o passeio é muito concorrido. Há duas grandes filas, uma para comprar o ticket do bondinho e outra para subir. Muitas vezes, a espera chega a três horas.

Você pode comprar o ingresso do bondinho, antecipado, pela Internet.

❗ Dica: Vá na parte da tarde porque o sol está mais favorável para fotografias. De manhã, você fica com o sol à sua frente.

Se você for no finzinho da tarde, além de pegar menos filas,

África do Sul

tem a possibilidade de ver e fotografar o pôr do sol. No verão, o bondinho funciona até as 19h30.

É muito comum a visita à montanha fechar por causa de nuvens e nevoeiros, mesmo em dias com muito sol. Assim, se em um determinado dia tiver oportunidade de subir à montanha, vá, porque no dia seguinte pode estar com nevoeiro.

Há uma lenda de que o nevoeiro é uma competição entre o Demônio e o pirata holandês Van Hunks, na arte de fumar.

Há trilhas a pé e de biking pela parte de trás da montanha, com um certo grau de dificuldade e leva cerca de três horas.

Passeios de barcos

Na beira do cais, no centro da cidade estão colocados, lado a lado, uma série de barcos, disponíveis para os tours. Há barcos de todos os tipos, pirata, catamarã, caravela, e lanchas modernas.

O Sentinela, Hout Bay

Em frente a cada barco, há uma placa com os horários de saídas e vendas dos tickets. O passeio dura em média de 90 a 150 minutos pela orla marinha. Com sorte você pode ver focas, golfinhos e até pequenas baleias.

Na Cidade do Cabo venta muito, muito forte. Se escolher

Cidade do Cabo, da Montanha da Mesa

Cabo da Boa Esperança e a praia Bartolomeu Dias

um dia para fazer o passeio de barco, vá, porque no dia seguinte pode estar ventando tanto que os passeios são cancelados.

Cabo da Boa Esperança

É a segunda maior atração da cidade. É um passeio de um dia inteiro, e pode ser feito com um tour regular ou um guia exclusivo.

O tour de ida segue beirando o mar, passando por várias praias, pequenos prédios, casas e condomínios. O trajeto é muito bonito. Há uma primeira parada para fotos na praia e baia de Camps Bay. Ao fundo, está a montanha dos Doze Apóstolos.

As praias são lindas, mas com a temperatura da água a 12 graus, só se arriscam mesmo alguns surfistas e o pessoal do kitesurf, todo equipado.

A segunda parada é, normalmente, em Hout Bay. Dali, saem barcos para um passeio de escuna, que leva no máximo 45 minutos para ver, em um ilhote de pedras, centenas de focas.

Vale a pena ir porque o passeio é bem rápido e é impressionante o número de focas nadando no entorno ou em cima do ilhote.

Continuando por uma estrada beira-mar, Chapman's Peak Drive, com um visual lindo, seguimos em direção ao Cabo da Boa Esperança.

Com um guia exclusivo, além de ouvir as histórias dos lugares por onde passa, você pode

África do Sul

Cabo da Boa Esperança, ao nível do mar

parar e descer para fotografar.

No Cabo, são duas as atrações, o antigo Farol no alto da montanha e a outra, ver o Cabo de perto, no nível do mar.

Para ir ao Farol, há um bondinho que leva até o topo. A visão do Cabo, lá de cima do Farol, é linda. Você pode, também, caminhar, subir e ver toda a paisagem no entorno.

Venta muito lá em cima. Em alguns mirantes, é quase impossível fotografar. Dá a impressão que o celular vai voar da sua mão.

Do lado oposto ao Cabo, está a enorme Falsa Baia – False Bay.

Este nome foi dado pelos navegadores portugueses porque, quando voltavam das Índias, contornando o litoral africano, acabavam entrando por engano e tendo de contornar toda a Baia, por dentro.

Ilha dos Pinguins, Hout Bay

Se seguissem direto com suas caravelas, sem entrar na Falsa Baia, o contorno era logo a seguir, no Cabo da Boa Esperança.

A outra atração é descer e chegar muito perto do Cabo, no nível do mar. Chega a ser emocionante estar naquele lugar histórico e tirar uma foto da placa que marca o Cabo da Boa Esperança.

Lá também venta muito. É o encontro do Oceano Atlântico com o Oceano Índico.

O tour de volta segue margeando a Falsa Baia. A primeira parada é na praia Boulders, onde há uma colônia de pequenos pinguins, que é uma atração para adultos e crianças.

A segunda parada é em uma praça, na beira do cais, na frente da Estação de Trem de Simon's Town, onde há um monumento dedicado a um cachorro.

Just Nuisance era um cachorro muito querido pelos marinheiros e pelos habitantes da pequena cidade. E sua movimentada história, narrada pelo guia, é que justifica a atração do lugar.

A história do Just Nuisance é realmente superinteressante e você pode conferi-la integralmente digitando no Google Just Nuisance – Simon's Town.

Cão Just Nuisance

Piguins na Praia Boulders

África do Sul

Robben Island

Depois desta última parada em Simon's Town, o tour volta direto para o hotel.

Ilha de Robben
As atrações são o presídio e a cela onde Nelson Mandela ficou por 27 anos. Há tours regulares saindo da Cidade do Cabo. Bastante interessante para turistas que querem visitar lugares relacionados com o Apartheid.

Shopping center, restaurantes e lojas de artesanatos
Na beira-mar, no centro, há um grande Shopping Center com centenas de lojas. No entorno do cais, há várias opções de restaurantes, com peixes e frutos do mar.

Há também várias lojas com artesanatos locais.

Para quem aprecia restaurantes gourmets, o ideal é solicitar a recomendação no hotel.

O centrão é o lugar onde as pessoas vão curtir o fim de tarde e jantar. É bem gostoso caminhar por lá. Todas as noites há grupos cantando músicas sul-africanas.

Hermanus
⭐ **Hermanus South Africa**
Hermanus é uma pequena cidade à beira-mar, 115 quilômetros a sudeste da Cidade do Cabo.

Leva cerca de 90 minutos pela Rodovia R43, e 120 minutos pela litorânea R44, a Scenic Route.

Em minha programação de visitas inclui as vinícolas de Hermanus por serem muito especiais e por produzirem ótimos vinhos com a uva Pinot Noir.

No século XIX, fazendeiros alemães, criticavam as escolas, por ensinarem somente o Inglês como língua estrangeira. Decidiram então contratar o professor Hermanus Pieters para ensinar a língua alemã para os locais.

Hermanus viveu nesta região ensinando o alemão, criando ovelhas, e passou a ser a referência do lugar.

O lugar conhecido como Hermanus tornou-se uma cidade, 65 anos após sua morte.

Vinícolas – tubarões – baleias
Hermanus é uma região de turismo muito especial, porque você pode combinar degustação de vinhos, mergulhar com tubarões brancos e ver de perto famílias de baleias.

Como minha viagem foi inteiramente programada para visitar vinícolas, não tive tempo para as outras atrações.

Sumaridge Estate Wines

Na próxima viagem, mergulhar com tubarões não garanto, mas ver as baleias, com certeza.

Visita às vinícolas

Programei visitar três vinícolas, com tempo para almoçar em uma delas.

Por ser uma região mais distante da Cidade do Cabo, a maioria dos visitantes vai em carros próprios ou com um guia exclusivo.

O caminho pela R43 é muito bonito, passa por várias fazendas com diversas plantações, e uma muito especial, de criação de ovelhas.

Esta fazenda pode ser visitada mediante reserva antecipada.

🍇 Bouchard Finlayson

Fica no alto de um morro, com uma pequena, mas aconchegante sala de degustação. Não há tours pela vinícola.

O salão com as barricas de carvalho fica bem ao lado da sala de degustação, e os visitantes podem entrar e fotografar.

As opções das degustações são pelo número de vinhos que se deseja provar.

🍇 Sumaridge Estate Wine

Fica em um edifício mais imponente, com algumas mesinhas com cadeiras no gramado.

Com Macayla Blignaut, Sumaridge Estate Wines

África do Sul

O atendimento e a degustação foram feitos pelo enólogo e a atendente do turismo. Os visitantes são na maioria casais e pessoas que estão hospedadas em Hermanus.

Creation Wines

Fica na beira de um lago, com vinhedos a sua volta. Os destaques são o paisagismo do jardim, com várias estátuas e o restaurante Gourmet de altíssimo nível.

Atendem com reserva, e estava cheio. Mesmo assim, conseguimos uma mesa para almoçar.

O cardápio é pequeno e na apresentação dos pratos já indicam os vinhos que harmonizam.

Como um bom restaurante gourmet, o ambiente é refinado, os pratos lindamente desenhados, porções bem pequenas, comida saborosa, e preços acima da média.

Sala de degustação da Bouchard Finlayson

Com Danel Theron, Bouchard Finlayson

Por ser próximo do mar e com o solo de argila e areia, em Hermanus, a maioria dos vinhos é branco, com Sauvignon Blanc, Chardonnay e Chenin

Creation Wines, Hermanus

Com Jean-Claude Martin, enólogo da Creation Wines

Blanc. Mas degustei também bons Pinot Noir, Cabernet Sauvignon e Merlot.

As visitas às vinícolas em Hermanus é um passeio de um dia inteiro, levando em consideração a distância da Cidade do Cabo.

Outras atrações – Baleias e tubarões brancos

Hermanus fica na Walker Bay, que tem como maior atração as baleias.

De Junho a Novembro, Walker Bay é invadida por dezenas de baleias. É quando a cidade recebe um número grande de turistas.

No último fim de semana de Setembro, o Whale Festival lota os hotéis e pousadas.

Há tours diários saindo da Cidade do Cabo.

Quarenta quilômetros adiante de Hermanus, está Gansbaai, com a maior concentração de tubarões brancos do mundo.

Há diversos tours saindo da Cidade do Cabo para mergulhos, dentro de gaiolas, para ver os tubarões brancos de perto. Os tubarões não são atraídos por alimentos. Há uma conscientização grande da preservação ambiental. Eles garantem 97% de chance de ver o tubarão rodeando a gaiola.

Os melhores meses, com águas mais claras, são Junho, Julho, Agosto e Setembro. De Janeiro a Março e Outubro a Dezembro, as águas são menos claras, mas com boa visibilidade.

É o tipo aventura para quem sabe mergulhar e tem muita coragem.

Depois do Kruger National Park onde estão os melhores safáris, Gansbaai é considerada a segunda maior atração individual da África do Sul.

Bouchard Finlayson Winery

África do Sul

As três atrações, visitas às vinícolas, tubarões brancos e baleias requerem uma programação específica de três dias no mínimo. Uma sugestão é se hospedar por três dias em Hermanus e fazer todas com tempo e tranquilidade.

Em Hermanus, há uma preocupação muito grande da comunidade, com o crescimento da cidade. Tanto que fazem questão de não atrair grandes investimentos.

Querem continuar sendo somente uma vila de pescadores com turismo.

Cabo das Agulhas

Não é uma atração para se visitar, mas em termos geográficos vale a pena mencionar.

Fica logo depois de Gansbaai, no fim da Rodovia R43. É o ponto mais ao sul da África.

O nome de Cabo das Agulhas foi dado pelos navegantes Portugueses porque, quando contornavam este Cabo com suas caravelas, a agulha magnética da bússola indicava a direção norte. Ou seja, em direção à Índia.

É no Cabo das Agulhas que se contorna, efetivamente, o continente Africano.

Robertson Wine Valley

É uma outra região muito importante de vinhos. Fica a cerca de 160 quilômetros da Cidade do Cabo, pela Rodovia R42, a mesma que passa

Uva Cabernet Sauvignon

Com Heinrich Bothman, **Wetshof Estate**, Robertson Valley

por Stellenbosh e Paarl. Como a R42 é pista dupla, leva no máximo 150 minutos.

São cerca de 50 vinícolas, em um lindo vale rodeado de montanhas. São vários quilômetros de vinhedos, em sequência, a perder de vista.

As vinícolas estão muito próximas entre si, nas cidades de Ashton, Bonnievale e McGregor.

O clima é mais seco, solo de argila e pedra, e uma amplitude térmica grande. Por ser no interior, os dias são mais quentes e as noites mais frias.

Visita às vinícolas

Programei visitar esta região porque, quando estava selecionando vinícolas para visitar na África do Sul, descobri que vários vinhos vendidos no Brasil vinham desta região.

Muitas das vinícolas são dos séculos XVIII e XIX.

De Wetshof Estate é um dos maiores exportadores para o Brasil. No dia seguinte à nossa visita, iriam receber um grupo de brasileiros ligados a um grande importador e distribuidor de São Paulo.

São pioneiros na produção de vinhos brancos com a uva Chardonnay, estagiando em barricas de carvalho.

Outras vinícolas importantes e históricas da região:
- **Jam Harmsgat Historic Farm** foi fundada em 1723.
- **Fraai Wtzicht – Beautiful View** é de 1798
- **Excelsior Estate** produz vinhos desde 1870.
- **Graham Beck** um dos poucos que produz espumantes e pelo método champenoise.

Como fica relativamente longe da Cidade do Cabo, não há tours regulares. Muitos vão com carros próprios ou um guia exclusivo.

Atrações turísticas em Joanesburgo

Joanesburgo é a maior cidade da África do Sul e sua economia se baseia em minério, ouro, diamante, prata, agricultura e turismo.

Como a maioria dos voos internacionais chega pelo aeroporto de Joanesburgo, muitos turistas que vêm para os safáris e Cidade do Cabo acabam ficando alguns dias na cidade para conhecer.

É uma cidade grande em que se precisa tomar alguns cuidados quanto à segurança, principalmente onde se hospedar.

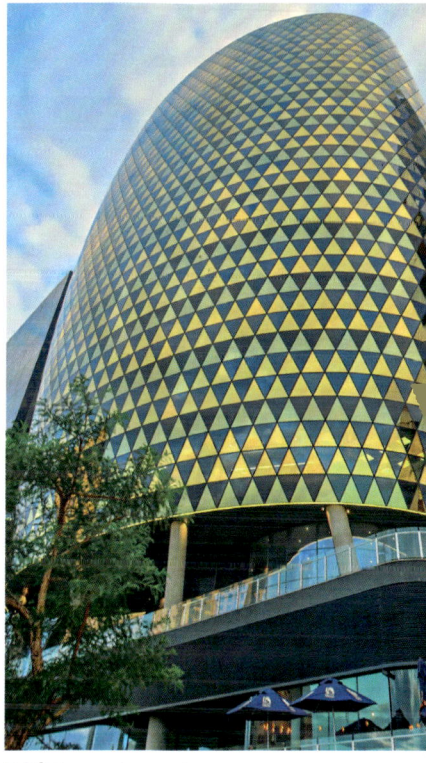

Edifício em Joanesburgo

O centro antigo da cidade é bem inseguro e é recomendado não se hospedar ou visitar sozinho.

O ônibus vermelho do Citytour tem duas rotas. Uma delas passa próximo do centro, mas há de se tomar cuidado, porque há paradas em que não é recomendável descer. A parada no Museu do Apartheid é bem segura.

As principais atrações dentro da cidade são o Museu do Apartheid, o bairro de Soweto, e o Parque da Mina de Ouro desativada.

Lesedi Cultural Village

Passeios no entorno de Joanesburgo

Há várias opções de tours para as principais atrações, que inclusive fiz.

⭐ Lesedi Cultural Village e Lion & Safari Park

Fica a cerca 60 minutos de Joanesburgo, e o dois passeios podem ser feitos no mesmo dia.

Lesedi Cultural Village

Lesedi é um parque construído para mostrar as diferentes culturas, tradições e costumes das tribos Zulu, Xhosa, Pedi, Basotho e Ndebele.

No tour, você passa por representações de aldeias das tribos, com o guia explicando os diferentes costumes e tradições.

No fim do tour, é opcional o almoço no restaurante da aldeia, onde são servidos pratos típicos e exóticos. No nosso almoço, o especial foi carne de crocodilo.

Terminado o almoço, seguimos para o Lion & Safari Park, que fica bem ao lado.

Lion & Safari Park é um parque de animais, alimentados e confinados, com cercas de proteção. Há um bom número de leões, hienas, girafas, gnus, e zebras.

O tour lembra o Animal Kingdon da Disney, com a

África do Sul

diferença de que, no trajeto, os carros, com grades de proteção, passam muito perto de várias famílias de leões.

Há várias famílias com um leão, quatro leoas, e alguns filhotes. Todas são separadas por cercas. Não há duas famílias de leões no mesmo espaço.

O parque é bem grande e é possível ver os animais de muito perto.

Terminado o tour, a próxima atração é interagir com os filhotes.

Em um espaço especial, o visitante, se tiver coragem, pode tocar e acariciar os animais.

São filhotes de leões de cerca de 4 meses, nascidos no local e alimentados.

Recomendam não tocar na cabeça e no rabo. Para mim foi uma experiência incrível.

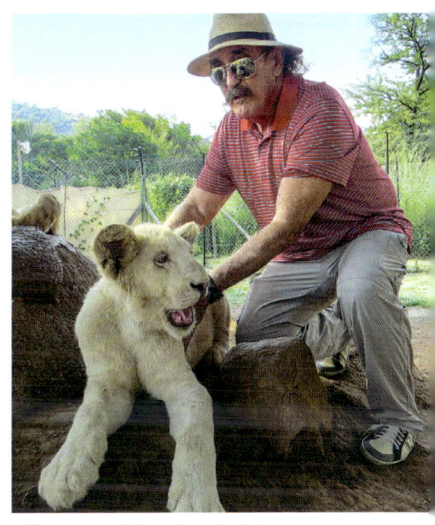

Filhotes no Lion & Safari Park

⭐ Cullinan Diamonde Mine

Em vários países da África, há minas de diamantes. Os diamantes de Cullinan são considerados de altíssimo

Leões no Lion & Safari Park

Cullinan Diamonde Mine

nível, notadamente os diamantes azuis.

Em 1905, foi encontrado em Cullinan o maior diamante do mundo, que foi oferecido de presente à Rainha da Inglaterra.

A pedra foi dividida em dois diamantes, sendo um deles colocado na coroa da Rainha.

Os dois diamantes são considerados os mais importantes da Coroa Britânica.

A mina está ativa e processa diariamente 14 toneladas de pedras, obtendo 1,5 quilos de diamantes brutos, para indústrias e joias.

De Joanesburgo até Cullinan leva cerca de duas horas. O tour começa às 9 horas com um número limitado de pessoas.

É preciso então sair do hotel bem cedo para chegar a tempo de trocar de roupa, colocar macacões e botas especiais.

No tour, conduzido por um

Coroa da Rainha da Inglaterra com o Diamante

guia da própria mina, você desce em um grande elevador a 400 metros de profundidade. O túnel é escuro e úmido. No passeio pelo túnel o guia vai explicando todo o processo da prospecção dos diamantes. Não há praticamente nada a ser visto a não ser, caminhar pelo túnel ida e volta e ouvir do guia as explicações e histórias.

Na volta, você passa pela loja de diamantes.

Há tours específicos para

África do Sul

pessoas interessadas apenas em comprar os diamantes.

Sterkfontein Cave e Maropeng Museum of Humankind

Os dois passeios são combinados, e um completa o outro. O ideal é ir primeiro à caverna e depois então ao museu.

Fica a cerca de 90 minutos de Joanesburgo.

Há vários horários de tours para a caverna e não é necessário fazer reserva antecipada.

⭐ **Sterkfontein Cave** é uma caverna onde foram encontrados fósseis de crânios e esqueletos com mais de 3,3 milhões de anos, e por isso se autodenomina Berço da Humanidade.

Os fósseis encontrados são pré Homo Erectus, o que significa que estavam ainda no processo de evolução.

O tour começa por uma visita a um pequeno museu, e depois seguimos para a caverna.

A temperatura média interna é de 19 graus Celsius.

Bem íngreme e escorregadia, percorre por vários espaços, alguns separados por entradas pequenas e estreitas, que obriga o visitante a passar agachado. Uma pessoa mais alta e de idade vai ter dificuldade.

Não há nada muito especial para ser visto dentro da caverna. Eu esperava ver lá atrações relacionadas à arqueologia.

⭐ **Maropeng Museum** é a continuação do passeio relacionado às descobertas dos fósseis.

É uma construção em forma de uma grande caverna, e den-

Entrada da Sterkfontein Cave

Maropeng Museum

tro, uma série de objetos para a interação dos visitantes sobre a evolução humana.

Lembra uma daquelas atrações do Epcot Center da Disney, mas com muito menos tecnologia.

Crianças aproveitam mais que os adultos.

Busto do fundador

⭐ Pilanesberg National Park

Para quem não tem planos de fazer o Safári no Kruger National Park acaba sendo uma opção.

São vários hectares, todos protegidos por cercas de segurança, com os animais vivendo dentro das leis da natureza.

Além dos Big Five, elefantes, leões, leopardos, rinocerontes e búfalos, há um bom número de zebras, girafas, gnus, veados, guepardos e hipopótamos.

Fica a cerca de três horas de Joanesburgo, e é um passeio de dia inteiro. Sai do hotel às 6 horas da manhã e volta às 20 horas.

Durante todo o período do tour, você circula pelo parque em um veículo protegido.

Por volta das 12 horas, há o almoço, no único restaurante do lugar.

Come-se muito mal. Melhor pedir apenas a salada e deixar para jantar na volta.

África do Sul

O objetivo do passeio é tentar ver os Big Five.

No nosso dia, vimos elefantes, rinocerontes, búfalos e guepardos, além de gnus, zebras, girafas, hipopótamos e veados. Não vimos o leão e o leopardo.

Neste período do ano e com chuva, há muita vegetação, o parque é bem arborizado.

O leão, que dorme 24 horas, acaba ficando escondido no meio da vegetação.

Já o leopardo é arisco e noturno, difícil de ser visto, mesmo no Kruger.

Segundo o guia, os melhores períodos para ver todos os animais são no Outono e Inverno.

Como fica tudo muito seco, não há muitas folhagens para os animais se esconderem.

Pilanesberg Park, rinoceronte

⭐ **Gold Reef City**
A antiga mina de ouro de Joanesburgo foi desativada após atingir 5 quilômetros de profundidade e tornar sua operação não lucrativa.

Pilanesberg Park, zebra e girafa

Nas suas dependências, foi construído um Parque de Diversões, no estilo Play Center, com rodas gigantes, montanha-russa, e muitos outros brinquedos.

A maior atração é o tour dentro da mina. Vale pela curiosidade de descer a 75 metros de profundidade, caminhar por um túnel e ouvir as explicações do guia.

Há tours a cada 15 minutos, e o passeio leva cerca de 30 minutos.

Museu Gold Reef

É um bom programa para crianças e adultos.

Não há necessidade de pegar um tour específico, você pode vir do hotel de táxi.

⭐ Kruger National Park

É considerada a maior atração turística da África do Sul.

Durante todo o ano, ingleses, holandeses, alemães, norte-americanos e também brasileiros vão ao Kruger para os safáris.

O Kruger Park foi inaugurado em 31 de Maio de 1926, e homenageia o último Presidente da República Sul-Africana dos Bôeres, Stephans Johannes Kruger.

Com cerca 20.000 km², todo cercado, faz divisa com Moçambique, única área aberta, sem cercas de proteção, e por onde entram os caçadores clandestinos.

Antiga moradia de diretores na Gold Reef, Joanesburgo

África do Sul

Pilanesberg Park, elefante

São milhares de animais vivendo livremente de acordo com as leis da natureza.

A atração são os safáris que percorrem o parque com o objetivo de ver os animais em seus habitats naturais, principalmente os Big Five – elefante, leão, rinoceronte, búfalo e leopardo, considerados os mais difíceis de caçar.

Como são muitos animais e os guias se comunicam entre si o tempo todo, avisando onde alguns se encontram, a chance de ver elefante, leão, rinoceronte e búfalo é grande. Já o Leopardo, por ser arisco e noturno, dificilmente é visto.

Os tours saem logo cedo pela manhã e no fim da tarde, que avança até o anoitecer. No meio do dia, os turistas

Pilanesberg Park, impalas

curtem as atrações do hotel, a piscina e descansam.

Viagem – hotéis – tours

Há voos diários para o Kruger saindo de Joanesburgo e Cidade do Cabo.

Normalmente os turistas programam suas viagens Joanesburgo-Kruger-Cidade do Cabo. Ou Joanesburgo-Cidade do Cabo-Kruger. Os voos de entrada e saída do País são sempre por Joanesburgo.

Pilanesberg Park, guepardo

Há muitos hotéis, de vários níveis, com várias opções de preços.

A programação dos safáris é praticamente igual em todos os hotéis. O que realmente diferencia são as acomodações, os serviços e as mordomias que cada hotel oferece. Aí, então, depende muito de gosto e, principalmente, de bolso.

Normalmente a agência que você vai contratar irá recomendar o hotel. Se tiver a recomendação de um amigo, que já se hospedou é ótimo. Se não, accsse o Trip Advisor ou o Booking, nos quais há sempre boas recomendações. Leia vários comentários de quem já se hospedou.

Alguns hotéis recomendados e alguns utilizados por brasileiros:

Kapama River Lodge, Kapama Karula, Kapama Buffalo Camp, Kapama Southern Camp, Protea Hotel by Marriott, Kruger Park Lodge, Elandela Lodge, Nkorho Bush Lodge, Toro Yaka Bush Lodge, Naledi Game Lodge, Crocodile Bridge Safari Lodge, Jock Safari Lodge e The Outpost.

Recomendação final de viagem

Este é um livro de Viagens e Vinhos, então vou privilegiar a programação das visitas às vinícolas.

Eu dedicaria dois dias inteiros para Joanesburgo, visitando os lugares que achar mais interessantes, inclusive alguns daqueles que descrevi.

De todos os que fui, o único que é realmente para mim muito bom foi o Lesedi Village + Lion & Safari Park. Gostei, também, porque pude interagir com os filhotes de leões.

Vinhedos, África do Sul

África do Sul

Pilanesberg vale a pena ir, se não for ao Kruger Park.

Tenho amigos que não gostaram de Joanesburgo e outros que sim.

Alguns passaram pelo aeroporto e foram direto para o Kruger e Cidade do Cabo.

Nos passeios que fiz em Joanesburgo encontrei alguns brasileiros.

Recomendo marcar e reservar com antecedência, com uma agência, os tours em Joanesburgo.

Reservaria de duas a três noites para o Kruger Park. Para ter tempo de conseguir ver os Big Five, curtir o hotel, a paisagem belíssima e compensar a viagem de avião.

Para Cidade do Cabo, no mínimo cinco dias inteiros, ou mais.

Para visitar vinícolas, passear pela cidade, subir a Montanha da Mesa, Cabo da Boa Esperança e, se puder e gostar, dar uma esticada até Hermanus, para os tubarões e as baleias.

Cidade do Cabo é muito linda, cheia de lojas e restaurantes. É ótima para passear.

Eu gostei muito da África do Sul, e recomendo que, se puder, programe sua visita.

Politicamente, o Continente Africano é cheio de surpresas.

E, se desejar alguma sugestão ou recomendação, contate-me diretamente pelo *miltonassumpcao@terra.com.br*

Brasil

Vinhedo e hortênsias, Don Giovanni.

Pinto Bandeira • Vacaria • São Joaquim

BRASIL

ÁREA AMPLIADA

- VACARIA
- PINTO BANDEIRA
- BENTO GONÇALVES
- CAXIAS DO SUL
- GARIBALDI

Rio das Antas
Represa Marrecas
Represa do Faxinal

Rodovias: 116, 285, ERS-122, RS-437, 470, 453, RS-446, RS-452, RS-235

SANTA CATARINA

Rio Pelotinhas
Rio Lava-tudo
Rio Pelotas

SÃO JOAQUIM

SC-114

RIO GRANDE DO SUL

RS-110
RS-020
205
285
RS-110
285
RS-439
RS-020
RS-476
RS-110
S-476
453
RS-020
RS-110
453
RS-235
RS-020

Don Giovanni

PINTO BANDEIRA

*Fica muito próximo de **Bento Gonçalves** e **Garibaldi**,
e tem se tornado uma importante região de produção
de vinhos e, principalmente, espumantes.*

*Quem for visitar o **Vale dos Vinhedos**, minha recomendação é que
programe e dedique um dia para **Pinto Bandeira**, vai valer a pena.*

*Como fica tudo relativamente perto, você pode se hospedar
nos diversos hotéis de toda a região.*

*No texto de Garibaldi e Bento Gonçalves, eu faço referências
aos hotéis. Há bons hotéis nas duas cidades, dentro
do Vale dos Vinhedos e no entorno.*

Nesta última viagem, como eu pretendia circular muito de carro pela região, optei por me hospedar no Castello Benvenutti, às margens da Rodovia 470, entre Garibaldi e Bento Gonçalves, muito próximo da entrada do Vale dos Vinhedos.

A vinícola Don Giovanni em Pinto Bandeira tem uma ótima pousada, que requer reserva com antecedência. São poucos quartos e é bem procurada.

Bem tranquila e ideal para quem deseja explorar mais esta região. É muito bonita, totalmente arborizada, com rios, cachoeiras e muitos vinhedos.

E prazeroso, de carro, guiar pelas estradas sinuosas, as famosas "linhas", contemplando esta beleza.

Até 31 de Dezembro de 2012 era um distrito de Bento Gonçalves. Tornou-se oficialmente município em 1º de Janeiro de 2013. O nome homenageia Rafael Pinto Bandeira, militar brasileiro, que participou na época do Brasil Colonial de

Cachoeira e vinhedos

Rosas e Vinhedos

inúmeras batalhas defendendo a Capitania de São Pedro do Rio Grande de invasões espanholas.

Considerado um herói militar, é citado na trilogia de Érico Veríssimo *O Tempo e o Vento*.

A altitude de Pinto Bandeira, 800 metros, é praticamente o dobro do Vale dos Vinhedos. Os terroirs também são muito semelhantes. Eu acredito que, há mais morros e menos regiões planas. Com isso, o sol beneficia mais as encostas na face norte. Algumas vinícolas têm seus vinhedos na face norte, mantêm as matas na face sul, tornando a região um pouco mais úmida.

As castas de uvas plantadas são as mesmas utilizadas no Vale dos Vinhedos e em toda a região.

Para os tintos, as francesas Cabernet Sauvignon, Merlot, Malbec, Tannat, Carménère e algumas italianas, Sangiovese e Montepulciano. Para os espumantes, Chardonnay e Pinot Noir.

Aqui também, o terroir é propício às experimentações,

Vinhedos da Cave Geisse

e alguns viticultores cultivam várias e diferentes castas.

Visita às Vinícolas
Na minha programação dediquei um dia inteiro para visitar Pinto Bandeira. Escolhi algumas vinícolas que considerei importantes. Por serem relativamente diferentes em suas origens e organizações, proporcionam uma imagem da diversidade da região.

Don Giovanni
É uma vinícola e pousada. Está a 12 quilômetros do centro de Bento Gonçalves.

Contatei-os diretamente pelo e-mail *turismo@dongiovanni.com.br* e fui muito bem atendido. São muito profissionais e respondem rapidamente.

Um Pouco de História
Em 1827, chegou ao Brasil o imigrante italiano Karl Dreher. Um de seus filhos, Carlos Dreher Filho, em 1910 iniciou no porão de sua casa, em Bento Gonçalves, a produção de vinhos tintos.

Depois de uma viagem à Europa, com conhecimentos adquiridos, iniciou e tornou-se um dos pioneiros na produção do vinho branco na região.

Em 1950, surgiu o famoso Conhaque Dreher, produzido a partir da destilação da uva. Foi um grande sucesso e logo passou a ser consumido em todo o Brasil.

Em 1970, a transmissão pela TV da Copa do Mundo no México, em que o Brasil se sagrou Tricampeão do Mundo, teve o patrocínio do Conhaque

Dreher – "De pai para filho, desde 1910!"

Em 1973, já com a proibição de utilização da denominação de origem controlada Cognac, a empresa foi vendida para a americana Heublin, que comprou também na mesma época a Drury's e a Old Eight.

O local onde hoje está instalada a Don Giovanni era um centro de experimentação e desenvolvimento de uvas viníferas e vinificação.

Em 1980, D. Beatriz Dreher Giovannini e seu esposo Ayrton Giovannini recompraram a propriedade e a transformaram em um lugar de veraneio. Estavam ali lembranças de sua infância.

Algum tempo depois decidiram voltar a produzir vinhos. Reformaram toda a propriedade e transformaram a casa principal em uma pousada.

No entorno da casa, estão ainda os vinhedos de 60 anos, de uvas americanas, utilizadas na produção do Conhaque Dreher.

D. Beatriz recuperou a receita antiga de família, e voltou a produzir com as mesmas uvas, um brandy excepcional, que pode ser degustado na visita à vinícola.

Visita e Degustação

Em minha visita fui muito bem recebido pela enóloga Giulia Trucolo Martinelli.

Giulia é a gerente de turismo e administradora do varejo, pousada e restaurante.

Beatriz Dreher Giovannini

Vinhedos na região

Brasil

Paisagem de Pinto Bandeira

Ela nos levou a conhecer as instalações, a pousada, e contou a história da vinícola.

A pousada mantém a decoração tradicional. Todos os ambientes, inclusive os quartos, são de muito bom gosto. O lugar privilegia a tranquilidade e a convivência entre os hóspedes.

A degustação foi feita em um amplo e lindo salão.

Produzem tintos com as castas Merlot, Cabernet Sauvignon e Tannat. Os brancos e espumantes com Chardonnay e Cabernet Franc.

Produzem espumantes Brut, Rosé Brut, Nature, Serie Ouro Extra Brut e um especial Dona Bita Brut, em homenagem à D. Beatriz.

O lendário brandy Dreher pode também ser degustado durante a visita.

Vindo a Pinto Bandeira, a Don Giovanni é uma visita

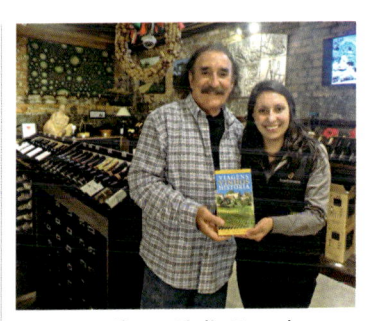

Com a enóloga Giulia Trucolo Martinelli

obrigatória, pelos vinhos, pelos espumantes, pela história.

Dependendo da sua programação e tempo de viagem, é um lugar especial, tranquilo e romântico para se hospedar.

🛢 Vinícola Gelsse

Seus espumantes estão sendo considerados entre os melhores do Brasil, neste momento. Recentemente em uma avaliação de especialistas em São Paulo, tiveram três de seus espuman-

Entrada da Cave Geisse

tes classificados entre os 10 melhores, sendo um deles o 1º colocado.

Em 1976, o enólogo chileno Mario Geisse recebeu a missão de implantar a Moët et Chandon em Garibaldi.

Especialista, estudioso e conhecedor que era, percebeu que a região, devido à qualidade e especificação de seu terroir tinha uma vocação para espumantes.

Em pouco tempo os espumantes da Moët et Chandon passaram a ser reconhecidos como de ótima qualidade e proporcionaram um reconhecimento dos consumidores.

Isto fez com que outros viticultores do sul decidissem investir na produção de espumantes.

Durante todo o tempo que esteve à frente da Moët et Chandon, Mario Geisse continuou seu trabalho de pesquisas

Mario Geisse

e estudos dos terroirs. Era muito comum vê-lo embrenhar-se pelas matas da região conhecida como Vinhedos da Montanha, para analisar os solos e a qualidade dos nutrientes.

Foi em uma destas pesquisas que descobriu uma região em Pinto Bandeira que considerou muito especial, uma boa altitude de 800 metros, solo de argila e pedras, subsolo com uma ótima drenagem e infiltração, amplitude térmica e posição solar ideal.

Foi quando decidiu montar sua própria vinícola. Ele percebeu que naquele lugar conseguiria uvas de muita qualidade para fazer os espumantes.

Não foi fácil a negociação com os antigos proprietários. Estavam lá há várias gerações. O que percebeu foi que, os descendentes não tinham na verdade uma vocação para o campo.

Optou pelas castas Chardonnay e Pinot Noir, para os espumantes, e Cabernet Sauvignon e Carménère, para os tintos. Plantou todos seus vinhedos na face norte, no sistema de espaldeiras.

Em pouco tempo, os espumantes Geisse adquiriram o reconhecimento dos consumidores brasileiros.

Mario Geisse recebeu a Honra ao Mérito da Vitivinícola do Chile, e o reconhecimento como o enólogo mais premiado do Chile neste século.

Foi agraciado também, em 2013, com o Troféu Vittis, outorgado pela Associação Brasileira de Enologia, por sua contribuição no desenvolvimento do setor vitivinícola do Brasil.

Visita e Degustação

Fiz a reserva pelo e-mail turismo@vinicolageisse.com.br. Eles oferecem três opções

• **Visita e Degustação:** Passeio tradicional pelas instalações, com a guia contando a história, falando da produção, das características e especificidades do espumante Geisse, terminando na degustação.

Com Daniel Geisse

Open Lounge na Cave Geisse

- **Geisse Experience:**
Em um veículo 4x4, com um guia fazendo as narrações, são percorridos os vinhedos, antigas trilhas, as matas, terminando com a degustação na beira da cachoeira. Só atende aos sábados e domingos e requer reserva com bastante antecedência.

- **Open Lounge:**
É um espaço aberto, muito bonito, com um bar, para que os visitantes possam curtir e apreciar as bebidas, ao ar livre.

Tour Geisse Experience, degustação na cachoeira

Fiz o tour regular e depois fui muito bem recepcionado pelo Diretor de Marketing Daniel Geisse.
Conversamos por cerca de duas horas sobre história, sobre terroir, castas, a preocupação e o comprometimento com a produção de um espumante de alta qualidade.
Uma das diferenças na qualidade é que, em função do terroir, todos vinhedos são plantados na face norte, em uma posição solar ideal, a uva é colhida madura e mantém um grau de acidez perfeito para a

produção do espumante.

Na maioria das vinícolas, para manter o grau de acidez necessário, a uva é colhida ainda um pouco verde.

Com isso a Geisse consegue uma qualidade diferenciada em seus espumantes.

Falamos também sobre o reconhecimento que os espumantes Geisse estão conquistando em todo Brasil. É fruto de um trabalho profissional e competente de marketing e distribuição.

Por último, não deixei de mencionar a dificuldade da pronúncia da marca Geisse. Já ouvi pessoas falando de várias maneiras. O correto é "Gaiss". Segundo o Daniel está indefinição pode até ajudar na promoção.

Principais Espumantes e Tintos

Os espumantes são identificados nos rótulos, visualmente ótimos, pela marca Cave Geisse.

Os tintos, produzidos na Cave Geisse do Chile, são identificados pela marca Mario Geisse.

As castas utilizadas são para os espumantes Chardonnay e Pinot Noir, e para os tintos Cabernet Sauvignon e Carménère.

O nome que dão aos espumantes são bem criativos. Além dos tradicionais Brut, Brut Rosé, Extra Brut, nomeiam alguns especiais, como Blanc de Noir Brut, Blanc de Blanc, Brut e Nature, Terroir Rosé Brut.

Cave Geisse

Alguns espumantes têm 30 meses de guarda. O Nature leva 42 meses de guarda. Os tintos levam 12 meses de guarda.

O site é *www.cavegeisse.com.br*

🍇 Vinícola Valmarino

Todas as vinícolas em Pinto Bandeira ficam muito próximas.

O contato para visitar a Valmarino foi feito através do site www.vinicolavalmarino.com.br, e pelo telefone (54) 3455 7474.

O imigrante italiano Antonio Domenico Salton, oriundo da cidade Cison de Valmarino, da região de Treviso, na Itália, chegou ao Brasil em 1878 e foi um dos pioneiros no plantio da uva e na produção de vinho na Colônia Dona Izabel, hoje Bento Gonçalves.

É o fundador da Vinícola Salton.

Com Marco Antonio Salton na Valmarino

Degustando na Valmarino

Em 1997, o enólogo Orval Salton, da 3ª geração da família, fundou em Pinto Bandeira a vinícola Valmarino, em homenagem à terra natal do Patriarca.

Hoje a vinícola é gerida pelos irmãos Marco Antonio, Guilherme e Rodrigo Salton.

Seus vinhedos cobrem hoje 16 hectares. Têm suas produções focadas em vinhos tintos, brancos, moscatel e espumantes.

Como grande parte dos produtores de vinhos de Bento Gonçalves e Garibaldi, plantam e produzem vinhos monocasta e blends, com uma variedade grande de castas.

É o conceito de que o brasileiro bebe a uva e não o vinho. Com isso é estratégico oferecer mais opções para seus consumidores.

Por outro lado, há também a veia criativa do agrônomo e do enólogo, buscando fazer experiências com castas de renome internacional.

Visita e Degustação

Na visita fui recebido e ciceroneado pelo agrônomo e enólogo Marco Antonio Salton. Caminhamos pelos vinhedos que circundam a sede principal, onde ele deu explicações de seu terroir, das castas que estavam plantando, e de algumas experiências que estavam fazendo com algumas uvas especiais.

Fiquei curioso do resultado com a uva Sangiovese, porque

na Toscana, uma região mais seca e com um solo menos úmido, obtém-se um vinho excepcional da qualidade de um Brunello, que eu aprecio muito.

Perguntei também sobre a preferência de utilizar parreirais ao invés de espaldeiras.

Aí ele mostrou todo seu conhecimento e amor pela agricultura.

Para ele, a poda direcionada que fazem dá abertura suficiente para uma incidência solar necessária. Também canaliza os nutrientes para a formação e tamanho dos cachos.

Aprendi também que o mato, a vegetação embaixo dos parreirais, além de dar um equilíbrio nas condições do solo, objetiva criar uma concorrência com a videira na captação da água.

Ou seja, as plantas embaixo dos parreirais bebem a água que seria um excesso para a videira.

Degustei vários tintos, Sangiovese Cabernet Franc, Tannat, Cabernet Sauvignon. Depois experimentei alguns espumantes produzidos com Chardonnay.

Produzem as versões Nature, Brut, Extra Brut. Brut Tinto, Brut Rosé, Brut Prosecco e Moscatel, entre outros.

Como são muito próximas, é muito fácil programar e visitar estas três vinícolas no mesmo dia.

No caminho entre as vinícolas na Linha 28, próximo da igrejinha, há o Empório Castellamare.

Eles oferecem vinhos da própria Castellamare, queijos, azeites, geleias e outras iguarias. Vale a pena parar para visitar. O atendimento é muito bom.

Na programação de sua viagem para o Vale dos Vinhedos, Garibaldi, Bento Gonçalves, Caminhos de Pedra, coloque um tempo para Pinto Bandeira.

Você vai degustar bons tintos e ótimos espumantes!

Vinhedos e rosas

Vinícola Francioni, São Joaquim

VACARIA E SÃO JOAQUIM

Em meu primeiro livro Viagens, Vinhos, História, *faço uma rápida referência às regiões chamadas* **Campos de Cima da Serra**, *ou* **Campos de Vacaria**. *Além dos produtores locais, vários viticultores do V***ale dos Vinhedos** *têm adquirido propriedades para expandir suas plantações.*

É uma região onde se produz trigo, flores e, principalmente, frutas, como maçãs, morangos e framboesas. A produção de vinhos e espumantes cresceu bastante nos últimos anos.

Próximo dali, já na serra de Santa Catarina, em **São Joaquim**, *conhecida pelo turismo da neve, há uma crescente produção de* **Vinhos de Altitude**. *Os vinhedos estão acima de 1.300 metros.*

Programação da viagem

Aproveitando os feriados prolongados de Novembro fiz uma programação de viagem bem dinâmica.

Saí de São Paulo de avião para Caxias do Sul, em um voo de manhã que leva 75 minutos.

Aluguei um carro no aeroporto e fui direto para a região do Vale dos Vinhedos.

Na hora do almoço, já estava hospedado no Castello Benvenutti entre Garibaldi e Bento Gonçalves.

Curti por dois dias as vinícolas no Vale dos Vinhedos e Pinto Bandeira.

No texto anterior, faço um relato detalhado das visitas às vinícolas de Pinto Bandeira.

No terceiro dia, logo bem cedo, subi a serra em direção a Vacaria, onde degustei vinhos e segui para São Joaquim, para visitar vinícolas de altitude.

Saí de São Joaquim e desci a incrível Estrada da Serra do Rio do Rastro.

Devolvi o carro no aeroporto de Florianópolis.

Foram cinco dias bem dinâmicos, mas que deu para fazer com tranquilidade.

Campos de Cima da Serra – Vacaria

O nome da cidade foi dado pelos jesuítas espanhóis que viviam na região das Missões, hoje pertencente à Argentina. Eles chamavam de Vaqueria de los Pinares, ou seja, Vacaria dos Pinhais. Era uma região de criação de gado para suprir aos jesuítas e às comunidades onde atuavam.

Mais tarde tornou-se parada e pernoite dos tropeiros que vinham da região do Sul e do Rio

Rio das Antas

da Prata para o Centro Oeste, tocando a boiada.

Para ir a Vacaria, saindo de Garibaldi, há de voltar a Caxias do Sul e pegar a Rodovia 116 sentido norte. O trajeto da serra é muito bonito. Vale a pena subir devagar e com cuidado, apreciando a paisagem. A mata verde compacta, rios e riachos dão um toque mágico. Eu não imaginava haver tanto verde nesta região.

Quando se atinge o planalto, já em uma altitude de 970 metros, começam a aparecer os campos de trigo e as plantações de maçãs, a perder de vista.

Esta região é reconhecida como a maior produtora de maçãs do Brasil.

O clima é propício para frutas, maçãs, morangos, framboesas, vinhedos, flores e pecuária.

É um clima subtropical com médias máximas de 27 graus no Verão e 7 de mínima no Inverno.

É propício para as uvas brancas utilizadas na produção dos espumantes.

Já há uma produção de vinhos e espumantes regulares. A maioria dos produtores ainda processa a produção em Caxias do Sul e Bento Gonçalves.

Produtores em Vacaria

Os mais reconhecidos são **Fazenda Santa Rita, Aracuri Vinhos, Campestre, Ravanello e RAR – Raul A. Randon**.

Raul A. Randon é um dos proprietários da Randon S/A, que produz carrocerias e reboques de caminhões.

Em 1970, criou a empresa RASIP para investir na plantação de frutas, produção de vinhos e criação de gado para leite e corte.

Os vinhedos estão espalhados pela região, muitas vezes, ao lado de plantações de frutas e outras culturas. Aracuri Vinhos, por exemplo, tem seus vinhedos no município de Muitos Capões.

Turismo de visitação
Não há Enoturismo regular. Uma estrutura para visitação de turistas está ainda em fase de organização.

Quando fiz minha programação de viagem incluindo Vacaria, contatei por telefone e e-mail alguns produtores para marcar visitações. Foram todos muito atenciosos. Informaram que na cidade havia naquele momento somente duas lojas para degustação e venda de vinhos.

Se seu plano de viagem tem como foco o Enoturismo, minha recomendação é que dedique somente algumas horas para visitar as lojas especializadas, degustar e comprar alguns vinhos e seguir viagem. Foi o que fiz.

Dependendo de seu planejamento pode ser um bom lugar para pernoitar.

Cultura de maçãs

Há várias opções de hotéis e restaurantes. Vacaria é uma cidade histórica e muito bonita.

Fazenda Santa Rita

Tem sua loja na cidade à Av. Militar, 808, onde é possível fazer a degustação e comprar seus vinhos. Recentemente inauguraram na vinícola um espaço para eventos e recepção de turistas. Neste momento, funciona somente com eventos especiais. No futuro, deverá tornar-se um centro de atendimento de turistas regular.

O **Spaccio RAR**, no KM 33 da Rodovia 116, oferece degustação e venda de seus vinhos.

Nesta loja, além dos vinhos há degustação de queijos, manteigas e azeites produzidos por eles.

Uma das maiores atrações é o queijo italiano Grana.

Visitei a Spaccio e degustei, entre outros, o seu Espumante Brut.

Posso afirmar sem dúvida que é muito bom. Intenso, mas leve, elegante, passa uma sensação de frescor muito boa. Gostei bastante. O atendimento no local é muito profissional.

De Vacaria guiei em direção a Lages, já em Santa Catarina. A estrada é muito boa, e tem pouco movimento de caminhões.

De Lages sai uma estrada também de pista única, mas bem pavimentada para São Joaquim.

Vinhedos de altitude

Brasil

Spaccio RAR, Vacaria

Cheguei no início da noite, para pernoitar. Há várias opções de hotéis e pousadas na cidade.

SÃO JOAQUIM é conhecida pelos brasileiros pela neve que cai durante o Inverno. Neste período, a cidade fica cheia de turistas curtindo o frio.

Vinhos de altitude

Não estando no Inverno e não havendo a possibilidade de neve, a cidade, muito pequena, tem poucas atrações.

Passa a ser quase obrigatório visitar as vinícolas.

O vinho é classificado com sendo "De Altitude" porque os vinhedos estão a mais de 1.300 metros de altura.

O solo é de argila com muita pedra, uma umidade média, mas com possibilidade de chuvas de granizo.

Loja da RAR, Vacaria

A amplitude térmica é muito elevada. Dias quentes moderados e noites muito frias.

Visita às vinícolas

Há várias vinícolas, e as mais conhecidas são Villa Francioni, D'Alture, Villagio Barsetti e Leone de Veneza.

VILLA FRANCIONI é a mais importante de todas. É a maior

Vinhedos com proteções contra chuvas de granizo

Com José Bernardo Carvalho Jr
na Vinícola Francioni

atração turística de São Joaquim, depois da neve!

No início dos anos 2.000, o empresário Manoel Dilor de Freitas idealizou uma vinícola ao estilo das mais bonitas da Europa.

Em 2002, plantou os primeiros vinhedos, e começou a construção de uma Cantina de 4.400 m² para produzir o vinho e receber visitantes.

Faltando poucos meses para inauguração, faleceu de um enfarte. Coube aos seus filhos continuarem a obra do Pai, e inaugurar a vinícola.

É uma das mais lindas do Brasil. Construída na parte alta do terreno, o projeto de arquitetura privilegiou o visual de toda a região.

A produção do vinho obedece à utilização de níveis gravitacionais, proporcionando uma facilidade para a circulação das uvas sem que haja qualquer sofrimento.

O sistema de engarrafamento é todo automatizado, seguro e limpo.

Além da visita às instalações e da degustação, há uma Galeria de Artes, com quadros de Juarez Machado e Camille Claudel.

Há também um espaço gastronômico para lanches e refeições.

Não é uma simples vinícola, é uma atração turística completa.

Como há um fluxo grande de turistas, é obrigatória a reserva antecipada. Pode ser feita pela Internet ou pelo Hotel onde está hospedado em São Joaquim.

A visita e os vinhos

🍇 Villa Francioni

Há vários guias fazendo os tours simultâneos. Fui recebido pelo responsável pelo Turismo, José Bernardo Carvalho Junior.

Contou a história do lugar, descreveu as características dos vinhos e conduziu a degustação.

São várias as opções de Tintos, Brancos e Espumantes.

Nos Tintos, predominam as uvas Cabernet Sauvignon e Merlot.

Nos Brancos e Espumantes predominam a Chardonnay e Sauvignon Blanc.

Possuem algumas linhas, como Aparados, São Joaquim e VF. Esta última com uma sublinha dedicada ao Pintor Juarez Machado.

O espumante leva a marca JOAQUIM – Brut Blanc de Blancs.

Uma característica do Vinho de Altitude é a acidez da uva, que exige um tempo maior de fermentação. Por outro lado, o vinho fica mais leve, intenso, mas relativamente moderado.

Percebe-se claramente a diferença de intensidade de um Cabernet Sauvignon de altitude, de outros, produzidos em altitudes menores. O mesmo se dá com os Espumantes.

A produção é de 300.000 garrafas ao ano. Há uma certa dificuldade de colocar os vinhos no mercado do Centro-Oeste, pelo excesso de competição.

Vinhos de Altitude são um diferencial competitivo que poderia ser trabalhado.

Se for a São Joaquim, a visita a esta vinícola é obrigatória, pela história, pelos vinhos, pela beleza.

Vinícola D'Alture

Fica praticamente em frente à Villa Francioni, do outro lado da estrada.

Seus vinhedos estão plantados em maior altitude, por isso o nome D'Alture.

O proprietário é boliviano e é um negócio pequeno de família.

É o oposto da Francioni. As instalações são rústicas, e o local é bem simples. Atendem normalmente quem chegar.

Não há um tour pelos vinhedos. Fazem um passeio pelas instalações e, em seguida, a degustação.

A estrada até o alto, onde está a sede, é íngreme, de terra, pelo meio dos vinhedos.

Em alguns cortes desta estrada dá para ver a composição de terra e pedras características desta região.

Produzem mais vinhos tintos, predominando as uvas Cabernet Sauvignon e Merlot.

Degustando na Vinícola D'Alture

Na Villa Francioni, o grande número de visitantes é de turistas que fazem o tour e depois compram algumas garrafas.

Já na D'Alture são pessoas da própria região ou que vem a São Joaquim com mais frequência e compram caixas de vinhos para consumo próprio, consumidores mais fiéis.

O preço do vinho aqui também é mais barato, e o vinho é muito bom.

Estrada do Rio do Rastro

Fica entre as cidades de Bom Jardim da Serra e Lauro Muller

Vinhedos na Vinícola Francioni

Brasil

Cachoeira do Rio Barrinha

e faz parte da Rodovia SC 390.

É considerada uma das estradas mais incríveis do Brasil e do Mundo.

Desce de uma altitude de 1.421 metros até praticamente o nível do mar. São 34 quilômetros com 284 curvas sinuosas e acentuadas.

A descida é no sentido de Bom Jardim da Serra para Lauro Muller.

História da estrada

Por volta de 1870, os habitantes da região abriram uma trilha na mata, serra abaixo, para buscar gêneros de primeira necessidade na cidade de Laguna. Na época, a trilha era conhecida como da Serra do Doze. Posteriormente passou a ser chamada de Serra do Rio do Rastro.

Para percorrer o trajeto, que levava dias, utilizavam burros para transportar os produtos.

Rio Barrinha

Na metade do século passado, transformaram a trilha em uma estrada de terra, com a circulação de pequenos carros.

Na década de 80, a estrada foi pavimentada e é hoje de grande circulação, ligando Laguna e Tubarão a São Joaquim e Lages, na Serra Catarinense.

A incrível estrada

De São Joaquim, pela Rodovia 390, você passa por Bom Jardim da Serra, uma cidade de turismo rural, e chega na

Estrada da Serra do Rio do Rastro

beira do canyon, onde começa a descida.

No local há um Mirante, várias lojas de artesanato, bares e restaurante.

Do outro lado da estrada, também à beira do canyon está o Eco Resort do Rio do Rastro. Um hotel fazenda de alto nível.

Uma dica, entre a cidade de Bom Jardim da Serra e o Mirante há um restaurante, do lado esquerdo da estrada, na beira do rio Barrinha, com uma cachoeira, que vale a pena parar para almoçar ou mesmo para um lanche.

Dá para caminhar pela beira do rio e chegar bem perto da queda d'água.

O Restaurante da Cascata é self-service, come-se bem e não é caro.

Estrada da Serra do Rio do Rastro

chegando próximo das curvas, em sentido contrário.

Logo no início, nos primeiros cinco quilômetros, há uma série de curvas em declive e muito acentuadas. Depois continuam as curvas, mas um pouco mais tranquilas, até chegar lá em baixo, na cidade de Lauro Muller.

Final da viagem

Minha programação de viagem foi devolver o carro no aeroporto de Florianópolis. Foi o que fiz. Após Lauro Muller cheguei na BR 101 na altura de Tubarão. De lá segui para Florianópolis onde pernoitei.

No dia seguinte, pela manhã, devolvi o carro no aeroporto de Floripa, e peguei o voo de volta para São Paulo.

Foi uma viagem de praticamente cinco dias inteiros, meio corridos, por que era o tempo que eu tinha para fazê-la.

Se tiver mais alguns dias disponíveis, vale a pena ficar um pouco mais em algum destes lugares que descrevi.

A descida

A descida da estrada da serra é especial. As curvas são acentuadas e há de guiar com muito cuidado.

Há caminhões descendo e subindo o tempo todo. Há curvas em que é preciso esperar os caminhões passarem para poder continuar.

Fique atento às buzinas, eles sempre avisam quando estão

Chile

Uvas Merlot, Casablanca

Vale do Aconcágua, Vale de Casablanca, Patagônia Chilena e Ilha de Páscoa/Rapa Nui

5
E-41
Oceano
Pacífico
5
SAN ESTEBA
PANQUEHUE
Rio Aconcágua
5
57
VALPARAÍSO
64
Cordillera
de la Costa
VIÑA DEL MAR
Reserva Nacional
Lago Peñuelas
5
CASABLANCA
SANTIAGO
68
68
ISLA NEGRA
CARTAGENA
70
78
SAN ANTONIO
5
66
G-78
G-80-1
G-60
G-546
Laguna
de Aculeo
G-84
G-660
66
Embalse
Carén
5
Embalse
Rapel

ACONCÁGUA

CORDILHEIRA DOS ANDES

Rio del Plomo

Cerro El Plomo

ARGENTINA

Rio de las Tunas

Laguna Negra

Embalse el Yeso

Reserva Nacional Rio Clarillo

Rio Paredones

PATAGÔNIA CHILENA

ÁREA AMPLIADA

Viña Errazuriz

VALE DE ACONCÁGUA, VALE DE CASABLANCA E PABLO NERUDA

Chile

*Nesta minha viagem ao Chile em Fevereiro de 2018, programei visitar vinícolas nas regiões do **Vale do Rio Aconcágua**, **Vale de Casablanca**, e a casa do poeta Pablo Neruda em **Isla Negra**.*

Na maioria das vezes, os turistas do Brasil que vão ao Chile, visitam as vinícolas no Vale do Rio Maipo, praticamente dentro de Santiago. Além de serem mais conhecidas, como Concha y Toro, De Martino, Santa Rita, Viña Carmem, Undurraga, são mais próximas e recebem mais atenção das agências de turismo. Há uma oferta grande de tours regulares para esta região.

Alguns turistas brasileiros visitam também o Vale de Colchágua. A cidade de Santa Cruz está a cerca de três horas ao sul de Santiago. Ali estão a Lapostole, Montes, Viu Manent, Santa Cruz e Los Vascos. No caminho, em San Fernando está a Casa Silva, muito bonita e com ótimos vinhos.

Vale do Rio Aconcágua

O nome não tem nada a ver com a maior montanha das Américas, o Aconcágua.

Está relacionado com um pequeno rio que corre pelo vale e serve de referência para o local.

Fica a 60 minutos a noroeste de Santiago, na direção da rodovia internacional que vai para Mendoza, na Argentina.

É uma região de pequenas cidades, vilarejos, com estradas vicinais, com pouco tráfego de veículos.

Em todo o vale há vinícolas grandes, pequenas e familiares.

A produção de vinho nesta região representa cerca de 3% do total produzido no Chile.

Vale lembrar que a Concha y Toro, sozinha, representa 75% do total.

Terroirs e Castas

Pelo vale, além do rio, correm alguns riachos provenientes de águas do desgelo.

No verão, o rio Aconcágua é mais caudaloso, mesmo assim, a região é muito seca. Chove muito pouco e a irrigação dos vinhedos é feita por gotejamento.

São mangueiras de plásticos, com pequenos furos, que vão gotejando água diretamente no pé das cepas. O solo de todo o vale é de argila e pedras.

A amplitude térmica é grande, pode chegar a 28 graus de dia e cair para 5 graus à noite. Como não há nuvens no céu para segurar o calor, à noite esfria bastante.

A colheita começa no fim do mês de Fevereiro e vai até o fim de Abril.

Produzem vinhos tintos monocasta e blends com várias uvas, mas as mais determinantes são a Syrah, Pinot Noir, Cabernet Franc, Merlot e Cabernet Sauvignon.

Os vinhos brancos são produzidos principalmente com Chardonnay e Sauvignon Blanc.

Aqui também, como o terroir não é tão determinante, estão sempre plantando e fazendo experiências de vinhos com várias castas.

A uva Carménère

A uva Carménère, muito utilizada no Maipo e Colchágua, tem sido bastante utilizada no Vale de Aconcágua, também.

A Carménère, segundo os estudiosos, é originária de Bordeaux, mais precisamente da região do Médoc. No entanto há controvérsias principalmente pelas suas características.

Carménère produz bem em solo seco, com pouca umidade e muito sol.

Cepas de uva Carménère

Vinhedos no Vale de Casablanca

Totalmente o oposto do Médoc, próximo do mar, dos rios Garone e Dordogne, onde há muita umidade e, relativamente, pouco sol.

É uma uva que pode ter se desenvolvido na Itália, Espanha ou Portugal. Acredita-se que foram os Romanos que a introduziram na região de Bordeaux.

É de colheita tardia. Seu nome vem de Carmin, porque no Outono suas folhas ganham tons avermelhados.

Além da maturação tardia,

comparada à uva Merlot, a cor avermelhada das folhas, no Outono, também chamou a atenção do ampelógrafo Jean-Michel Boursiquot, para redescobrir a Carménère na Viña Carmen no Chile, em 1994.

Já me hospedei em Santiago, em três regiões. No centro da cidade, no Hotel Mercure.

Esta região é bem movimentada, e não há lojas ou restaurantes de bons níveis no entorno.

Depois, hospedei-me no Hotel W, em Las Condes. A região é nível classe média alta, com lojas de marcas e muitos bons restaurantes. O hotel é também de alto nível.

Em Las Condes há vários outros hotéis de cadeias internacionais.

Desta vez, optei pelo Hotel Solace, no bairro da Providencia.

Foi ótima surpresa, rua tranquila, atendimento muito bom. Muito próximo da Avenida Providencia, onde estão as principais lojas e restaurantes do bairro, tipo classe média/média alta.

Vinhedos no Vale de Casablanca

Há várias opções de bons hotéis nesta região.

Programação de visita às vinícolas

Minha intenção era visitar três vinícolas por dia, e almoçar em uma delas. O ideal era que as visitas fossem privadas para colher mais informações para o livro. Como sempre faço, contratei uma agência local especializada, Seasons Travel Spa, que fez todas as reservas e marcações.

O atendimento desta agência foi muito bom, Cristiane Ortiz de Oliveira, que me atendeu o tempo todo, foi tremendamente prestativa.

Solicitei também um guia com conhecimentos em história, para que durante o tempo que estivéssemos juntos, pudéssemos conversar à vontade.

Leonardo Castro conhece tudo de história, vinícolas, muito simpático e ótimo papo.

Este tipo de programação custa mais caro, mas estava dentro dos meus objetivos.

Você pode contratar tours para visitar as vinícolas em grupos.

Neste caso, a escolha das vinícolas é de responsabilidade da agência.

Eles vão programar vinícolas reconhecidas, com um atendimento profissional de alto nível e de vinhos de ótimas qualidades. A grande maioria dos visitantes faz visitas em grupos.

No Chile, o turismo é de alto nível e, independentemente, da escolha dos tours ou agências, com certeza, você será muito bem atendido.

Visita às vinícolas

No primeiro dia, programei

visitar a região do Vale do Rio Aconcágua.

Em Fevereiro, os vinhedos estão com muitas folhas e cachos de uvas, quase prontos para serem colhidos.

🍃 Viña Errazuriz

Em 1870, Don Maximiano Errazuriz fundou em Panquehue, a Viña Errazuriz.

Neste período, a maioria das vinícolas estava concentrada no Vale do Rio Maipo, nos arredores de Santiago. Don Maximiano preferiu o Vale de Aconcágua, pois, segundo ele, o terroir desta região era mais propício e adequado aos vinhedos.

Através do tempo a Errazuriz consolidou-se por meio das administrações de seus descendentes.

Viña Errazuriz, Vale de Aconcágua

Alguns deles adquiriram projeções políticas importantes no Chile, inclusive um Presidente da República, Eduardo Chadwick. O nome de família foi mudando através das gerações porque, em duas delas, os patriarcas só tiveram filhas

Viña Errazuriz

Viña El Escorial, Vale de Aconcágua

mulheres, não preservando o sobrenome dos pais.

Fica a aproximadamente 100 quilômetros a noroeste de Santiago.

O paisagismo é muito bonito. Há um edifício central para receber os turistas, onde são realizadas as degustações. Ali perto em um outro edifício, está a área industrial e os barris de carvalho.

O tour é tradicional. A guia conta a história da vinícola, um passeio pelos edifícios e depois a degustação. Há um restaurante para almoços, mas só atendem grupos com reserva antecipada.

Para visitar é desejável que se faça reserva com antecedência. Há horários específicos para os tours.

Errazuriz é sem dúvida a

Viña El Escorial

mais importante vinícola do Vale do Rio Aconcágua.

Produz ótimos vinhos tintos, com as uvas Cabernet Sauvignon, Carménère, Shiraz e Pinot Noir.

Os brancos com Chardonnay e Sauvignon Blanc.

Esta é uma vinícola obrigató-

Chile

ria de se visitar no Vale do rio Aconcágua.

🍷 El Escorial

Originariamente era uma fazenda de propriedade do espanhol Santiago Carey Spinoza, com uma área grande de terras, com diversas culturas.

Até 2009, a atividade principal era a produção de mudas enxertadas de uvas.

A partir de 2010, sua filha e o genro resolveram recuperar a tradição do pai, e iniciaram uma produção regular de vinhos.

Reformaram as instalações e criaram um espaço para receber visitantes. A casa principal da fazenda passou a ser a sede da vinícola. É uma vinícola familiar, pequena, com produção limitada.

Para visitar é ideal que se marque a visita com antecedência, mas atendem quem chegar.

O tour é o tradicional, ou seja, a história da vinícola, um passeio por um viveiro de castas a área industrial, as barricas de carvalho e a degustação. O guia Fernando Bahamóndez é muito simpático e torna o tour muito agradável.

Eles oferecem almoço com harmonização dos vinhos. Você pode escolher o cardápio quando da reserva. Há também degustações com tira-gostos. Tudo muito simples e rústico.

Quando da minha visita, pude conhecer o agrônomo responsável pelos vinhedos e também pela enologia, Ítalo Montenegro. Foi muito importante para saber sobre o terroir de toda a região e das castas que melhor se adaptaram.

Sempre que viajo procuro conhecer as grandes vinícolas e também as pequenas e familiares.

Muitas vezes, o atendimento nestas menores é mais coloquial e interessante.

🍷 Sanchez de Loria

Fica muito próxima da El Escorial. Também pequena e familiar. Fundada em 1890, a vinícola está sob controle da família Sanchez de Loria até hoje. O lugar é simples e muito arborizado.

As instalações são antigas, e na apresentação da vinícola valorizam o fato do vinho ser produzido à moda antiga.

A prensa das uvas é mecânica. Não há tanques de inox. A fermentação é feita em antigos e grandes barris de carvalho. Os barris pequenos, utilizados para fermentar e envelhecer os vinhos, são também antigos, de muitos usos. Mesmo assim, produzem um vinho de muito bom sabor, preço e qualidade.

Fui recepcionado por um dos proprietários, Felipe Cruz Sanchez, que fez uma apresentação da vinícola. Em seguida, fiz um tour pelos vinhedos.

Com Juan Manoel Arancibia Araos, Viña Sanchez de Loria

Juan Manoel Arancibia Araos, funcionário que nos conduziu no tour, foi bastante objetivo em suas explanações e respondeu a todas as perguntas que formulei de terroir, castas, umidade, sol e produção. Quando perguntei se era agrônomo ou enólogo, respondeu que não possuía nenhuma formação universitária:

"Aqui eu faço o que me pedem! Eu cuido dos vinhedos, das podas, da vindima, da produção, do engarrafamento, só não faço as vendas!"

A produção maior é de vinhos tintos com Cabernet Sauvignon, e brancos com Sauvignon Blanc. No entorno das instalações, há um grande viveiro de castas, para utilização de produções experimentais de vinhos. Há cepas de Cabernet Sauvignon, Merlot, Sirah, Carménère, Malbec entre outras.

Mais ao fundo, um enorme parreiral de uvas brancas para comer.

As uvas ficam totalmente na sombra e não podem receber raios do sol, para não amarelar. Para vendas e exportação, as uvas nos cachos têm de ter

Com Felipe Cruz Sanchez, Viña Sanchez de Loria

Equipamentos e instalações antigas na Vinícola Sanchez de Loria

obrigatoriamente a cor verde.

O cacho quando brota tem aproximadamente 400 uvas. É feita uma poda para deixar somente 120 uvas. Com isto, as uvas crescem e ficam em um tamanho ideal para venda. Este trabalho é feito manualmente por um profissional que ganha por cacho podado. Ele consegue podar, por dia, 300 cachos de uva.

Apesar da reserva de origem controlada do vinho do Porto, em Portugal, eles produzem um vinho licoroso, com Cabernet Sauvignon, e que no catálogo aparece como Oporto.

É um vinho licoroso normal, saboroso, mas um pouco distante do verdadeiro Porto.

Viña San Esteban

É uma das importantes vinícolas do Vale de Aconcágua e deve fazer parte de sua programação de visitas. Seus vinhedos ocupam um grande espaço já no entorno da sede principal, e vai até a beira do rio Aconcágua.

Uma das atrações é o Parque Arqueológico Paidahuén. É um sítio arqueológico com

Vinhedos Viña San Esteban

inscrições e desenhos nas pedras, feitos por antigos nativos. Os símbolos não foram decifrados, mas acreditam ter sido feitos por povos ligados à civilização Inca.

Interessante desta vinícola é a variedade de terroirs com vinhedos plantados às margens do rio Aconcágua e em cima dos morros. O solo, além da argila e pedra, é também arenoso.

Por estarem mais perto da Cordilheira dos Andes, recebem mais frescor e umidade, principalmente nas noites. A amplitude térmica favorece o desenvolvimento de uvas de ótima qualidade para os vinhos.

Fui muito bem recebido e conduzido pela Angelina Morelli, responsável pela recepção dos visitantes. Passeamos pelos vinhedos, pelas instalações

Com Angelina Morelli, Viña San Esteban

industriais, galpão das barricas de carvalho e, por último, a degustação. Nas paredes, há cerca de 100 quadros com diplomas e premiações de seus vinhos em diversos eventos e países.

A marca do vinho é bem conhecida e original, IN SITU. Chamou muito minha atenção o bom gosto dos rótulos. São muito bonitos e atraentes.

Chile

Produzem diversos vinhos tintos e brancos com as uvas Syrah, Cabernet Sauvignon, Cabernet Franc, Pinot Noir, Petit Verdot, Sangiovese, Malbec, Chardonnay e Sauvignon Blanc. As principais linhas de vinhos são as premiadas Signature Wines, Private Collection, QV e Laguna del Inca.

Os tours de Santiago para a região do Vale de Aconcágua não são diários. Há de conferir com sua agência a programação. Geralmente visitam a Errazuriz e mais duas outras vinícolas.

Vale a pena colocar esta região em sua programação.

VALE DE CASABLANCA

Fica a cerca de 90 quilômetros de Santiago, pela Rota 68, em direção a Valparaiso. É um vale relativamente pequeno, cercado pelas colinas da Cordilheira da Costa e o Oceano Pacífico.

O terroir é bem interessante e diferente. Pelo fato de estar a cerca de 20 quilômetros do mar, sofre influência dos ventos que trazem umidade e maresia. Dependendo da época do ano, os ventos são

Barris de carvalho, Viña San Esteban

VIAGENS, VINHOS, HISTÓRIA — VOL. II

Grande loja de produtos no Vale de Casablanca

Don Elias Figueroa, agora produtor de vinhos

muitos frios e podem causar o congelamento dos cachos de uva. A amplitude térmica varia muito.

Não possui nenhum rio ou riachos importantes. A irrigação é feita por gotejamento de água obtida através de poços artesianos.

Na maioria das manhãs, o vale é coberto por uma neblina trazida do mar, conhecida como *vaguada costera*, que tem a função de trazer umidade para toda a região.

A Rota 68 entra no Vale de Casablanca através de um túnel. É surpreendente, depois de vir pela estrada com o sol brilhando forte, ao atravessar o túnel se deparar com uma névoa, densa, compacta, que impede a visão da paisagem.

Esta nevoa se esvai perto do meio dia, deixando o vale ensolarado.

O solo é de argila, pedra e areia, propício para castas brancas.

Historicamente foi uma região muito ocupada pelos conquistadores espanhóis no passado.

Era uma posição estratégica

Chile

entre Santiago e o Porto de Valparaiso.

É uma região muito nova na produção de vinhos.

Diferente do Vale de Aconcágua, além de alguns produtores pequenos e familiares, aqui estão as vinícolas grandes e internacionais.

O Enoturismo é profissionalizado. A maioria das vinícolas está preparada para receber muitos turistas. Muitas possuem restaurantes e espaços dedicados a quem deseja simplesmente tomar vinho, saborear alguns tira-gostos e jogar conversa fora.

Visita às vinícolas

Quando da programação, solicitei que a agência marcasse visitas a três vinícolas, com almoço em uma delas. A agência me informou que as visitas seriam feitas junto com grupos, ou seja, sem muitas condições de se fazer perguntas mais específicas.

Casas del Bosque

Imponente, impressiona já na entrada, com uma alameda rodeada de árvores. Fundada em 1993 pela Família Cúneo, originários de Rapallo, na Itália. Em 2012, introduziram um Enoturismo de alta qualidade, com atendimento profissional e um ótimo e espaçoso restaurante.

Há tours em Espanhol e Inglês saindo de tempos em tempos, e não é necessário reservar com antecedência.

Viña Casas del Bosque, Vale de Casablanca

Eu entrei em um grupo em língua espanhola. Antes do nosso tour saíram dois grupos em Inglês, sendo um deles fechado para uma agência.

Os tours saem com dez minutos de diferença para não acumular no trajeto. Os guias usam uma linguagem padrão, dentro de um roteiro pré-estabelecido, com uma ou outra tirada engraçada.

O especial neste tour é que no início levam os visitantes a um deck com uma visão muito bonita sobre um vinhedo de Pinot Noir.

No meio do vinhedo, há vários postes com enormes ventiladores no topo. A finalidade é proteger os vinhedos em noites de geada. O vento frio do Oceano Pacífico, no Inverno, pode congelar os cachos de uva. O resto do tour é igual aos outros.

Apesar de ser uma região propícia aos vinhos brancos, estão produzindo ótimos tintos, com as uvas Pinot Noir, Syrah, Carménère e Cabernet Sauvignon. As uvas brancas mais usadas são a Sauvignon Blanc, Chardonnay e Riesling. O espumante é produzido com Chardonnay e Pinot Noir, um ótimo blend.

Viña Casas del Bosque

Casas del Bosque, Casablanca

Chile

Vinhedos na Viña Matetic

🍇 Viña Matetic

Como a maioria das outras vinícolas de Casablanca, apesar da Família Matetic ter chegado ao Chile, vinda da Croácia em 1892, somente em 1999, a 4ª geração iniciou a produção e comercialização do vinho. Foram os pioneiros na plantação e utilização da uva Syrah no Chile.

Em 2004, decidiram investir forte em Enoturismo com um projeto de arquitetura supermoderno, incluindo o processamento da produção pelo método gravitacional. São três níveis da entrada das uvas até o armazenamento nas barricas. Possuem vinhedos em quatro regiões.

Os mais importantes estão nos Vale de Rosário e Santo Antonio, ao sul de Casablanca, a 13 quilômetros do mar. O terroir é bem especial. O solo é arenoso, com uma ótima drenagem. É pobre em nutrientes, mas rico em minerais.

Tour e degustação na Viña Matetic

Na entrada da propriedade, há um hotel de agroturismo, com um restaurante de nível internacional. Foi o local que a agência escolheu para almoçarmos, e bem.

As marcas mais importantes de seus vinhos são Corralillo (muito conhecida dos chilenos)

VIAGENS, VINHOS, HISTÓRIA — VOL. II

Uva Merlot, Casablanca

EQ e Matetic. As uvas para os tintos são Pinot Noir, Carménère e Cabernet Sauvignon. As brancas Sauvignon Blanc e Chardonnay.

🛢 Viña Indómita

Fica no alto do morro e pode ser vista da Rodovia 68 que vai em direção a Valparaiso. Pertence ao Grupo Familia Bethia desde 2006. Aqui o Enoturismo é o grande negócio.

O tempo todo está cheia de turistas, grupos e muita agitação. Pessoas circulando por todos os lados.

Há uma grande varanda com vista para o vale, com mesas, poltronas e cadeiras, para que o turista possa beber vinho e comer sanduíches e tira-gostos.

Muitos visitantes vão à Indómita para curtir como se fosse

Viña Indómita

um "point". O tour é o mais simples e fraco de todos. O objetivo mesmo é vender vinhos, artesanato e artefatos ligados à cultura vinífera.

Do lado de fora, em frente ao prédio, há um vinhedo de uva Merlot, que vale a pena visitar. Não precisa de guia, pode-se ir por conta própria.

A maioria de seus vinhos

são produzidos com Cabernet Sauvignon, Carménère, Merlot e Pinot Noir, Chardonnay e Sauvignon Blanc.

A visita a esta vinícola é ideal para turistas que gostam de curtição, agitação e estão mais interessados em beber vinho, comer alguns tira-gostos e jogar conversa fora.

Além destas três grandes vinícolas que visitei, recomendo Loma Larga e Bodegas Re. São muito bonitas, e o atendimento é mais personalizado.

⭐ Pablo Neruda Isla Negra

Além dos dois dias que reservei para visitar vinícolas, programei um dia inteiro para conhecer Viña del Mar, Valparaiso e a casa de Pablo Neruda, em Isla Negra.

Pablo Neruda (1904-1973)

Viña del Mar lembra muito o Guarujá, em São Paulo, ou Camboriú em Santa Catarina. É um balneário à beira do Pacífico, com várias Faculdades, que torna a cidade também universitária. Há vários hotéis, restaurantes, lojas, muitos prédios residenciais e de veraneio, muito bonitos.

Como curiosidade, foi a

Vinhedos da Viña Indómita, Casablanca

Casa de Neruda e seu túmulo

sede dos três primeiros jogos do Brasil na Copa do Mundo de 1962. O Brasil sagrou-se Campeão do Mundo, vencendo a Checoslováquia por 3x1 no jogo final em Santiago. Essa Copa é conhecida como a Copa do Garrincha.

Valparaíso tem uma história importante. O nome foi dado em 1536 pelo navegador espanhol Diego de Almagro, mas foi o Governador do Chile, Pedro de Valdívia, que em 1544 mandou construir o porto de Valparaiso.

Pedro de Valdívia é considerado também o fundador da cidade de Santiago. Durante 370 anos foi importante para reabastecimento dos navios que atravessavam o Estreito de Magalhães, ligando Oceano Atlântico e o Pacífico. Neste período, a cidade floresceu com edifícios imponentes, bairros e residências suntuosas.

Para a elite de Santiago, era importante ter uma residência de veraneio em Valparaiso.

Foi por este porto que entraram as primeiras mudas de uvas trazidas pelos novos ricos voltando da Europa, no fim século XIX. Com a construção do Canal do Panamá em 1914, a cidade entrou em decadência. O porto continua funcionando, mas já não tem o movimento de antigamente.

A cidade tem hoje cerca de 300.000 habitantes.

Indo à Viña del Mar ou Valparaiso, uma das atrações é visitar a casa do poeta Pablo Neruda em Isla Negra, um pequeno povoado à beira-mar. Neruda, poeta chileno, recebeu o Prêmio Nobel de Literatura em 1971. Foi Adido Cultural na

Europa no Governo de Salvador Allende.

É considerado um dos maiores poetas e escritores latino-americanos do século XX.

🟢 Pablo Neruda (1904-1973)

A casa onde vivia e onde escreveu muito da sua obra fica de frente para o mar. É uma casa simples, térrea, com diversas salas, cada uma decorada com um tema. Muitos deles relacionados ao mar.

O tour é feito em grupos, para não haver um acúmulo de pessoas nas dependências.

Não há guias, cada visitante recebe um headphone no início do tour. É proibido fotografar.

A visita começa às 10 horas, e recomendo chegar cedo, antes dos tours das agências.

Chamou minha atenção que na narrativa gravada nos headphones em nenhum momento falam onde ele e sua última esposa estão enterrados. Ele pediu que, quando morresse, fosse enterrado em uma cova simples, discreta sem identificação.

Ao terminar o trajeto dentro da casa, o visitante sai de frente para o mar em uma sacada que parece a proa de um navio. No meio há uma pedra grande e preta sobre um canteiro de flores. Aí está o túmulo de Neruda.

Eu notei que as pessoas passam ao lado do canteiro de flores, tiram fotos da paisagem e não se dão conta disso. Preferi atender à recomendação do poeta, e reverenciei o discretamente.

Casa de Neruda em Isla Negra

LOS LAGOS
237
40
Parque
Puyehue
BARILOCHE
PUERTO MONTT
5
40
Ilsa Grande
de Chiloé
Parque
Nacional
Corcovado
25
40
Oceano Pacífico
26
BALMACEDA
43
Parque
Nacional
Laguna
São Rafael
40
ARGENTINA
Parque Nacional
Bernardo
O'Higgins
40
288
PARQUE NACIONAL TORRES DEL PAINE
3
EL CALAFATE
CERRO BALMACEDA
PUERTO NATALES
40
PUNTA ARENAS
Estreito de
Magalhães

PATAGÔNIA CHILENA

ÁREA AMPLIADA

Chile

PUNTA DELGADA

PUERTO DESEADO

Oceano Atlântico

Ilhas Malvinas

Torres
del Paine

PATAGÔNIA CHILENA

Na viagem que fiz ao Chile para visitar vinícolas nos Vales de Aconcágua e Casablanca, aproveitei para conhecer a Patagônia Chilena.

*No ano anterior, estive na Patagônia **Argentina**, em **Ushuaia** e **El Calafate**, e desta vez programei conhecer o outro lado da Cordilheira dos Andes.*

*Deste lado da Cordilheira dos Andes, entre **Puerto Montt**, região dos lagos, e **Puerto Natales**, de **Torres del Paine**, há uma concentração enorme de glaciares, os Campos de Gelo.*

As Patagônias Chilena e Argentina concentram 3% de toda a água da Terra.

*Nesta viagem, saí em um voo da LAN pela manhã de São Paulo, fiz a conexão em Santiago, direto para **Punta Arenas**, no **Estreito de Magalhães**. Cheguei no fim da tarde do mesmo dia.*

História do Estreito de Magalhães

No fim do século XV, os navegadores portugueses buscavam um caminho para as Índias pelo sul do continente africano. Haviam chegado até Angola e Cabo Verde.

Em 1488, o navegador português Bartolomeu Dias, após uma noite de tempestade no mar, descobriu o que chamou de Cabo das Tormentas, uma passagem do Oceano Atlântico para o Oceano Índico, a desejada rota para as Índias.

Ao voltar a Portugal e relatar o feito, o rei D. João II rebatizou como o Cabo da Boa Esperança, e passou a ser a rota oficial dos portugueses para as Índias e o Oriente.

No Tratado de Tordesilhas, essa rota e o Oceano Índico passaram para o controle e domínio dos portugueses.

Os navegadores espanhóis decidiram, então, buscar uma rota no sentido contrário, do Oceano Atlântico para o Oceano Pacífico. Seguindo nesta direção, dando a volta na Terra chegariam também ao Oriente e à Índia.

Um outro objetivo era conquistar também um outro continente, já conhecido na época, e que nenhuma nação havia ainda tomado posse, a Austrália.

Vários navegadores espanhóis tentaram localizar um canal que ligasse os dois Oceanos. No início do século XVI, já se sabia da existência deste canal, a grande dificuldade era na saída para o Oceano Pacífico.

Havia um emaranhado grande de ilhas, várias enseadas, bancos de areia, falsas passagens e baias, de modo que os navegadores sempre chegavam a lugares sem saída.

O experiente navegador português Fernão de Magalhães propôs ao rei Dom Manuel uma expedição para descobrir a passagem para o Pacífico. Em atenção ao Tratado de Tordesilhas, e por julgar o investimento muito caro e de risco, o rei declinou o pedido.

Magalhães então se dirigiu ao rei de Espanha Carlos V. Ele havia por vários anos estudado relatos, descrições e mapas da região, e apresentou um projeto substancioso. Com os insucessos dos navegadores espanhóis e desejosos de terem um protagonismo mundial nas descobertas e conquistas, os reis aprovaram a expedição.

Em 1519, com cinco caravelas e 234 homens, Magalhães partiu do porto de Cádis. Em 1520, ainda no trajeto, uma das caravelas se amotinou e regressou à Espanha fazendo duras críticas à condução da expedição.

Magalhães chegou na entrada do estreito com quatro caravelas. O canal tem cerca de 600

Estátua de Fernão de Magalhães em Punta Arenas

quilômetros de extensão, a largura varia de 3 a 32 quilômetros e profundidades de 1.000 a 4.000 metros. O mar é bem turbulento com rajadas de ventos muito fortes.

Uma das caravelas acabou desaparecendo em uma tempestade. Sobraram três caravelas. Magalhães levou quatro meses para encontrar a saída do canal. Durante o tempo que ficou buscando, devido a vários contratempos, acabou perdendo mais duas das caravelas, restando somente uma, a Nau Victoria.

Ao chegar do outro lado, pelo contraste entre a turbulência do canal e a tranquilidade do Oceano deu o nome de Pacífico.

Magalhães seguiu viagem até as Filipinas, onde tentou aproximação e acordos com os nativos. Em uma das tentativas de se chegar a um acordo foi vítima de uma emboscada. Ao descer na praia com 40 homens foi surpreendido por um grande número de nativos. Em uma batalha desigual foi morto pelo nativo Lapu-Lapu.

Alguns homens conseguiram retornar à nau e seguir viagem, entre eles o italiano Pigafetta. Antonio Pigafetta era um escritor italiano que pagou do próprio bolso e se ofereceu para acompanhar a expedição para fazer os registros da viagem.

A nau Victoria, capitaneada por Juan Sebastian Elcano, continuou e completou a viagem, retornando ao porto de Cádis em 6 de Setembro de 1522, com 18 tripulantes. Antonio Pigafetta foi um dos

Fernão de Magalhães

retornados, deve-se a ele os registros e a descrição completa e em detalhes da viagem. Ele estava ao lado de Magalhães quando este foi morto.

Terra do Fogo e Patagônia

Além de dar nome ao Oceano Pacífico, a expedição de Magalhães, ao fazer os registros, mapas e relatos, deu nomes a vários lugares.

Nau Victoria de Fernão de Magalhães

Paisagem da Patagônia Chilena

Logo que adentraram pelo canal, onde ficaram cerca de quatro meses, ao ancorar próximo da praia, ficaram surpresos com o fogo e a fumaça que viam ao longe, no meio da neve.

Eram os índios, nativos da região, Onas e Teuelches, que faziam fogueiras para se aquecerem. Magalhães chamou primeiro de Terra da Fumaça, depois de Terra dos Fogos e, finalmente, de Terra do Fogo. Tudo isso consta dos registros do italiano Pigafetta.

Durante o tempo que estiveram buscando a saída para o Pacífico, houve a necessidade de interagir com os nativos. Era preciso de alimentos e água.

Os nativos eram tribos nômades, que seguiam os Guanacos, animais relativamente dóceis, parecidos com lhamas e que andavam em manadas. Deles os nativos tiravam a carne e a pele para vestimentas.

Os Teuelches se protegiam do frio com vestimentas de peles, inclusive para os pés. Quando caminhavam pela neve ou areia, deixavam grandes pegadas.

Os tripulantes passaram a se referir a eles como *los patagones*, ou seja, os pés grandes, em espanhol.

A expedição tinha a bandeira espanhola e a grande maioria dos tripulantes era de espanhóis. A partir daí, a região passou a ser conhecida como *Patagonia, la tierra de los patagones*.

Fernão de Magalhães, ou Ernando Magallanes, tem um

reconhecimento muito grande no Chile, tanto é que a Província da Patagônia chilena leva o nome de Magallanes.

Sabrosa

Magalhães nasceu em Sabrosa, uma pequena cidade, no norte de Portugal, muito próximo de Vila Real, Peso da Régua e Pinhão. Várias vinícolas importantes estão no município de Sabrosa, como a **Quinta do Crasto** e a Quinta Nova.

Eu visitei a cidade há alguns anos e recentemente passei por lá novamente.

Há uma placa do Governo Chileno homenageando Fernão de Magalhães por ter sido o primeiro europeu a pisar o solo chileno.

Se vier de carro por Vila Real, há uma pequena estrada para Sabrosa. De lá se pode seguir direto para Peso da Régua ou o Pinhão, na beira do Rio Douro.

A estrada para o Pinhão é pelos morros rodeados de vinhedos, é uma paisagem espetacular.

Francis Drake

Em 1578, com a aprovação da Rainha Elizabeth I da Inglaterra, então em pé de guerra com a Espanha, o pirata Francis Drake, atravessou o Estreito de Magalhães, marçou posições na região, atacou e saqueou navios e portos espanhóis no Chile e no Peru.

Pedro Sarmiento de Gamboa (1530-1592)

Preocupado com a proteção do Estreito e da já denomi-

Casa onde nasceu Fernão de Magalhães, Sabrosa, Portugal

nada Patagônia, o rei Felipe II da Espanha decidiu tomar posse e proteger toda a região. Nomeou para esta missão o navegador, explorador e conquistador Pedro Sarmiento de Gamboa.

Por seus conhecimentos em cosmografia, cartografia e astronomia, além de explorar, tomar posse e habitar, tinha como projeto desenhar cartas geográficas e mapas.

Rodovia Punta Arenas – Puerto Natales

Não era fácil achar o caminho do Pacífico. Alguns navegadores chegavam em baias e enseadas sem saídas, e após várias tentativas, por decisões ou ameaças de motins, com fome e sede, acabavam desistindo.

Pedro Sarmiento em 1584 fundou um primeiro povoado e deu o nome do rei Felipe II. Era área inóspita e com muita dificuldade de se conseguir alimentos.

Preocupado, deixou o povoado e foi com sua caravela buscar alimentos. No trajeto, uma tempestade afundou a nau. Poucos chegaram com vida a terra. O tempo que levou para conseguirem retornar com alimentos foi fatal. Quando chegaram só havia uma pessoa viva.

Todos os outros haviam morrido de fome e de doenças.

O local passou a chamar Puerto Hambre.

Rio de desgelo, Torres del Paine

Chile

Monumento da Goleta Ancud

Com o insucesso da missão de Pedro Sarmiento, o controle do Estreito de Magalhães foi deixado de lado pela Espanha. Os barcos mercantes transitavam normalmente pelo estreito sem que houvesse algum controle ou acompanhamento da frota espanhola.

Neste período, o Porto de Valparaiso, no Chile, tinha um grande movimento pelo abastecimento dos barcos, que transitavam pelo Estreito nos dois sentidos.

Goleta Ancud

Somente em 1843, após a expulsão dos espanhóis e a declaração da Independência do Chile, o governo chileno decidiu enviar um grupo com 21 homens e 2 mulheres para tomar posse do Estreito de Magalhães, comandados

Capitão de Fragata Juan Guillermos

pelo Capitão de Fragata Juan Guillermos.

Eles chegaram em um barco, a Goleta Ancud, tomaram posse e fundaram o Forte Bulnes. A partir de então, iniciou-se a colonização da região e a fundação de Punta Arenas.

A Ordem Religiosa dos Salesianos teve uma atuação destacada na relação com os nativos. O Forte Bulnes está preservado e é uma das atrações turísticas da região. Há um grande monumento à beira-mar homenageando a Goleta Ancud e seus ocupantes.

Programação da viagem – Punta Arenas – Puerto Natales – Torres del Paine

Punta Arenas

É a cidade mais importante da Patagônia chilena e do Estreito de Magalhães. Um porto movimentado, com navios atracando para reabastecimento e alguns cruzeiros com turistas.

A cidade é pequena, com movimento concentrado no centro, onde estão os restaurantes, bares, agências de turismo, bancos e outros serviços.

Há vários hotéis dentro e fora da cidade. Na praça principal, há um grande monumento homenageando *Ernando Magallanes*. Há vôos diretos de Santiago, diariamente.

Muitos turistas que programam visitar o Parque Nacional de Torres del Paine chegam de avião por Punta Arenas. Por rodovia, a única maneira de chegar é vindo pela Argentina. Não é uma boa opção. É uma cidade de poucas atrações.

Há um pequeno museu histórico na Igreja dos Salesianos.

Punta Arenas

Igreja matriz, Puerto Natales

Há um outro, a céu aberto, chamado NAO VICTORIA, com reproduções em tamanhos reais da caravela Victoria, da expedição de Fernão de Magalhães, do barco Beagle de Charles Darwin e da Goleta Ancud.

Há ofertas de vários tours, Ilha de Pinguins, Forte Bulne e algumas opções de navegação. O grande problema é que o mar no estreito em Punta Arenas é bem mexido, com ventos fortes. A possibilidade do tour ser cancelado por falta de condições de navegação é bem grande.

Dediquei um dia e meio para Punta Arenas. O tour para Ilha dos Pinguins que eu havia marcado, foi cancelado por falta de condições de atracação na ilha. Com isso, pudemos visitar o museu NAO VICTORIA e o museu Salesiano. De resto foi caminhar pela rua central de comércio. Um dia inteiro para Punta Arenas é suficiente.

Fiquei hospedado no Hotel Rey Don Felipe a cerca de duas quadras da praça central e da principal rua de comércio. Hotel bem tranquilo, os quartos espaçosos, café da manhã muito bom. À noite, o restaurante funciona à la carte, com poucas opções. Recomendo jantar em algum restaurante na cidade.

Puerto Natales – Torres del Paine

De Punta Arenas a Puerto Natales, que leva cerca de duas horas e meia de carro ou van, optei por um translado privado para combinar com o voo de volta para Santiago. No caminho, na beira da estrada, você se depara com bandos de guanacos, caiquéns e até condores.

Os guanacos e os condores são protegidos. Já os caiquéns, por ter uma enorme população, há temporadas de caças. Guanacos são os animais que os índios teuelches, nativos da região, seguiam para extrair a carne para se alimentar e a pele para as roupas e calçados. É um macho dominante.

Vivem em pequenos bandos, sempre um macho com várias fêmeas. Quando nasce um macho, ele fica no bando até a adolescência, depois é expulso e vai tratar de construir seu próprio harém. É comum um macho mais jovem enfrentar um mais velho para tomar-lhe a posição. E se isso ocorre, o perdedor vai viver o resto da sua vida isolado do bando. O predador do guanaco é o puma.

Há vários pumas na região do Parque Nacional de Torres del Paine.

O condor é considerado uma ave mística pelos Incas e pelos nativos. Eles acreditavam que pelo fato de voarem muito alto, chegavam perto dos Deuses. Em nossa viagem demos a sorte de ver três deles.

Caiquéns, também conhecidos como ganso de Magalhães, vivem também em grupos e são monogâmicos. O macho tem só uma parceira, a vida toda. A fêmea possui uma glândula que produz um odor, muito especial, que faz com que o macho fique fiel a ela. Se a fêmea morre, o macho para de comer e vai definhando até morrer. Se o macho morre, a fêmea busca a companhia de outro macho.

Puerto Natales

É também uma cidade muito pequena, à beira-mar, muito parecida com Punta Arenas. Há uma praça central e, no entorno,

Flamingos

Chile

Guanacos

várias ruas com lojas, restaurantes, bares, bancos, agências de viagem e turismo. Há hotéis no centro e fora da cidade.

Eu me hospedei no Hotel Costaustralis à beira-mar. Da janela do nosso quarto via-se ao longe as Torres del Paine. É um hotel grande e que recebe grupos de turistas. Além do barulho, o atendimento, a recepção e o café da manhã cheio de gente são sempre complicados.

Não tem restaurante, só sanduíches. Para jantar há de se buscar um na cidade.

Na próxima vez vou preferir um hotel menor, mais tranquilo, mesmo que não seja de frente para o mar. A cidade em si não tem atrações. Há sim uma variedade grande de opções de tours, caminhadas, trekkings e passeios de barcos pela região.

⭐ Parque Nacional de Torres del Paine

Paine em língua teuelche significa azul. O parque ocupa uma grande área e é uma atração para turistas que fazem

Imagem de Puerto Natales

trekking. Você pode programar quanto quer caminhar, um dia, dois dias, três dias... oito dias. Depende do gosto e do fôlego do trekker.

No parque há abrigos, com paradas para descansar e pernoitar. Você pode ir por conta própria ou com um guia turístico. Há tours específicos para o número de dias que se pretende caminhar. Você pode desistir durante o trajeto, a qualquer momento.

Importante que, sozinho ou com um guia de agência, é preciso reservar lugar nos refúgios para o pernoite. Se fizer através da agência, com um guia, eles cuidam de tudo e é mais seguro. Conhecem todos os caminhos e os perigos. Há guanacos e pumas pelo parque.

A recomendação é que as caminhadas sejam sempre durante o dia, com a luz do sol. É fundamental caminhar em mais de duas pessoas. O puma não ataca simplesmente. Há muitos guanacos para ele caçar.

Na entrada do Parque há um edifício para recepcionar e controlar a chegada dos visitantes. Há uma taxa que deve ser paga. Se for através da agência de turismo está incluído no valor cobrado.

O lugar é muito bonito. Há vários lagos de água de desgelo, com cores diferentes, azuis e verdes de vários tons. Há um Hotel Cinco Estrelas dentro do parque.

As Torres del Paine no horizonte e as montanhas a sua volta cobertas de neves são uma visão deslumbrante.

Eu peguei um tour de um dia. A van me pegou no hotel logo cedo e fui em direção ao parque. Há uma primeira parada, antes de chegar, na Cueva del Milodom.

É uma enorme caverna onde, segundo os arqueólogos, vivia um animal pré-histórico, um bicho-preguiça gigante. É um lugar interessante de conhecer.

Em seguida, fui direto para o parque. O tour consiste em, de van, percorrer uma área grande, fazendo paradas em vários mirantes, ao lado dos lagos, sempre com uma vista magnífica das montanhas.

Os lugares são lindos para fotografar. Essas montanhas não fazem parte da Cordilheira dos Andes. Neste passeio você caminha pouco, fica mais tempo dentro da van.

A parada para o almoço é em um restaurante à beira de um lago, bem em frente às Torres. Como o restaurante é muito concorrido, ao fazer a reserva do tour, reserve o almoço. Nesta altura do passeio, você vai estar com muita fome.

Há um buffet de saladas e legumes, com carnes grelhadas deliciosas. Um copo ou dois de vinho completam o prazer.

⭐ Glaciares

No dia seguinte optei por um tour também de oito horas, de barco, para visitar os glaciares, Balmaceda e Serrano.

A van da agência me pegou no hotel logo cedo e nos levou até o cais de onde sai o barco cheio de turistas. O barco leva cerca de 60 minutos para chegar na primeira atração, o glaciar Serrano.

Durante esse percurso a paisagem é muito bonita. O lago com águas azuis contrasta com as montanhas com picos nevados ao redor. De vez em quando

Caverna do Milodon

Cachoeira de desgelo, Puerto Natales

se vê algumas cachoeiras muito bonitas de águas do desgelo.

A maioria dos turistas fica dentro do barco que é climatizado. Lá fora, com o vento, faz muito frio. Mas se desejar tirar fotos tem de enfrentar.

Uma dica, na parte de trás da embarcação, o próprio corpo do barco, bloqueia o vento frio.

Após um tempo chegamos em um cais de onde sai uma caminhada para o Glaciar Balmaceda. É uma trilha estreita por entre a mata, margeando o lago de cerca de três quilômetros.

No caminho, vão aparecendo boiando no lago muitas pedras de gelo que se descolaram do Glaciar. No fim da trilha, chega-se muito perto do glaciar. É uma caminhada para muitas fotos.

Embarcamos novamente e fomos para um outro cais onde está o restaurante. No trajeto servem uma dose de *scotch on the rocks* com gelo do glaciar, de centenas de anos. No restaurante oferecem três opções de comida – carne, ave ou peixe.

Naquela altura, com a fome que já era grande, a comida ficou mais saborosa. Depois do almoço, voltamos direto para o cais em Puerto Natales. Neste passeio, você acaba ficando a maior parte do tempo no barco.

A caminhada pela trilha até o glaciar Balmaceda acaba sendo uma boa oportunidade para esticar as pernas.

Há vários outros tours em Puerto Natales para Torres del Paine e glaciares. Há inclusive um deles em que você chega caminhando logo abaixo das Torres.

Eu recomendo, ao contratar a agência, solicitar uma descrição detalhada dos tours, e aí escolher de acordo com seu gosto e bolso. Eu recomendo um mínimo de

Chile

três dias para Puerto Natales, de preferência de Outubro a Abril. O resto do ano é muito frio.

Opções de roteiros

Você pode combinar a viagem à Patagônia Chilena com alguns dias em Santiago visitando vinícolas, como eu fiz nesta viagem. Recomendo que vá primeiro à Patagônia e depois a Santiago.

Uma outra opção de passeio é combinar a visita à Patagônia Chilena e Argentina.

Ou seja, vá primeiro por Santiago a Punta Arenas, Puerto Natales, e de lá, de van, ou alguma outra condução, atravesse para o lado da Patagônia Argentina, em El Calafate. Do outro lado, em Al Calafate estão os glaciares Perito Moreno, Upsala e Viedma, em El Chatén.

Em meu guia anterior, na parte sobre a Patagônia Argentina há várias recomendações para passeios em El Calafate. De lá, retorne ao Brasil por Buenos Aires.

Nas Patagônias Chilena e Argentina, há várias atrações, como Ushuaia, El Calafate, El Chatén, Puerto Natales, Torres del Paine, Puerto Montt, que podem ser combinadas iniciando-se tanto pelo Chile como pela Argentina.

Glaciar na Patagônia Chilena

Gelos e glaciar, Patagônia Chilena

Ilha de Páscoa

- Oceano Pacífico
- Rapa Nui Parque Nacional
- Ahu Akivi
- Ahu Tahai
- Hanga Roa
- Puna Pau
- Ahu Vinapú
- Rano Kau
- Orongo
- Islotes Motu Iti Motu Nui y Motu Kao Kao

Chile

ANAKENA

AHU TE PITO KURA EASTER ISLAND

Rano Raraku

Ahu Tongariki

Ahu hanga

Oceano Pacífico

RAPA NUI / ILHA DE PÁSCOA

Havaí

Oceano Pacífico

CHILE

ÁREA AMPLIADA

Nova Zelândia

Moai
Viajante

ILHA DE PÁSCOA
RAPA NUI

Rapa Nui (Ilha Grande), ou **Ilha de Páscoa**, está a cerca de 3.500 quilômetros de Santiago, no meio do Oceano Pacífico. A ilha mais próxima, Pitcairn, que pertence à Inglaterra, está a cerca de 2.500 quilômetros. Junto com Tonga, Haway, Fiji, Samoa, Salomão, Marquesas, Nova Zelândia e muitas outras, faz parte da Polinésia.

Rapa Nui é a ilha mais a leste, e mais próxima das Américas. Foi formada há 35 milhões de anos, e conta com 28 vulcões, o maior deles o **Rano Kau**, todos extintos e silenciosos.

A única cidade é **Hanga Roa**, à beira-mar, onde estão os órgãos públicos, escolas, igrejas, hotéis, lojas, restaurantes e todas as instalações de uma pequena cidade.

Rodeada de pedras provenientes de petrificação de lavas, não tem nenhum curso de água natural. A única pequena praia, com alguns coqueiros, é **Anakena**. *A cerca de 1.000 metros está a mística e pequena Ilha do Homem Pássaro.*

Rapa Nui é também o nome do povo e da língua. Pelos estudos genéticos, cultura, costumes e língua, os primeiros habitantes vieram das Ilhas Marquesas em busca de uma terra nova. Ilha de Páscoa conta hoje com 10 mil habitantes, sendo 4 mil descendestes diretos dos rapanuis.

História dos Rapa Nui

Estudos genéticos constataram que as ilhas da Polinésia foram povoadas por pessoas provenientes de onde é hoje Taiwan.

Estes povos, navegadores por excelência, utilizando rústicas embarcações foram povoando, todas as ilhas, através dos tempos, em sequência.

A busca por uma nova ilha a ser povoada passava muitas vezes por conquistas, disputas políticas ou dissidências entre as famílias, chamadas de clãs, cuja solução era encontrar um lugar desabitado onde pudessem iniciar uma nova história de vida.

Utilizavam estrelas e constelações para navegar e muitas vezes uma concentração de nuvens significava uma nova ilha.

Segundo a lenda, **Hau Maka**, profeta e conselheiro do Rei **Hotu Matua**, teve um sonho da existência de uma ilha desabitada, ao leste, que poderia ser uma nova terra para o Rei.

Hanga Roa – Piscinas no mar

Ele ordenou então que sete homens fossem explorar e tentar encontrar a ilha do sonho.

Eles voltaram e confirmaram a existência de uma ilha, que correspondia ao sonho do profeta.

Por volta de 300 d.C., o rei **Hotu Matua** e sua irmã **Avareipua**, junto com algumas dezenas de polinésios, desembarcaram na praia de Anakena.

O rei dividiu a ilha em duas partes, metade para si e seus descendentes e outra metade para sua irmã, formando dois clãs dominantes.

O rei reservou alguns lugares para uso comum, e para as cerimonias religiosas.

O primeiro nome da ilha foi **Mata ki Tenagi** – Com os olhos para o céu, depois chamaram de **Ahu te Pito Kura – Umbigo do Mundo**, e por fim **Rapa Nui** – Ilha Grande.

Por volta do século XVIII, passadas várias gerações, a ilha estava subdividida em 16 clãs, descendentes de Hotu Matua e sua irmã Avareipua.

Não eram agricultores e o sustento vinha principalmente do mar. Eram exímios navegadores e pescadores. Ainda hoje o esporte preferido é a canoagem.

O Deus principal era **Makemake**, representado por uma espécie de máscara religiosa.

Os Moais

Eram grandes figuras esculpidas em pedra, colocadas uma ao lado da outra de costas para o mar. Cada clã ou família esculpia seu próprio Moai e à sua volta eram enterrados os líderes e seus descendentes, uma espécie de tumba familiar.

Chile

Estavam sempre de costas para o mar, virados para o interior da ilha, para que seus espíritos pudessem proteger seus descendentes.

A fábrica de Moais era na encosta de um dos vulcões. Ainda estão lá Moais não terminados e outros espalhados pelo chão, que nunca foram levados para a beira do mar.

Durante uma guerra entre os clãs, vários Moais foram profanados e derrubados, restando alguns poucos ainda em pé.

Estão neste momento restaurando e recuperando os danificados.

⭐ Moai viajante

Este moai há alguns anos circulou por vários países com o objetivo de captar recursos para preservação da cultura rapanui. Hoje há um fundo financeiro, em que participam países e associações ligadas a preservação cultural, proporcionando a restauração de vários grupos de moais.

⭐ Moai com olhos

Originariamente os moais possuíam olhos, que foram sendo desgastados pelo tempo. Este é um dos poucos moais com olhos, e está localizado

Moai com olhos

Moai viajante

157

Fábrica de moais

em Hanga Roa, à beira-mar, no sítio chamado Ahu Tahai.

El amigo robado

Este moai foi levado pelos Ingleses e está no British Museum de Londres. Os rapanuis têm buscado a devolução, mas sem sucesso.

A história do Tangata Manu – Homem Pássaro

Todos os anos, bandos de uma pequena espécie de gaivota, *sooty tern*, em migração, pousavam na pequena ilha Motu Nui, onde botavam seus ovos, e ficavam um tempo até que os filhotes pudessem voar.

Estas aves voavam entre as ilhas da Polinésia e percorriam 16.000 quilômetros sem pousar.

El amigo robado

Os rapanuis acreditavam que era o Deus **Makemake**, retornando à ilha, em forma de uma ave marinha, a **Manutara** – a ave da sorte.

A comunidade dos rapanuis era dividida entre 16 clãs. O controle da ordem e a manutenção da cultura e das tradições eram exercidos pelo Conselho de Anciãos, com um representante de cada clã.

Chile

Para determinarem quem seria o líder do Conselho e do controle das distribuições dos recursos materiais no próximo ano, foi criada a competição do Homem Pássaro.

Na competição, cada clã escolhia seu melhor competidor para representá-lo e buscar o poder para seu líder.

Os competidores eram preparados desde a infância. Meninos que já mostravam habilidades eram treinados e preparados para quando chegassem na adolescência pudessem representar e trazer a vitória para seu clã.

Um mês antes da chegada das aves na ilhota, os 16 competidores e seus representantes iam para o **Sítio Religioso de Orongo**, onde ficavam concentrados, treinando, aguardando a largada da prova.

Ilha do Homem Pássaro

Neste período de espera cantavam, dançavam e celebravam o Deus **Makemake**.

Para proteger e dar segurança aos competidores, dormiam em pequenas casas de pedras, sem janelas, com uma única entrada pequena, ao rés do chão, onde só se podia entrar rastejando.

Moais abandonados

Casas de pedras

Durante todo este tempo, todas as atenções estavam concentradas na competição do Homem Pássaro.

Sentinelas eram colocados nos penhascos para observarem no horizonte a chegada das aves.

Quando chegavam, já tinham uma ideia de quanto tempo levaria para começarem a botar os ovos.

No dia marcado, os 16 competidores eram levados até a beira do penhasco.

Dado o sinal de largada, tinham de descer uma encosta íngreme de pedras de cerca de 120 metros de altura, até um mar revolto, com ondas batendo nos rochedos.

Depois, nadar por cerca de 1.000 metros até a ilhota Motu Nui, subir pelas pedras, encontrar um ovo da gaivota, da manutara.

A Manutara

Representação da competição do Homem Pássaro

O primeiro que encontrava, voltava até a beira da ilhota, levantava o ovo sobre sua cabeça mostrando-o a todos.

De longe não dava para ver quem havia vencido.

Em rochedos próximos, fiscais da prova gritavam, passando o nome do vencedor até o alto do penhasco, do sítio Orongo.

O vencedor amarrava o ovo na cabeça, nadava de volta, escalava os 120 metros de penhasco e entregava o ovo ao seu líder, que passaria, a partir de então, a liderar o Conselho dos Anciães.

O vencedor recebia como prêmio um bastão e uma esposa virgem, com quem deveria ter relação sexual logo após a prova. Eles acreditavam que cansado, a possibilidade de ter um filho homem era maior.

Depois raspavam todos seus pelos e cabelos, pintavam sua cabeça e o rosto de preto e vermelho para que todos soubessem quem era Homem Pássaro.

Durante seis meses, ele vivia em uma casa, do outro lado da cratera do vulcão Rano Kau, sendo servido por um criado. Só podia receber a comida com a mão esquerda, pois a direita havia carregado o ovo.

Depois deste tempo voltava à vida normal, tendo sempre o reconhecimento nas festas e cerimônias religiosas.

O Sítio Religioso de Orongo fica muito próximo da cidade de Hanga Roa, e ao lado da cratera do vulcão Rano Kau.

Há um pequeno museu na entrada, com quadros e textos contando a história do Homem Pássaro.

No passeio em direção à cratera do vulcão, estão ainda intactas algumas das pequenas

Ilhas do Homem Pássaro

casas de pedras que abrigavam os competidores.

Há muitas pedras espalhadas com marcas e desenhos alusivos ao Homem Pássaro.

Chegada dos conquistadores

Em 5 de Abril de 1722, o navegador holandês Jacob Roggeveen chegou à ilha em um Domingo de Páscoa, e batizou-a como Easter Island.

Em 1770, espanhóis provenientes do Peru tomaram posse da Ilha em nome do rei Carlos III da Espanha, fixaram três cruzes no alto de colinas próximas do mar e nunca mais voltaram.

Em 1774, o navegador britânico James Cook esteve na ilha e ficou surpreso com a precariedade dos habitantes. Eram cerca de 700 pessoas, cultivavam banana, cana-de-açúcar, batata-doce, além da pesca, para sobreviver.

Em 1786, foi a vez do navegador francês Jean de Balaup La Perouse visitar a ilha e de volta à França fez um relato do que havia encontrado. Essa narrativa motivou missionários franceses à catequese.

Em 1864 chegou o primeiro missionário francês Eugene Eydar para introduzir a religião cristã.

Em 1866, o missionário Eydar e o último filho real primogênito Manu Rangi de 13 anos, ambos, morreram em uma epidemia de tuberculose, que matou quase metade da população de rapanuis.

Após a epidemia, toda a população estava convertida

Conjunto de Moais, no pôr do sol

Chile

Vulcão Rano Kau

ao cristianismo. Sobraram 930 rapanuis vivos.

Foi quando os missionários convenceram os rapanuis a acabar com a competição do Homem Pássaro.

Os missionários franceses tiveram uma importância muito grande na unificação e na ordem social interna das famílias e clãs.

Em 1871, o aventureiro francês Dutru-Bornier comprou muitas propriedades, tornou-se praticamente o dono da ilha, iniciando uma fazenda de ovelhas.

Casou-se com Koreto, uma rapanui, nomeou-se Rei e ela Rainha.

Dominaram a ilha por um certo tempo, quando então foi morto em uma briga pessoal.

Por um problema de herança e documentação, algumas propriedades ficaram com seus herdeiros, mas a grande maioria tornou-se posse de outras famílias rapanuis.

Moais abandonados

A verdade é que a ilha não tinha e não tem, economicamente falando, nenhum atrativo que fizesse com que outros países desejassem dominá-la.

Hanga Roa, capital da Ilha de Páscoa

Aviso de tsunami

A primeira aproximação chilena foi de um barco que saiu de Valparaiso, em direção à Austrália, em 1877, comandado pelo Tenente Leôncio Señoret.

Ao aportar na ilha, e encontrando-a praticamente sem qualquer domínio, decidiu tomar posse em nome do Chile.

Em 1888, foi assinado um tratado entre os líderes rapanuis e o governo do Chile.

Em 1960, o Chile alugou a ilha para a Companhia Williamson-Balfour, para instalar uma fazenda de criação de ovelhas, que não deu certo.

Em 1966, o Chile retornou o domínio da ilha e todos rapanuis receberam a cidadania chilena.

A partir daí a Ilha de Páscoa passou a ser um território do governo chileno.

Em 1985, o Chile assinou um tratado com os EUA/NASA, para construção de uma pista de 3.353 metros, no aeroporto local, para pouso emergencial do Ônibus Espacial Columbia. Isso nunca foi necessário.

Com a descontinuidade do projeto espacial, a pista, maior de toda a América do Sul, é utilizada para os voos regulares, trazendo os turistas.

O governador de Rapa Nui é nomeado pelo Presidente da República do Chile.

A ilha mantém um Conselho de Anciães que referenda as decisões mais importantes e que envolvam a cultura e os costumes dos rapanuis.

Viagem e turismo na Ilha de Páscoa

No período de alta temporada, Verão, há dois voos diários da LATAM, pela manhã, saindo de Santiago, e dois voos de volta na parte da tarde.

Na baixa temporada, há somente um voo de ida e volta.

Normalmente é um Boeing 787, e leva cerca de 4 horas e 45 minutos.

A ilha tem várias opções de hotéis e pousadas.

Os hotéis mais importantes procurados pelos turistas são Taha Tai, Hotu Matua, Altiplanico, Kaimani, Iorana e Hangaroa.

Há também uma boa opção de restaurantes, e os principais pratos são peixes, carne e frango.

A maioria dos produtos vem do continente. Não se produz praticamente nada na ilha.

Há pouca variedade de peixes por ser uma região de mar profundo. Inclusive por ser muito limpo, não há camarões e lagostas.

Nos hotéis há uma boa disponibilidade de produtos de alimentação e bebidas.

Hospedei-me no hotel Taha Tai, com opções de bangalôs ou quartos internos, com vista para a piscina.

Fica praticamente à beira-mar, mas só se vê o mar, do restaurante.

Te Pito Kura / Umbigo do Mundo

Conjunto dos 15 Moais

É muito próximo da rua principal de comércio de Hanga Roa, onde estão as lojas e também da rua da beira-mar, onde há uma boa variedade de restaurantes.

É bem simples, confortável e tem um ótimo atendimento.

Outros turistas com quem conversei falaram também muito bem de seus hotéis.

O ideal é escolher dependendo de seu gosto e bolso.

É por isso que sempre recomendo consultar o Trip Advisor.

Os tours e passeios

As maiores atrações da ilha são os moais e os vulcões. Os moais estão espalhados em vários pontos da ilha.

As agências oferecem basicamente dois tours.

O Primeiro visitando um grupo imponente de 15 moais à beira-mar, a fábrica dos moais na encosta do vulcão, o local do Ahu Te Pitu Kura – Umbigo do Mundo, terminando o tour na praia de Anakena, com a possiblidade de um banho de mar.

Este é um passeio de dia inteiro.

No segundo tour, as atrações são o vulcão Rano Kau, o maior de todos, que foi responsável pela formação da ilha e Orongo, lugar religioso e da competição do Homem Pássaro.

Este é um passeio de meio dia.

Chile

Na beira-mar, na cidade, ao lado do cemitério estão os moais Ahu Tahai.

No fim da tarde, muitos turistas se reúnem ali para ver o pôr do sol.

Há um passeio pelo mar, com um barco ou com um bote, margeando o paredão e a encosta do sítio religioso de Orongo, com uma volta no entorno da Ilha do Homem Pássaro. Neste passeio, há a possibilidade de fazer snorkeling.

Este foi um dos passeios que fizemos. Optei por contratar um instrutor com um pequeno bote.

O local escolhido foi um paredão com uma grande caverna, na ilha do Homem Pássaro.

O mar estava azul-anil, transparente, temperatura d'água 27 graus, e 35 metros de profundidade. O mar estava balançando bastante, mas consegui fazer o snorkeling com segurança. Não havia muitos peixes, mas o fundo do mar é muito lindo.

Outro passeio que fiz foi de astronomia.

Primeiro há uma apresentação em PowerPoint contando a história de navegação dos rapanuis, como conheciam e se orientavam pela astronomia.

Depois entramos em um ônibus que nos levou a um lugar muito escuro, sem qualquer luz, na beira-mar.

Ao descermos do ônibus, uma visão espetacular. A Via Láctea e milhares de estrelas brilhavam, acima de nós.

É indescritível o que se vê. É tanta estrela que não há um espaço em que não haja um pequeno ponto de luz.

Ahu Tahai em Hanga Roa

Praia de Anakena, ao fundo os moais e a Via Láctea

Com telescópios, pudemos ver planetas e nebulosas. Disponibilizaram binóculos para que individualmente prospectássemos estrelas e constelações.

Dali, fomos para a praia de Anakena, para uma sessão de fotos, tendo ao fundo os moais e a Via Láctea.

As fotos são remetidas no dia seguinte para o e-mail de cada um. Incluindo a apresentação inicial, é um passeio de cerca de quatro horas, das 21h à 1h.

Se um dia eu voltar, vou fazer novamente, é lindo.

Turismo cultural

A viagem a Rapa Nui deve ser considerada como um turismo

Vulcão Rano Kau

estritamente cultural.

A grande maioria dos visitantes é de meia-idade para cima, vindos da Europa, dos EUA e do Brasil, interessados nas histórias dos moais e dos rapanuis.

Apesar de ser uma ilha, não há atrações de praia. Está localizada no paralelo 28, que equivale a Florianópolis, Santa Catarina.

É toda rodeada de pedras vulcânicas, e há somente uma pequena praia, Anakena, de águas claras, com alguns coqueiros e restaurantes.

Fica a cerca de 20 quilômetros da cidade.

Na beira-mar, em Hanga Roa, há três piscinas naturais, cercadas de pedras, onde moradores da cidade e turistas vão para se refrescar. No fim da tarde depois dos passeios é um ótima opção.

Os maiores hotéis possuem piscinas para seus hóspedes.

PROGRAMAÇÃO DA VIAGEM

Como os voos para **Rapa Nui** saem de **Santiago** e levam cerca 4 horas e 45 minutos, incluímos este passeio em nossa mais recente viagem ao Chile.

Saímos de São Paulo em um voo da LATAM, no fim da tarde. Dormimos em um hotel no Aeroporto de Santiago e no dia seguinte, pela manhã, pegamos o voo para Rapa Nui.

Ficamos **três dias inteiros na ilha**, e retornamos a Santiago para uma programação de visitas a vinícolas na região do Vale do Rio Maipo. No total foram 10 dias, incluindo os voos.

Para os turistas que pretendem visitar vinícolas na região de Santiago, com um pouco mais de tempo, por exemplo, nos feriados do Carnaval, minha sugestão é aproveitar e visitar outras regiões interessantes do Chile e que demandam poucos dias.

O Deserto do Atacama, a Patagônia Chilena, Punta Arenas, Puerto Natales, Torres del Paine, Puerto Mott, a região dos lagos, e Rapa Nui, são lugares que tomam no máximo de 4 a 5 dias, incluindo os voos.

Se você tem 10 dias para curtir o Chile, dá tranquilamente para dedicar 4 ou 5 para visitar vinícolas e a cidade de Santiago, e outros 4 ou 5 dias para estas outras atrações.

Vila de Elciego e
Hotel da Bodega
Marques de Riscal

Espanh

Rioja, Ribera del Duero, Rueda e Tordesilhas

LA RIOJA

ÁREA AMPLIADA

PORTUGAL

- N-632
- A-67
- AP-66
- N-625
- **LEÓN**
- A-6
- A-66
- A-231
- **BURGOS**
- E-80
- **CASTTILLA E LEON**
- A-6
- **VALLADOLID**
- **PENAFIEL**
- E-5
- E-82
- **TORDESILHAS**
- **ZAMORRA**
- **ARANDA DE DUERO**
- E-80
- **RUEDA**
- A-601
- A-6
- **SALAMANCA**
- **SEGÓVIA**
- N-110
- E-5
- **ÁVILA**
- E-80
- E-803
- N-110
- **MADRI**
- A-5

Map: Northern Spain / La Rioja region

Locations:
- PORTO DE BILBAO
- BILBAO
- SAN VICENTE DE LA SONSIERRA
- HARO
- PAMPLONA
- VILA DE ELCIEGO
- OJA
- LOGROÑO
- SANTO DOMINGO DE LA CALZADA
- LA RIOJA
- SAN MILLÁN DE LA COGOLLA
- ZARAGOZA
- SORIA
- FRANÇA

Roads:
- -634
- AP-68
- N-240
- A-15
- N-340
- N-121
- E-7
- E-804
- N-111
- N-122
- A-2
- A-23
- N-232
- N-211
- E-90
- N-420
- N-320
- E-901

RIOJA

Uva
Tempranillo

*A região vinícola de **Rioja** é considerada a mais importante da Espanha. Está situada ao norte e compreende cinco províncias – **La Rioja**, **Navarra**, **País Basco**, **Castilla y Leon** e **Alava**.*

*São 607 bodegas e aproximadamente 18.000 viticultores. Processam anualmente cerca de 450 milhões de quilos de uva. A região vinícola é denominada **RIOJA**.*

*A província de **La Rioja** faz parte da região vinícola. O nome vem de um pequeno riacho que nasce nas montanhas, o **Rio Oja**, rio das pedras. É banhada pelo importante **Rio Ebro**, que corta toda a Espanha e deságua no mar, próximo de Barcelona.*

*A cidade mais importante e capital da Província é **Logroño**, onde há vários hotéis, lojas, restaurantes e vinícolas. Próximo de Logroño, está a cidade histórica de **Haro**, também com várias vinícolas importantes.*

Um pouco de história

Como todas as regiões da Europa, os romanos foram os responsáveis pelo desenvolvimento da produção de vinhos. Nos séculos seguintes, os povos que dominaram esta região, deram continuidade.

Na dominação dos muçulmanos, o vinho era usado como remédio. Com a retomada da região pelos cristãos, voltou a ser consumido como bebida.

Do século XI ao XVIII, a produção de vinhos estava concentrada na cidade medieval de La Guardia, no Reino de Navarra.

Em uma colina e cercada de muralhas, o transporte das uvas com carruagens e cavalos foi sempre muito difícil.

No século XIX, com a Revolução Industrial, a produção de vinhos saiu de La Guardia e foi para os vales, principalmente dos Rios Oja e Ebro.

Os Franceses

Em 1865, a Filoxera atacou os vinhedos da França. Os franceses decidiram arrancar todos os vinhedos, plantar troncos americanos e fazer os enxertos com as suas principais castas de uvas.

Como iria levar um tempo para voltar a produzir, os produtores de Bordeaux decidiram investir em vinhedos na Espanha, onde a Filoxera não havia ainda atacado.

Levaram consigo toda a tecnologia e, principalmente, os recursos financeiros. A cidade escolhida foi Haro.

No fim do século XIX, toda a região floresceu. Haro foi a primeira cidade da Espanha a ter eletricidade, antes mesmo de Madri e Barcelona.

Em 1863, foi construída uma linha férrea ligando Navarra e Castilla ao porto de Bilbao, passando por Haro, o que incrementou as exportações de vinhos para a França, a Inglaterra e os EUA, por navios.

Circulava tanto dinheiro na época, que o governo espanhol abriu uma agência do Banco de Espanha, na cidade.

Alguns anos depois, com os vinhedos na região de Bordeaux voltando a produzir, os franceses abandonaram Rioja.

Filoxera

Em 1899, a Filoxera finalmente chegou em Rioja. Setenta por cento dos vinhedos foram perdidos. Os espanhóis, no entanto, já estavam preparados.

Como precaução, haviam feito uma grande reserva de vinhos, que os ajudou a se manter enquanto recuperavam os vinhedos.

Denominação de Origem Controlada – Castas e vinhos

Em 1926, foi criada a Denominação de Origem Controlada, com seus critérios e padrões.

Foram escolhidas cinco castas para a produção dos tintos – Tempranillo, Garnacha, Graciano, Mazuelo e Maturana. Para os brancos foram Viura, Garnacha

O pequeno Rio Oja

Espanha

O Rio Ebro

Branca, Verdero, Tempranillo Branca e Malvasia.

A classificação dos vinhos ficou:

JOVEM – Vai direto da fermentação para as garrafas e para o mercado.
CRIANZA – 12 meses nos barris de carvalho + 12 meses nas garrafas.
RESERVA – 12 meses nos barris de carvalho + 24 meses nas garrafas.
GRAN RESERVA – 24 meses nos barris de carvalho + 36 meses nas garrafas.

O vinho mais vendido e mais consumido, inclusive internacionalmente, é o Crianza. Em português seria Criação.

Solo e terroir
A região é dividida em Rioja Alta, com solo calcário e ferroso, e Rioja Baixa com mais argila e pedras. Algumas regiões da Rioja Alta recebem influência do clima mediterrâneo que vem do mar.

A amplitude térmica é bastante grande, com dias quentes e noites muito frias. O frio do Outono muitas vezes chega mais cedo e prejudica o amadurecimento d as uvas mais tardias, como a Graciano. A uva tempranillo amadurece sempre em Setembro,

Vila de Sajazarra, La Rioja

Matar los Americanos

Com a Filoxera, após o replantio das vinhas, utilizando troncos americanos, passaram a se referir ao trabalho de podar os vinhedos como *"matar los americanos"*. Os trabalhadores contratados recebem pelo número de cepas podadas. Ao fim do dia, ao retornarem à sede central, o chefe, para pagar-lhes, pergunta *"Cuantos americanos mataste, hoy?"*. Esta expressão continua normalmente na cultura e no trato dos vinhedos em Rioja.

2ª Guerra Mundial

Durante a 2ª Guerra Mundial, a Espanha se declarou neutra e com isso pôde aproveitar e exportar vinhos para a Alemanha. Até hoje, a Alemanha é uma grande importadora e consumidora dos vinhos espanhóis de Rioja.

Programação das visitas

Na minha programação de viagem, optei por ficar em Haro e de lá sair para as visitas. Nos hospedamos no Hotel Los Agustinos, um edifício antigo, adaptado, muito bonito, e que fica no centro da cidade. A cidade é pequena, muito fácil de se locomover.

Quando da programação, contratei os serviços de turismo da Riojatrek através da guia Yara Carignato. Yara é espanhola, filha de brasileiros e fala português fluentemente. Trabalha há vários anos na região, conhece tudo de vinho. Coube a ela escolher as vinícolas e fazer o roteiro.

A meu pedido, no primeiro dia foram marcadas visitas às vinícolas pequenas e familiares.

Espanha

No segundo dia, programei as grandes vinícolas, onde as visitas são feitas em grupos. Há também possibilidades de fazer perguntas e degustar com calma os vinhos.

Podem contatar a Riojatrek pelo e-mail *yara.carignato@riojatrek.com*. Eles programam visitas individuais e em grupos.

Visitas às vinícolas
Primeiro Dia

Neste primeiro dia, visite algumas vinícolas familiares. Além de receber um atendimento individual, temos mais tempos para conversar, fazer perguntas, aprender e degustar os vinhos.

Visitar vinícolas familiares é muito importante pela oportunidade de conversar com os próprios donos ou com o agrônomo/enólogo. Saber sobre os terroirs, as castas, ouvir suas histórias e, também, degustar ótimos vinhos.

🛢 Finca la Emperatriz – Rioja Alta

A história desta vinícola começa em 1878. Foi quando, Eugenia de Montijo, esposa de Napoleão III e Imperatriz da França,

Com Coralie Saint Martin, Finca La Emperatriz

apresentou, em uma Exposição Vinícola em Paris, um vinho produzido em uma Finca de sua propriedade na região de Baños de Rioja, e que foi premiado.

Nos anos que se sucederam, a vinícola passou por vários donos até que em 1996, os irmãos Eduardo e Victor Hernáiz compraram a propriedade.

Comprometidos em produzir vinhos de alta qualidade, dividiram seus 101 hectares em vários vinhedos de acordo com os terroirs. Com isso puderam plantar as uvas que melhor se adequavam a cada terroir.

Seus vinhedos estão a 570 metros de altitude, uma das mais altas da região. O solo é de argila, coberto por pedras brancas, com uma drenagem perfeita. O reflexo do sol, das pedras nos cachos, potencializa os polifenóis da uva. Polifenóis são as substâncias antioxidantes encontradas no vinho

Na visita, fomos recepcionados por Coralie Saint Martin, responsável pelo Enoturismo.

Visitamos os vinhedos, as instalações industriais e degustamos os vinhos.

Produzem tintos monocastas e mesclas com as uvas Tempranillo, Garnacha e Graciano, e brancos com Viura. O fato de adequar as castas aos terroirs

Com Casilda Dominguez, Yara Carignato e David San Roman, na Gomez Cruzado

Gomez Cruzado

Espanha

Gomez Cruzado

específicos dá uma qualidade excepcional aos seus vinhos.

🛢 Bodegas Gomez Cruzado

Fundada em 1886 por D. Angel Gomes de Arteche, um nobre mexicano, durante o período em que os franceses estavam investindo na região. Foi a primeira vinícola a ser construída ao lado da Estação do Trem em Haro.

Em 1916, os espanhóis D. Augusto e D. Jesus Gomez Cruzado, compraram e deram o nome à Bodega, que conserva até hoje.

Em 2001, foi comprada pela Família mexicana Baños Carrera.

Como muitas bodegas em Rioja, possuem vinhedos, aqui chamados de parcelas, em vários lugares. Há sempre uma preocupação em adequar as uvas cultivadas às especificidades dos terroirs de cada

Com Casilda Dominguez, na Gomez Cruzado

vinhedo. Esta cultura é um legado dos franceses.

O entrosamento entre o agrônomo e o enólogo é sempre muito importante.

Quando se visita a Gomez Cruzado valorizam e fazem sempre muitas referências aos seus enólogos David Gonzalez e Juan Antonio Leza, que se tornaram sócios na bodega.

A Gomez Cruzado é considerada uma bodega boutique. Produzem 200.000 garrafas por ano. Exportam principalmente para os EUA e o México.

Minha visita foi na histórica sede, próxima da Estação do Trem, recepcionado por Casilda Dominguez.

O tour foi o padrão, pelas instalações industriais, os salões das barricas de inox e carvalho.

Depois tivemos uma degustação de vinhos superinteressante, com o David San Roman narrando as histórias da Gomez Cruzado e da região de Rioja.

A presença de um historiador foi uma solicitação minha.

A Gomez Cruzado oferece duas categorias de vinho.

A primeira chamada de Família Gomes Cruzado, com as classificações Crianza, Reserva e Gran Reserva, com uvas Tempranillo. Na lista inclui um branco com uma mescla de Viura e Tempranillo branco.

A segunda categoria, chamada de Terroirs Especiais, com dois vinhos específicos, Pancrudo e Cierro Las Cuevas, com uvas Garnacha.

O vinho Pancrudo tem sido premiado internacionalmente.

Nesta segunda categoria, inclui um branco com uma mescla de Viura e Tempranillo branco.

Na degustação, provei alguns deles e gostei muito do Pancrudo. É feito com 100% de uvas Garnacha, de vinhas velhas. Foi o vinho que escolhi para trazer.

🍷 Bodega Miguel Merino

É uma história de empreendedorismo. Em 1994, Miguel Merino, depois de trabalhar vários anos como exportador de vinhos, decidiu abrir a sua própria bodega.

Bodega Miguel Merino

Espanha

Degustando vinhos com a Família Miguel Merino

O conceito era produzir um número relativamente pequeno de garrafas, mas com muita qualidade, utilizando principalmente uvas de vinhas velhas.

Aos poucos foi adquirindo vinhedos com essas características. Em relativamente pouco tempo já estava produzindo 40.000 garrafas por ano e exportando para 30 países.

Seu relacionamento comercial da época que era exportador o ajudou bastante.

A bodega é bem enxuta. Os trabalhos nos vinhedos, as colheitas, a separação das uvas, são feitos pelos donos e os poucos funcionários que dispõem.

O filho Miguel Merino e a nora Erika Du Baele Meeser são os responsáveis pela operacionalidade da bodega. Miguel Merino (Pai) é responsável pela parte comercial. A sede está localizada na pequena vila de Briones, entre Haro e Logroño.

Com Erika Du Baele Meeser na Bodega Miguel Merino

Em nossa visita, fomos recepcionados pela Erika e pelo Miguel (Filho). As instalações são pequenas, mas muito bem distribuídas e organizadas. Ficamos um bom tempo conversando sobre o foco de mercado de seus vinhos e da preocupação quem eles têm em sempre surpreender seus clientes.

Eles conseguiram passar a um nicho importante de mercado, uma imagem de sofisticação e qualidade. E mantêm clientes fiéis na Espanha e em vários países. Como produzem poucas garrafas, seus vinhos são procurados e disputados.

Na degustação, provamos vários vinhos tintos, entre eles o Miguel Merino Gran Reserva, 96% Tempranillo e 4% Graciano. Graciano é uma uva tardia que potencializa a longevidade e a cor do vinho. O Gran Reserva fica 28 meses em barricas de carvalho americano e francês.

Os outros vinhos são produzidos com as castas Tempranillo, Garnacha e Mazuelo e ficam nos barris vários meses, dependendo da programação e orientação do enólogo. O vinho Miguel Merino Reserva fica 22 meses nos barris, já o Crianza fica 16 meses.

A produção de seus vinhos está sempre em sintonia com a expectativa de seus clientes. Estão sempre preocupados em surpreendê-los com vinhos de qualidade excepcional. E têm sido muito bem-sucedidos.

As visitas às Bodegas La Imperatriz, Gomez Cruzados, Miguel Merino são para as pessoas que desejam, além da degustação, mais conhecimentos. Vá preparado para fazer perguntas, tirar dúvidas e usufruir de uma atmosfera mais intimista.

As reservas são feitas com bastante antecedência. Ao contratar a Agência de Turismo, você pode indicar as vinícolas que gostaria de visitar.

Vinhedos Campo Viejo

Espanha

Visitas às vinícolas
Segundo Dia

Neste segundo dia, optei por visitar as grandes vinícolas em que participaríamos dos tours em grupos. Os tours geralmente são padrões. O guia conta a história da vinícola, às vezes há um pequeno vinhedo, o passeio pela parte industrial, e ao fim a degustação.

Bodegas Campo Viejo

É a maior de Rioja. Produzem cerca de 30 milhões de garrafas por ano.

Pertence ao Grupo Pernot Ricard, multinacional francesa, uma das líderes em bebidas de todo o mundo. O maior cliente é a Inglaterra, onde, com seu vinho Campo Viejo – Crianza, domina este mercado.

Vendem também para EUA, Alemanha, Rússia e Brasil.

Possuem vinhedos espalhados por toda a região de Rioja. Os controles dos vinhedos são feitos por satélite e drones.

Assim, podem acompanhar a evolução das cepas, dos cachos e do amadurecimento das uvas.

É uma vinícola com tecnologia de ponta.

Degustação na Campo Viejo

A Visita e o tour

Há tours o dia todo, em várias línguas. Não há necessidade de marcar com antecedência, mas na alta temporada é sempre conveniente.

O tour segue o padrão tradicional, mas com uma grande surpresa, um salão enorme com 70.000 barris de carvalho, com vinhos da categoria Crianza.
É impressionante a visão desta quantidade imensa de barris, e o aroma que fica no ar. A sala de degustação é muito bonita, com uma vista para os vinhedos.

VIAGENS, VINHOS, HISTÓRIA — VOL. II

Galpão com 70.000 barris de carvalho, Campo Viejo

Os vinhos

Possuem marcas importantes como Campo Viejo, Azpilicueta, Alcorta, nas categorias, Jovem, Crianza, Reserva e Gran Reserva, com uvas Tempranillo, Garnacha e Mazuelo. O vinho Campo Viejo – Crianza representa 70% da venda total da empresa.

Fiz questão de selecionar esta vinícola para visitar, pela importância que tem no mercado consumidor de todo o mundo.

Loja da Bodega Marqués de Riscal

Bodegas Marqués de Riscal

Também escolhida pela sua importância, e por ser uma das mais conhecidas no Brasil. Foi fundada em 1858 pelo Marqués de Riscal VI, um apaixonado pelos vinhos de Bordeaux. Implantou em sua bodega técnicas francesas.

A sede principal está na cidade de Elciego, na região de Alava. Lá estão os edifícios originais antigos e os novos. A partir de 1883, aproveitaram o crescimento da produção local, a chegada da linha férrea, e expandiram a vinícola. Já em 1895 um de seus vinhos tintos recebeu um Diploma de Mérito em uma Exposição em Bordeaux. Desde então a Marqués de Riscal só cresceu.

Em 2006 inaugurou o Marqués de Riscal Luxury Hotel,

Espanha

americana como uma das 10 marcas de vinhos mais admiradas no mundo.

Produz atualmente cerca de 5 milhões de garrafas por ano, e exporta 60% sua produção para 151 países, inclusive para o Brasil.

A visita e o tour

Há vários tours durante o dia. É recomendável que se faça reserva com antecedência, mas se pode chegar e entrar em algum, que esteja saindo. O tour é o tradicional, inclui um pequeno vinhedo e um passeio pela parte externa do hotel. A degustação é feita em uma sala confortável ao lado da loja.

Os vinhos

As uvas mais utilizadas na produção dos vinhos são tempranillo, garnacha e mazuelo. A tempranillo sempre em uma

projeto do arquiteto canadense, Prêmio Pritzker (1989), Frank Gehry. O hotel está dentro das instalações da vinícola e é uma atração à parte. Em 2011, Marqués de Riscal foi escolhida por uma importante revista

Marqués de Riscal Luxury Hotel

Bodega Marqués de Riscal

Com Ruth Assumpção, degustando vinhos na Marqués Riscal

porcentagem bem grande, acima de 80%. O vinho Marqués de Riscal Reserva estagia dois anos na barrica de carvalho, mais um ano na garrafa, antes de ir para o mercado.

O vinho Marqués de Riscal Gran Reserva, três anos no carvalho, mais três anos na garrafa. Marqués de Riscal 150 Aniversario fica 32 meses na barrica de carvalho. Possuem um vinho da categoria Crianza, Arienzo que fica 18 meses no carvalho e mais 12 meses antes de ir para o mercado.

Alava é considerada uma terceira Região de Rioja. Em Alava, os produtores estagiam os vinhos por um tempo maior nas barricas de carvalho e nas garrafas.

Considero a visita à Marques de Riscal obrigatória, pelo que ela representa em Rioja e, também, no Brasil.

🍇 Bodegas Conde Valdemar

Fiz questão de visitar esta vinícola porque já conhecia e apreciava seus vinhos.

Em nossa visita, tivemos uma atenção muito especial da Marisa Alonso, responsável

Espanha

pelo Enoturismo, e do guia Francisco Fraguas. Francisco é argentino de Mendoza, muito simpático, e está terminando um curso de Enologia em Rioja. Durante o tour, falamos muito de enologia que é um tema que eu gosto muito.

A história desta vinícola começa no século XIX. Em 1889, Joaquín Martinez Bujanda fundou em Oyon, uma pequena vinícola. Nos anos seguintes, as gerações que vieram deram sequência à produção de vinhos.

Em 1982, Jesus Martinez Bunjanda, já na 4ª geração, aproveitando o crescimento do mercado de vinhos e sua visão de negócios, adquiriu novos vinhedos e fez a empresa se desenvolver.

A partir de 2008, os filhos Ana e Jesus Martinez Bujanda se incorporaram à empresa e iniciaram novos projetos.

Barricas por regiões e vinhedos, Conde Valdemar

A Visita e o tour

Minha visita foi à sede principal, onde estão as instalações industriais, o salão dos barris de carvalho, as garrafas em estágios, e a loja. Já de saída, fiquei surpreendido com a limpeza e a organização de todos os ambientes. É de chamar a atenção.

É uma das exigências do proprietário, limpeza total.

Barricas de vinhos Crianza, Conde Valdemar

Garrafas em estágio na Conde Valdemar

Tours para Pessoas Especiais

Conde Valdemar oferece tours para pessoas com necessidades especiais, como cadeirantes e cegos. Para esses tours, foram desenvolvidos materiais específicos, como tabelas de aromas em braile. Francisco fez uma demonstração do tour oferecido aos cegos, mostrando como através do toque e do teste de aromas eles usufruem.

Fizemos duas degustações, a primeira durante o tour e a segunda na loja.

Os Vinhos da Conde Valdemar

Sob a marca Conde Valdemar, produzem a classificação Crianza, Reserva e Gran Reserva, com as uvas Tempranillo, Garnacha e Graciano. Tempranillo sempre dominante, com mais de 85%. Ficam estagiando

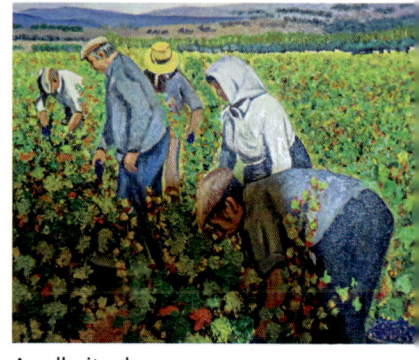

A colheita da uva

nos barris de carvalho 13 meses, 27 meses e 30 meses, respectivamente.

Um outra linha importante é a Conde Valdemar Magnun, também Crianza, Reserva e Gran Reserva. Também a Tempranillo, com mais de 80%, e em quantidade menor Graciano e Maturana. Estagiam em barris de carvalho 13 meses, 26 meses e 30 meses. Produzem 500.000 garrafas por ano.

Espanha

Se em sua programação de viagem tiver tempo e puder incluir a Conde Valdemar, vai valer a pena. É muito bonita, bem organizada, ótimos vinhos e atendem muito bem. É preciso fazer reserva antecipada.

Estas viagens são sempre uma ótima oportunidade para comprar vinhos a preços muito bons, comparados com os do Brasil.

Eu sempre levo pelo menos uma garrafa de cada vinícola que visito, de preferência o melhor vinho. Comprar estes vinhos no Brasil seria quase proibitivo.

Programação da viagem

A melhor maneira de vir para a região de Rioja é por Madri.

Recomendo alugar um carro e guiar em direção a Logroño, capital da província de La Rioja, ou Haro, a cidade histórica. As vinícolas e os vinhedos estão em sua maioria nesta região.

Logroño é uma cidade de porte médio, com boa opções de hotéis, lojas e restaurantes. Haro é bem menor, com menos opções de restaurantes, lojas, mas com um ótimo hotel, Los Agustinos.

A Agência de Turismo pode também recomendar ou reservar o hotel.

Eu optei por ficar em Haro, no Hotel Los Agustinos e de lá, pela manhã, saía para as visitas.

A guia me apanhava em seu próprio carro às 10 horas e voltávamos no fim da tarde. O almoço estava dentro da programação das visitas.

Com Marisa Alonso, Ruth Assumpção e Francisco Fraguas, Conde Valdemar

Cidades importantes próximas

Logroño e Haro ficam relativamente próximas de várias cidades interessantes, como Bilbao, S.Sebastian, Burgos, Valladolid, Ávila, Pamplona e Biarritz, no sul da França.

Com tempo e de carro, dá para incluir algumas destas cidades em seus roteiros. Pelo site do Guia Michelin você pode ter uma ideia de distância e tempo.

Cidades medievais – e o Caminho de Santiago de Compostela

Como sempre faço em minhas viagens para regiões vinícolas, aproveito para conhecer lugares e pequenas cidades ou vilas que tenham alguma história, ou que são simplesmente bonitas.

Há duas cidades medievais muito próximas de Haro que vale a pena visitar, San Millán de La Cogolla e Santo Domingo de La Calzada.

Ambas fazem parte do Caminho de Santiago de Compostela.

É impressionante o número de peregrinos, de todas as idades, com seus cajados, caminhando entre essas duas cidades.

Como essas duas cidades são muito próximas, saindo logo cedo do hotel, é possível visitá-las em meio dia. Se tiver mais tempo, eu diria que um dia inteiro seria o ideal.

✪ San Millán de la Cogolla

São dois monastérios da Ordem dos Agostinianos Recoletos. O mais antigo chamado de Suso, que fica em cima da montanha. E o mais novo, do século VI, chamado de Yuso, em baixo, no centro da cidade.

San Millán de la Cogolla

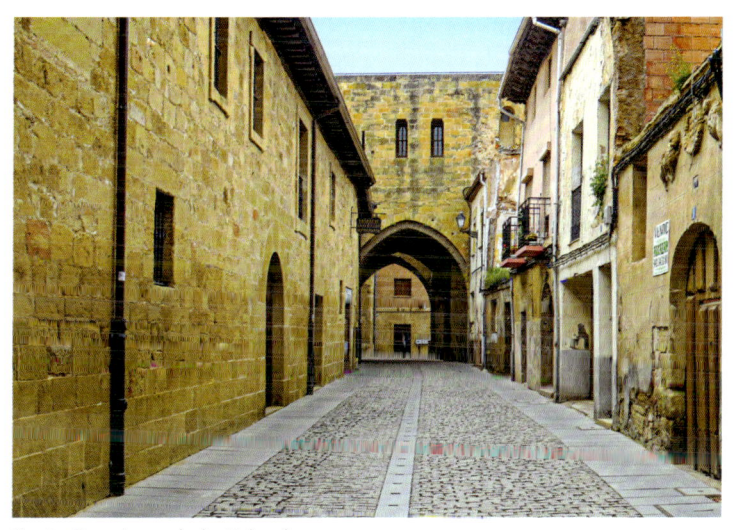

Santo Domingo de la Calzada

Ambos são considerados Patrimônio Cultural da Humanidade pela UNESCO.

Segundo a tradição, foi o berço do castelhano, a língua espanhola que é falada hoje na Espanha.

No convento, estão os documentos com os primeiros registros escritos em castelhano. Na região, hoje, falam também o basco.

San Millán ou Santo Emiliano foi um eremita que viveu nas montanhas e que pregava a fé cristã. Após alguns milagres a ele atribuídos, uma comunidade foi sendo instalada a seu redor.

A Ordem dos Agostinianos Recoletos construiu um pequeno convento no alto da montanha no século I. No século VI, o Rei de Navarra mandou construir um grande convento para abrigar os restos mortais de San Millán.

A principal visita é ao Convento Yuso, no centro da cidade. São dois tours pela manhã, e dois na parte da tarde. Como o convento está habitado pelos religiosos, os tours são rigorosos nos horários. As instalações internas do convento são muito bonitas.

Há uma coleção de Hinários, do século XV, que eram utilizados para os cânticos religiosos.

Em uma capela está a urna com os restos mortais de San Millán.

É possível visitar o Convento Suso, na montanha. Alguns sobem caminhando. Mas a atração maior é mesmo o Convento de baixo, Yuso.

⭐ Santo Domingo de la Calzada

Com um centro histórico totalmente preservado é a cidade que recebe os peregrinos que se destinam a Santiago de Compostella, vindos da França, Alemanha, Áustria e outros países do norte e leste europeu.

De lá, os peregrinos seguem uma única rota, de aproximadamente 600 quilômetros. São cerca de 25 dias de caminhada.

A cidade possui vários pequenos hotéis, hospedarias e albergues. Tudo muito simples, sem qualquer sofisticação. É considerado um santuário cristão-católico.

Domingo Garcia foi um ermitão que se instalou às margens do pequeno Rio Oja, e que passou a dar assistência aos peregrinos que passavam pela região.

Com o tempo, construiu uma ponte rústica de madeira sobre o rio, um pequeno hospital para assistir os que chegavam enfermos na viagem, e uma pequena igreja.

Para facilitar a caminhada dos peregrinos, restaurou parte da estrada e das calçadas romanas.

Daí o nome Santo Domingo de La Calzada. Em 1106, fundou a Casa da Confraria do Santo que existe até hoje. Morreu em 1109 com 90 anos.

Em 1158, iniciaram a construção da Catedral em sua homenagem, onde está sepultado.

A lenda do galo e da galinha

Diz a lenda que um casal de peregrinos alemães hospedou-se com seu filho na cidade. A filha do dono da hospedaria se apaixonou pelo rapaz. Como não foi correspondida, com ódio, colocou uma taça de prata nos pertences do rapaz. Descoberto, foi preso, julgado e enforcado.

Albergue dos peregrinos no Caminho de Santiago de Compostela

Espanha

Museu da Catedral de Santo Domingo de La Calzada

O símbolo do Caminho de Santiago de Compostela

Os pais muito tristes oraram e pediram a Santo Domingo por um milagre. Seguiram viagem a Santiago de Compostela e na volta decidiram passar pelo local do enforcamento. Encontraram o filho vivo. Correram para contar para o Juiz da cidade.

O Juiz estava almoçando e respondeu: "Ele está vivo como este galo e esta galinha assados aqui no meu prato!". Neste momento, o galo e a galinha saíram voando.

Dentro da catedral, em frente ao mausoléu de Santo Domingo, há um galinheiro, em uma linda arquitetura gótica, com um galo e uma galinha de verdade. É uma atração à parte.

A catedral é muito bonita e grandiosa para o tamanho da cidade. Anexo há um pequeno, mas muito bonito museu com objetos, obras e quadros sacros.

A região de Rioja não é muito visitada por brasileiros.

Em nossas visitas não encontramos ninguém falando Português.

O foco das exportações dos vinhos é para os mercados da Inglaterra, EUA, México, Alemanha e outros países. Mas há bons vinhos de Rioja no Brasil.

Se puder, em uma viagem à Europa, combinar com uma passagem pela região vinícola de Rioja, você vai com certeza se surpreender. É muito linda!

Ponte e Igreja San Juan em Aranda de Duero, província de Burgos, Espanha

RIBERA DEL DUERO

©Curtoicurto/iStock

Espanha

A **DOC** – Denominação de Origem Controlada de Ribera del Duero, estabelecida em 1982, está localizada na região de **Castilla y Leon**, e engloba cerca de 102 cidades e vilas nas províncias de **Segóvia, Valladolid, Soria, Burgos.**

Margeando o **rio Duero** (o mesmo Douro de Portugal), ocupa uma extensão de aproximadamente 123 quilômetros.

Suas principais e mais importantes cidades são **Aranda de Duero, Peñafiel, Burgos, Roa de Duero** e **San Estebah de Gormaz.**

Entre as vilas mais importantes estão **Langa de Duero, Sotillo de La Ribera, La Horra, Pedrosa de Duero, Curiel de Duero, Valbuena de Duero** e **Pesquera de Duero.**

Em todas essas cidades e vilas, há produções de vinhos e vinícolas a se visitar.

Um pouco de história

Quando os Romanos chegaram no século III a.C., esta região já era habitada pelos Váceos.

Como em todas as regiões que conquistavam, os Romanos introduziam sua cultura e produção de vinhos.

Vale lembrar que os Romanos eram os maiores produtores e exportadores de vinhos da época.

Na Idade Média com a implantação de diversos Monastérios, a produção de vinhos se desenvolveu graças às aplicações dos conhecimentos e dos recursos dos religiosos.

Nesta época, começaram a cavar galerias subterrâneas, com profundidades de 9 a 14 metros, para estagiar e armazenar os vinhos.

Hoje muitas destas galerias foram restauradas e estão sendo utilizadas no enoturismo, museus e até restaurantes.

Ribera del Duero conta hoje com cerca de 900 rótulos de vinhos, 8.000 viticultores e 270 bodegas.

Em 2013, foi eleita pela revista *American Wine Enthusiast* a melhor região vitivinícola do mundo.

É considerada a segunda e mais importante região vinícola da Espanha.

Inclusive, pela proximidade, turistas e amantes dos vinhos, que visitam Rioja, estão estendendo seus passeios até Ribera del Duero.

Vinhedos e papoulas, Ribera del Duero

Caves medievais

Terroirs e principais uvas

A topografia é composta pelos vales no entorno do rio Douro com pequenas montanhas e colinas.

Também reconhecida pelo platô que se estende pelas províncias de Segóvia, Burgos, Soria e Valladolid.

A altitude varia de 600 a 900 metros. Os solos são de argila, areia, pedras e calcáreo. O Verão é seco, e o Inverno longo e rigoroso, com uma ótima amplitude térmica.

A principal uva tinta Tempranillo, chamada de Tinta del País e Tinta Fina, representa 95% dos vinhedos de Ribera del Duero.

As outras uvas tintas autorizadas são a Cabernet Sauvignon, Merlot, Malbec e Garnacha.

A principal uva branca é a Albillo Blanca del País.

Espanha

Os vinhos

Os vinhos tintos de acordo com a DOC devem levar no mínimo 75% da uva Tempranillo, e completada com Cabernet Sauvignon, Merlot e Malbec.

Este blend tem de chegar, obrigatoriamente, a 95%.

Os outros 5% podem incluir Garnacha e até a uva branca Albillo para agregar aroma.

Garnacha é uma uva muito pouco utilizada.

A classificação segue basicamente a mesma de Rioja:
JOVEN – depois da fermentação vai direto para garrafa e para o mercado. É o vinho mais barato e consumido no dia a dia pelos habitantes.

CRIANZA – obrigado a estagiar 12 meses em barricas de carvalho, e depois de engarrafado só pode ser colocada no mercado após o dia 1º de Outubro, do ano seguinte à colheita.

RESERVA – obrigado a estagiar 36 meses em barricas de carvalho, e depois de engarrafado, só pode ser colocado no mercado após o dia 1º de Dezembro do ano seguinte à colheita.

GRAND RESERVA – obrigado a estagiar 24 meses em barricas de carvalho, e estagiar mais 36 meses nas garafas. Também só pode ir para o mercado após o dia 1º de Dezembro, levando-se em consideração a data da colheita.

Caves medievais

O Vinho Branco é obrigatório ser produzido com a uva Albillo Blanca del País.

Vinícolas – cidades e vilas

São um total de 102 cidades e vilas, sendo que a maioria dela possui vinícolas com um bom atendimento de enoturismo.

Vou relacionar algumas que classifico como mais importantes, levando em consideração a importância das cidades.

As duas cidades mais importantes são Aranda del Duero, considerada a capital de Ribera del Duero e Peñafiel.

Aranda de Duero tem cerca de 32.000 habitantes, e Peñafiel 5.000 habitantes.

Todas as outras são menores, mas com ótimas opções de vinícolas também.

Ao fim, vou tratar mais da programação e onde se hospedar.

As Bodegas de Aranda de Duero, Peñafiel, Roa de Duero atendem normalmente o enoturismo.

Relação das principais Cidades e Bodegas:

Aranda de Duero
- El Lagar de Isilla
- Historica D. Carlos S. XV
- Garcia Aranda
- Martín Berdugo
- Dominio de Cair
- De Las Animas

Peñafiel
- Protos
- Convento Oreja
- Peñafalcon
- Rubén Ramos
- Pago de Carraovejas

Roa de Duero
- Viña Solorca
- Lopez Cristobál
- Duron

- Condado de Haza

Valbuena de Duero
- Matarromera
- Lleiroso

Sotillo de la Ribera
- Ismael
- Arroyo-Valsotillo

La Horra
- Viña Sastre
- Tinto Figuero
- Balbás

Pesquera de Duero
- Ascensión Repiso Bocos

- Emilio Moro
- Dehesa de los Canónigos

Gumiel de Izán – Aranda
- Portia
- La Asunción de Nuestra Señora
- Nabal
- Ferratus

Bodega Emilio Moro

Espanha

Solo de argila e pedregulho

Em cidades menores e vilas, o ideal é marcar a visita.

Para obter informações e principalmente sobre reservas, há alguns sites e e-mails:

• **ARANDA DE DUERO**
www.arandadeduero.es
oficinadeturismo@arandadeduero.es

• **PEÑAFIEL**
www.turismopenafiel.com
info@turismopenafiel.com

• **ROA DE DUERO**
www.roadeduero.es
turismo@roadeduero.es

Mais informações, você pode conferir nos sites: *www.rutadelvinoriberadelduero.es* e *info@riberate.com*

Uva Tempranillo

© Bodega Muelas

Além das vinícolas, uma das maiores atrações de Ribeira del Duero são as Adegas Subterrâneas da época medieval. Há várias opções de Vínicolas e Bodegas para visitar,

Caves subterrâneas – Bodegas Don Carlos

mas relacionei abaixo algumas que considero especiais e se puder coloque-as em sua programação.

Aranda del Duero

🍇 Bodegas Don Carlos (Sec. XV)

Aranda del Duero possui cerca de 147 adegas subterrâneas medievais para degustação de vinhos. Don Carlos é considerada pelo Trip Advisor a atração nº 1 da cidade. Suas caves subterrâneas, do século XV, estão a cerca de 12 metros, ou 153 degraus, abaixo do nível da rua.

A visita inclui a utilização de um audio-fone para ouvir a história do lugar.

Em Aranda, Don Carlos é uma visita obrigatória, imperdível. Normalmente, não há necessidade de reserva antecipada, mas na alta temporada e fins de semana, recomendo contatar com antecedência.
www.ribiertete.com
info@ribiertete.com

Caves subterrâneas – Bodegas Don Carlos

Outras vinícolas para visitar em Aranda del Duero

🍇 Bodega El Lagar de Isilla
www.lagarisilla.es
bodegas@lagarisilla.es
hotel@lagarisilla.es

Espanha

Bodegas Portia
www.bodegasportia.com
visitas@grupofaustino.es

Peñafiel

Bodegas Protos

Está localizada próximo do centro, logo abaixo do Castelo.

Fundada em 1927, estabeleceu como cultura, a busca da melhoria constante na produção de seus vinhos, sob o lema Seja o Primeiro.

Em 1929 foi premiada com a Medalha de Ouro na Exposição Universal de Barcelona.

Possui vinhedos em Rueda e Burgos. Com suas caves subterrâneas e seus vinhos, é uma das maiores atrações de Peñafiel.
www.bodegasprotos.com
enoturismo@bodegasprotos.com

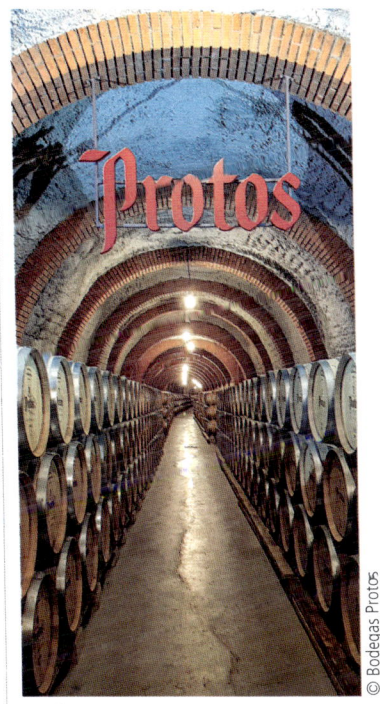

Bodegas Protos

Bodegas Protos e o Castelo de Peñafiel

Vinícolas para visitar em outras cidades na região de Ribeira del Duero

Roa de Duero
🛢 **Bodegas Duron**
www.solardesamaniego.com – contato através do site.

Pedrosa de Duero
🛢 **Bodegas Pago de los Capellanes**
www.pagodeloscapellanes.com
bodegas@pagodecapellanes.com

Gumiel de Mercado
🛢 **Bodegas Valduero**
www.bodegasvalduero.com – contato através do site.

A maioria das cidades e vilas está muito próxima entre si e é relativamente fácil se locomover de carro por toda a região.

Castelos e Museus

Há vários castelos e museus por toda a região. Várias bodegas possuem museus como atração do Enoturismo:

Aranda de Duero
- Museo del Vino Ribiertete na Bodegas Don Carlos Séc. XV
- Bodegas CIAVIN De Las Animas
- Bodegas El Lagar de Isilla
- Bodegas Portia
- Museo Sacro en la Iglesia de San Juan
- Palacio de los Berdugo

Peñafiel
- Museo Comarcal de Arte Sacro
- Museo Provincial del Vino

Castelo de Peñafiel

Espanha

Castelo de Peñafiel

Peñaranda de Duero
- Castillo de Peñar

Programação da viagem

Se o objetivo principal da sua viagem é visitar as vinícolas de Ribera del Duero e Rioja, o ideal é viajar de avião até Madri, Aeroporto Barajas, e alugar um carro.

Ribera del Duero fica a 160 quilômetros de Madri na direção norte.

O ideal é se hospedar em Aranda de Duero. É considerada a capital da Ribera del Duero, com boas opções de hotéis, restaurantes e lojas.

É uma cidade medieval, muito bonita, com cerca de 32.000 habitantes.

Aranda possui cerca de 147 Adegas Subterrâneas do período medieval, para degustação

Monumento aos vinhedos

de vinhos. É, sem dúvida, a maior atração da cidade.

Eu sempre recomendo consultar o Trip Advisor para escolher o hotel de sua preferência, mas há algumas recomendações:

- Hotel Tudanca Aranda
- Castilla Termal Monasterio de Valbuena (*histórico*)
- Hotel y Bodega El Lagar de Isilla
- Bodegas Finca Torremilanos

Uma outra boa opção é se hospedar em Peñafiel.

Uma cidade também histórica, com cerca 5.000 habitantes, bons restaurantes, um centro comercial relativamente movimentado, típica cidadezinha do interior.

O castelo no alto do morro é uma atração à parte.

Há também bons hotéis em Peñafiel:

- Hotel Spa Convento de Las Claras (*histórico*)
- Hotel AF Pesquera
- Hotel Ribera del Duero

Hotel Abadia Retuerta, La Domaine

Vale a pena mencionar como opção, mais próximo de Valladolid, uma Bodega/ Hotel excepcional:

Vinhedos, Ribera del Duero

Espanha

- Abadia Retuerta
(*Século XII*)
www.abadia-retuerta.com

Entre nos sites de reservas de hotéis, Trip Advisor e Booking, e confira as fotos, as acomodações, preços e, principalmente, os comentários dos visitantes.

Continuando a viagem

Uma recomendação é programar sua viagem para esta região, incluindo ir depois para Rioja.

De Peñafiel a Haro ou Logroño, na região vinícola de Rioja, são cerca de 170 quilômetros.

Uma outra sugestão é passar também por Tordesilhas, uma cidadezinha histórica e que fica relativamente muito próxima, praticamente no caminho de Rioja. Tordesilhas faz parte da DOR – Denominação de Origem Rueda.

Neste livro, eu estou incluindo textos específicos sobre Rioja, Rueda e Tordesilhas.

Depois de visitar Ribera del Duero e Rioja, há três boas opções viajando de carro:

Voltar para Madri, ir direto para Barcelona, ou então para a Galícia, onde estão Santiago de Compostela, Vigo e La Coruña.

É uma oportunidade maravilhosa para passear e conhecer a Espanha.

Se precisar de alguma recomendação contate-me diretamente pelo miltonassumpcao@terra.com.br.

D.O.R.
DENOMINAÇÃO DE ORIGEM DE
RUEDA

Vinhedos
Bodegas
Menade

Espanha

É considerada e reconhecida como a mais importante região produtora de vinhos brancos da Espanha. Sua uva dominante é a **Verdejo**.

A cidade de Rueda está situada na região de **Castilla y Leon** e engloba as províncias de **Valladolid**, **Segóvia** e **Ávila**. São 72 municípios, sendo que 53 estão em Valladolid, 17 em Segóvia e 2 em Ávila.

Um pouco de história

No século XI, o rei D. Afonso VI doou a vários monastérios terras para que plantassem vinhedos e produzissem vinhos.

Desde então, há uma produção regular que só foi interrompida pela Filoxera em 1895, que dizimou 75% dos vinhedos.

O replantiu com troncos americanos foi feito gradativamente.

A partir de 1935, a região voltou a uma produção regular de vinhos.

Em 1980, foi criada a DOR – Denominação de Origem de Rueda, com uma produção, ainda, relativamente limitada.

Os vinhos brancos de Rueda e, principalmente, a uva Verdejo ganharam uma grande projeção, quando, no início dos anos 2000, a Bodega Marqués de Riscal começou a produzir em Elciego, Rioja, seus vinhos brancos, utilizando a uva Verdejo.

Foi o impulso que faltava para que Rueda se expandisse.

Cepa brotando

Terroir

A região vinícola engloba três províncias Valladolid, Segóvia e Ávila.

Uma grande parte desta região é banhada pelo rio Duero (rio Douro de Portugal).

A principal cidade, Rueda, que dá nome à região, não fica às margens do Duero. O rio passa dentro de Tordesilhas, que fica muito próxima da cidade de Rueda.

Há uma variedade grande de solos, próximos do rio, argila,

areia, cascalho e pedregulhos. Nas regiões mais altas, argila e pedra.

O Verão é bem quente, com temperaturas chegando a 32°C, com risco de chuvas de granizo.

O Inverno é muito frio, com a temperatura chegando a –2°C, com risco de geadas.

Não há registros de longos períodos de secas.

Em algumas regiões há uma pequena influência do mar.

Principais Uvas

Como é uma região de produção de vinhos brancos, as uvas autorizadas são: Verdejo, Viura, Sauvignon Blanc e Palomino Fino.

Recentemente, autorizaram Viognier e Chardonnay.

Uvas Verdejo

Verdejo representa 95% de todos os vinhedos plantados.

Para manter um equilíbrio de temperatura para as uvas brancas, muitas vinícolas utilizam a Colheita Noturna.

Uvas tintas autorizadas são: Tempranillo, Cabernet Sauvignon, Merlot, Syrah e Garnacha.

Os Vinhos

Os vinhos brancos representam 99% de toda a produção de Rueda.

São muito aromáticos, com boa mineralidade e uma ótima acidez.

O vinho classificado como Rueda Verdejo deve ser produzido com no mínimo 85% da uva Verdejo.

Os vinhos classificados de Rueda levam 50% da uva Verdejo.

Os vinhos classificados de Rueda Dorado são produzidos com 85% da uva Verdejo, e colocados para fermentar (estagiar) em barricas de carvalho por 2 anos ou mais.

Programação de Viagem

As vinícolas estão espalhadas por três províncias, e a cidade principal é Rueda.

Se pretende visitar esta região, é para onde deve se dirigir. Fica ao sul de Valladolid e muito próxima de Tordesilhas.

Quando viajei, por razões de pesquisa histórica, preferi ficar

Espanha

Cave subterrânea – Bodegas Menade

em Tordesilhas e de lá sair para os passeios.

Se preferir se hospedar em Valladolid, uma cidade bem maior com maiores atrações, as regiões vinícolas estão, também, muito próximas.

Visita às Vinícolas

É gratificante e surpreendente descobrir em Rueda vinícolas modernas, muto bonitas, produzindo ótimos vinhos, e principalmente, comprometidas com a biodiversidade e preservação da natureza.

Bodegas Menade

A história desta família começou em 1820 quando seus antepassados cultivavam vinhas na região de La Seca. Os vinhos

Alejandra, Marco e Richard – Bodegas Menade

eram produzidos em uma bodega subterrânea do século XIX, hoje chamada de Menade by Secala.

Em 2005, seus descendentes em 6ª geração, Alejandra, Marco e Richard, fundaram a atual Bodegas Menade.

O que é extraordinário nesta vínicola é o comprome-

Vinhedos Bornos Bodegas

timento com a natureza, com a utilização de técnicas naturais de cultivo, com plantas e insetos que contribuem para preservação da biodiversidade do local.

O lema: não somos verdes, somos naturais!

Os rótulos dos seus principais vinhos expressam sua filosofia ecológica:

Menade Verdejo Ecológico – Menade Sauvignon Blanc Ecológico.

Produzem vinhos com as uvas Verdejo, Sauvignon Blanc, Tempranilo e Tinta de Toro.

Uma das maiores atrações do seu enoturismo é a visita à Granja Menade, onde estão o Hotel dos Insetos e o Jardim da Polinização, com insetos, répteis, gansos, galinhas e burros, que contribuem para o ecosistema da região.

É uma vinícola muito bonita e com um atendimento impecável.

Para contatá-los:
www.menade.es
info@menade.es
Ou diretamente pelo *comunicacion@menade.es*
– Patricia Regidor

Bornos Bodegas & Vinhedos

É uma das mais importante de Rueda, com vinícolas e vinhedos em várias partes, no norte da Espanha.

Em Rueda, o Palacio de Bornos é, sem dúvida, uma vinícola a se visitar.

Fundado em 1976, na mesma época em que era es-

Espanha

tabelecida a DOR – Denominação de Origem de Rueda, produziu em 1978 o primeiro espumante da região, com a uva Verdejo.

Produzem vinhos brancos secos, frizantes e espumantes.

As principais uvas Verdejo e Sauvignon Blanc.

Um dos principais vinhos é um branco seco Palacio de Bornos – Verdejo – Fermentado em Barrica.

Exportam para vários países do mundo.

Palacio de Bornos é uma das atrações de enoturismo em Rueda.

Para contatá-los :
www.bornosbodegas.com
info@bornosbodegas.com
Ou diretamente com
l.mencia@bornosbodegas.com
– Laura Mencia

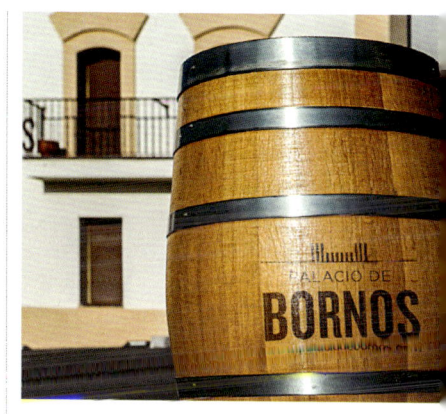

Palacio de Bornos Bodegas

A Bornos Bodegas & Viñedos é formada por 7 Bodegas, todas pertencentes à mesma família, em diferentes Denominações de Origens.

Vou relacioná-las a seguir, com seus respectivos sites, para que, se decidir visitar aquelas regiões, sirva de recomendações:

Bodegas Menade

Vinhedos Bodegas Menade

- Martínez Corta
na DOC La Rioja
https://bodegasmartinezcorta.com/en
- Señorío de Sarría
na DO Navarra
https://www.bodegadesarria.com/en/
- Dominio de Bornos
na DO Ribera del Duero
https://www.dominiodebornos.com/en/
- Orot na DO Toro
https://www.orotbodega.com/en/the-winery/
- Lleiroso em Valbuena de Duero, la Milla de Oro de Ribera del Duero
http://bodegaslleiroso.com/es/
- Guelbenzu, bodega de Vinos de Pago que data de 1851
https://www.guelbenzu.com/en/

Bodegas Félix Sanz

Esta vinícola está localizada em Pago de Cimbron, a 750 metros acima do nível do mar. Foi fundada em 1934 por Félix Sanz.

Uma das suas atrações são as caves subterrâneas do Século XV, a 15 metros de profundidade, com temperatura ambiente de 12 a 14 graus.

Comprometida com uma produção orgânica, produz vinhos com as uvas Verdejo, Sauvignon Blanc e Tempranillo.

É mais uma recomendação de vinícola para visitar em Rueda.

Para contatá-los:
www.bodegasfelixsanz.es
info@bodegasfelixsanz.es
nerea@bodegasfelixsanz.es
– Nerea Pelaez

Espanha

🍇 Grupo Valdecuevas – Oliveiras e Vinhedos

Para quem visita a região de Rueda é uma atração bem interessante que combina Enoturismo e Oleoturismo.

O Grupo Valdecuevas é reconhecido internacionalmente pela produção de Azeite de Oliva Extra-Virgem.

Em 2013 decidiram investir na produção de vinhos.

As duas atividades estão em lugares diferentes, mas relativamente próximos.

Oleoturismo está localizado em Medina de Rioseco, na estrada de Valladolid, em uma propriedade lindíssima rodeada de oliveiras.

Ali você pode degustar os diferentes tipos de Azeites e descobrir seus benefícios para a saúde.

Para contatá-los:
almuzara@valdecuevas.es

Enoturismo está em Rueda dentro da Finca Pago de Pardina.

Produzem principalmente vinhos brancos secos e frizantes com a uva Verdejo.

Para contatá-los:
bodega@valdecuevas.es
Cristina del Barrio atende na área de comunicações.
comunicacion@valdecuevas.es

As regiões vinícolas de Rioja, Ribera del Duero e Rueda estão todas relativamente muito próximas. Se o objetivo da viagem é visitar regiões vinícolas, vai depender exclusivamente do seu tempo e programação.

Uva Verdejo e Vinho da Valdecuevas Bodegas

Colheita noturna, Valdecuevas Bodegas

Museu do Tratado

TORDESILHAS

Espanha

*Em minha viagem para a região vinícola de Rioja, no norte da Espanha, programei conhecer a pequena cidade de **Tordesilhas**, província de **Valladolid**, onde foi assinado o histórico **Tratado de Tordesilhas**.*

*Fica no caminho de La Rioja às margens do **rio Duero**, o mesmo rio que passa em Portugal na região vinícola do Douro e deságua no mar, na cidade do Porto.*

*Foi uma cidade muito importante nos séculos XV e XVI, quando da criação dos **Reinos de Castela e Aragão**, dos reis cristãos, Isabel e Fernando.*

*Atualmente é uma cidade com cerca de 9.000 habitantes, com um movimento comercial pequeno, e muito ligada a **Rueda** e **Valladolid**.*

Na rua principal e na praça do centro histórico, há lojas, farmácias, restaurantes, bares, algumas igrejas antigas e museus. Os poucos hotéis estão no entorno do centro.

*Tordesilhas produz muitos bons vinhos e faz parte da **DOR** – **Denominação de Origem Rueda**.*

Tratado de Tordesilhas

No fim do século XV, Portugal e o Reino de Castela, sabedores da existência de terras além--mar, decidiram empreeder viagens em busca de grandes conquistas.

Portugal, com a Escola de Sagres do Infante Dom Henrique, havia construído uma frota de caravelas e navegantes com conhecimentos e coragem para enfrentar o desconhecido.

Os Portugueses tinham dois objetivos. O primeiro era achar um caminho para a Índia, contornando o Continente Africano, para comprar especiarias, que

Caravela Portuguesa

O Tratado de Tordesilhas

depois seriam revendidas no mercado Europeu. O segundo objetivo era tomar posse das terras do Brasil.

Em 1492, Cristovão Colombo, com as caravelas Santa Maria, Pinta e Nina, patrocinado pelos reis cristãos Isabel e Fernando, descobriu a América e requisitou os direitos ao Reino de Castela e Aragão.

Portugal mantinha uma boa relação com Isabel e Fernando e propôs um Tratado que delimitasse a área de conquistas dos dois países.

Foi estabelecido um meridiano imáginário a 370 léguas da Ilha de Santo Antão, em Cabo Verde, que cortava o continente sul-americano, de norte a sul. Todas as terras a Leste pertenceriam a Portugal e a Oeste a Castela e Aragão, ou seja, Espanha.

Museu do Tratado

No tratado, esta linha imáginária não atingia as ilhas descobertas por Colombo. Essa exigência partiu dos espanhóis.

O caminho pelo mar para a Índia, descoberto por Bartolomeo Dias, contornando o Cabo da Boa Esperança, passou a ser reconhecido como a Rota dos Portugueses. Os espanhóis não podiam utilizá-la.

Quase 35 anos depois, o português Fernão de Magalhães,

Espanha

sob a bandeira da Espanha, descobriu o caminho pelo mar ligando o Oceano Atlântico ao Pacífico. A rota dos espanhóis.

O Tratado de Tordesilhas foi assinado no dia 7 de Junho de 1494 por representantes da Coroa Portuguesa e por Castela e Aragão.

Em 5 de Setembro de 1494, o Rei de Portugal assinou e ratificou o Tratado.

⭐ A Casa do Tratado

É a maior atração histórica de Tordesilhas. Muito bem conservada, de frente para o rio Duero, hoje é um Museu Histórico.

São dois pavimentos. No térreo, há painéis com textos e representações das Grandes Descobertas, com pequenas réplicas das caravelas Santa Maria, Pinta e Nina.

As maiores atrações são as cópias dos dois documentos assinados, o tratado original e a ratificação do Rei de Portugal.

No segundo piso, há uma reprodução em tamanho natural, de uma grande sala, de todo o ambiente, os móveis, a mesa, as cadeiras, pinturas nas paredes e figuras representando as personalidades que assinaram o Tratado.

Neste lugar, você volta no tempo e imagina como teria sido de verdade. Para quem aprecia história, é um lugar muito especial.

Dona Joana I – Rainha de Castela

A personalidade mais cultuada e celebrada em Tordesilhas é Dona Joana I – Rainha de Castela, filha dos reis Isabel e Fernando.

Reprodução de personagens do Tratado

Trajes dos Reis Espanhóis

No início de Março, há um desfile com trajes típicos de época celebrando a chegada de D. Joana em Tordesilhas.

A história romântica e trágica

A história de D. Joana I – Rainha de Castela é cheia de controvérsias. É uma história romântica e triste, que dá margem a muitas interpretações e lendas.

D. Joana, filha dos reis Isabel e Fernando, era a terceira na linha de sucessão. À frente dela, estavam um irmão e uma irmã, mais velhos, que morreram ainda jovens.

Quando a Rainha Isabel morreu, sendo Fernando um Príncipe Consorte, como era o Príncipe Phillip, esposo da Rainha Elizabeth da Inglaterra, a sucessão do trono da Espanha

Traje de D. Joana I, Rainha da Espanha

passou para a filha D. Joana.

Seu pai, Fernando, ficou incomodado, mas, como era o que regia a Lei, aceitou.

Ela então se casou com o Príncipe Felipe da Áustria,

que por ser muito bonito era chamado de "O Formoso – O Belo". D. Joana era também muito bonita e ficou totalmente apaixonada pelo Príncipe. Do casamento, nasceram vários filhos.

Apesar dos vários casos extraconjugais do Príncipe, a Rainha mantinha seu amor pelo esposo.

Politicamente, no entanto, alguns problemas começaram a ocorrer. A ascendência do Príncipe sobre a Rainha fazia com que quem governasse de fato fosse ele.

A elite espanhola e o pai, Fernando, começaram a se preocupar. O Reino da Espanha estava sendo conduzido por um austríaco, da Casa de Habsburgo.

Tempos depois, o Príncipe Felipe adoeceu subitamente, com febres, dores, e morreu. Segundo a história, foi envenenado.

A Rainha Joana I, muito apaixonada, entrou em profunda depressão, com atitudes e comportamentos que causaram preocupações. Foi neste momento que passaram a se referir a ela como A Louca.

Aproveitando a situação, seu pai, Fernando, ofereceu-se para ser seu tutor e governar em seu lugar.

Há controvérsias sobre a concordância dela, mas após o enterro do Príncipe Felipe, D. Joana passou a viver reclusa em um Castelo em Tordesilhas, e ali ficou por 46 anos, sempre de preto e com extrema melancolia.

Casa do Tratado

Ponte medieval sobre o Rio Duero

Joias do Vinho

© Bodega Muelas

Sua filha caçula, Catarina da Áustria, viveu com ela no Castelo até a adolescência.

Durante todo o tempo que ficou reclusa, continuou sendo a Rainha da Espanha, e seu pai Fernando governando como Regente.

Quando D. Joana I morreu em 1555, seu filho Carlos I tornou-se o Rei da Espanha.

Ela está sepultada junto com o esposo Felipe, e seus pais Isabel e Fernando, na Catedral de Granada, no sul da Espanha.

Do Castelo, em Tordesilhas, na beira do rio Duero só ficaram os jardins.

Bodega Muelas

A DOR – Denominação de Origem de Rueda é considerada a melhor região vinícola de produção de vinhos brancos da Espanha. A uva dominante é a Verdejo.

Inclui no livro um texto específico sobre a Denominação de Origem Rueda.

Espanha

Há algumas opções de vinícolas para visitar, mas a Bodega Muelas é, sem dúvida, uma das mais importantes de Tordesilhas.

Você pode degustar seus vinhos em sua loja à Rua Santa Maria, 3, que fica no centro histórico da cidade.

Fundada em 1886, a Família Muelas, hoje em 4ª Geração, mantém a tradição de produzir bons vinhos.

A Bodega hoje é administrada por Quintin Muelas Garcia e suas filhas, Helena Muelas Fernandez, enóloga e viticultora, e Reys Muelas Fernandez, marketing e design.

Para degustação e compra de vinhos, o atendimento é no horário comercial normal.

Mas se desejar fazer um tour pela cave subterrânea, recomendo marcar com antecedência.

A galeria subterrânea é do século XIX, tem dois pavimentos e se estende até embaixo da rua principal. É, sem dúvida, uma atração à parte.

Para a degustação, os vinhos brancos com Verdejo, e os tintos Mvedra com Tempranillo são as especialidades.

Uma outra atração do lugar é um espaço dentro da própria loja, para vendas de joias.

Lavine – Joias do Vinho é uma coleção de joias de prata e latão revestidas em ouro, inspiradas no mundo dos vinhos. A criação das joias é da Reys Muelas Fernandez. São peças únicas e exclusivas, uma atração para as mulheres.

Eu visitei Tordesilhas pela sua importância histórica e por fazer parte da região vinícola de Rueda.

Por estar muito próxima também das regiões vinícolas de Ribera del Duero e Rioja, vai depender do seu interesse, tempo e da sua programação de viagem.

Reys Muelas Fernandez – Marketing/Design
© Bodega Muelas

Com Helena Muelas Fernandez - Enóloga

Vinhedos em Calistoga

Estados

Unidos

Vale de Napa • Sonoma

ESTADOS UNIDOS

ÁREA AMPLIADA

Map

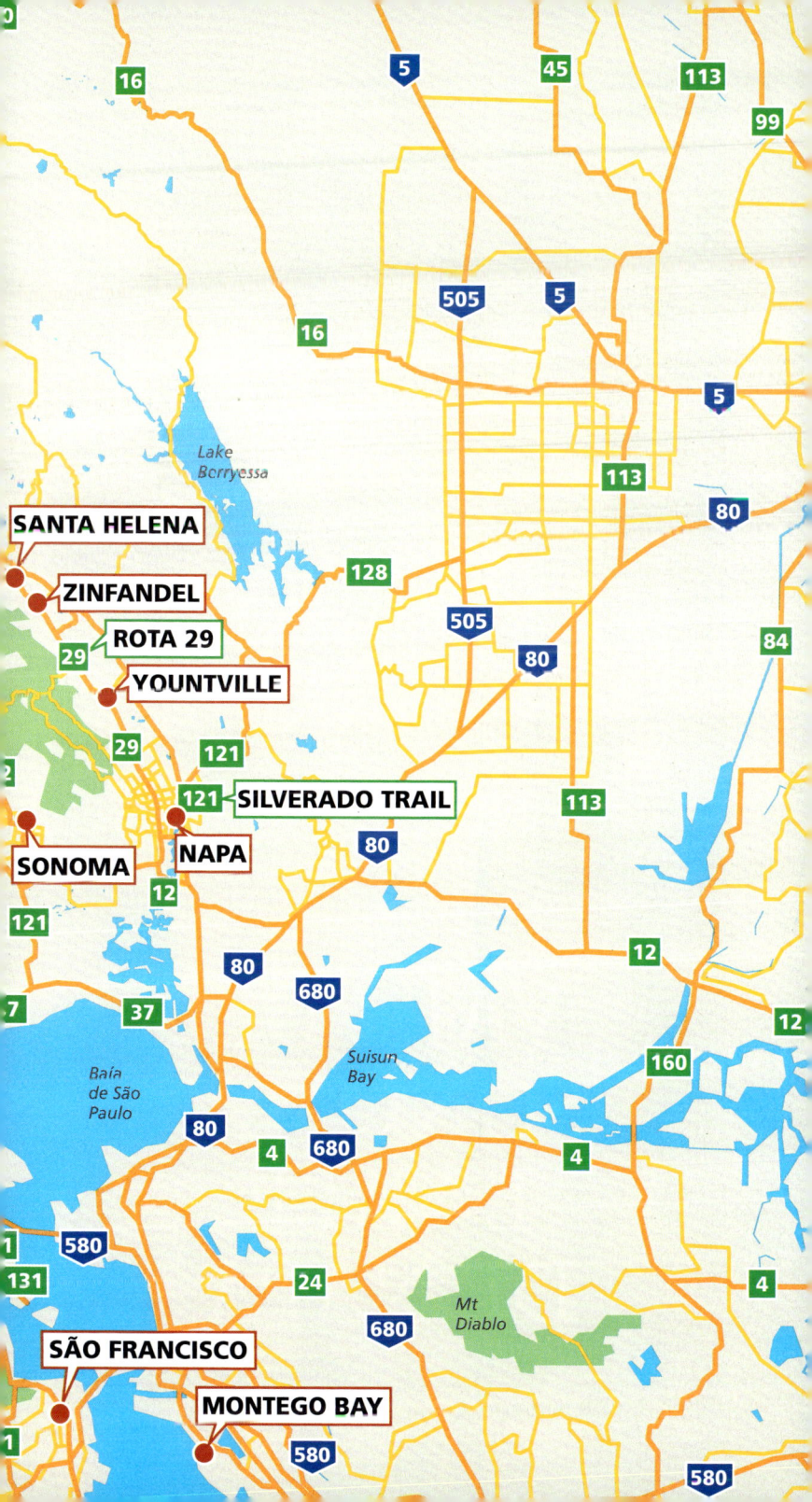

- SANTA HELENA
- ZINFANDEL
- ROTA 29
- YOUNTVILLE
- SILVERADO TRAIL
- SONOMA
- NAPA
- SÃO FRANCISCO
- MONTEGO BAY

Lake Berryessa
Baía de São Paulo
Suisun Bay
Mt Diablo

Adega subterrânea
Beringer Winery

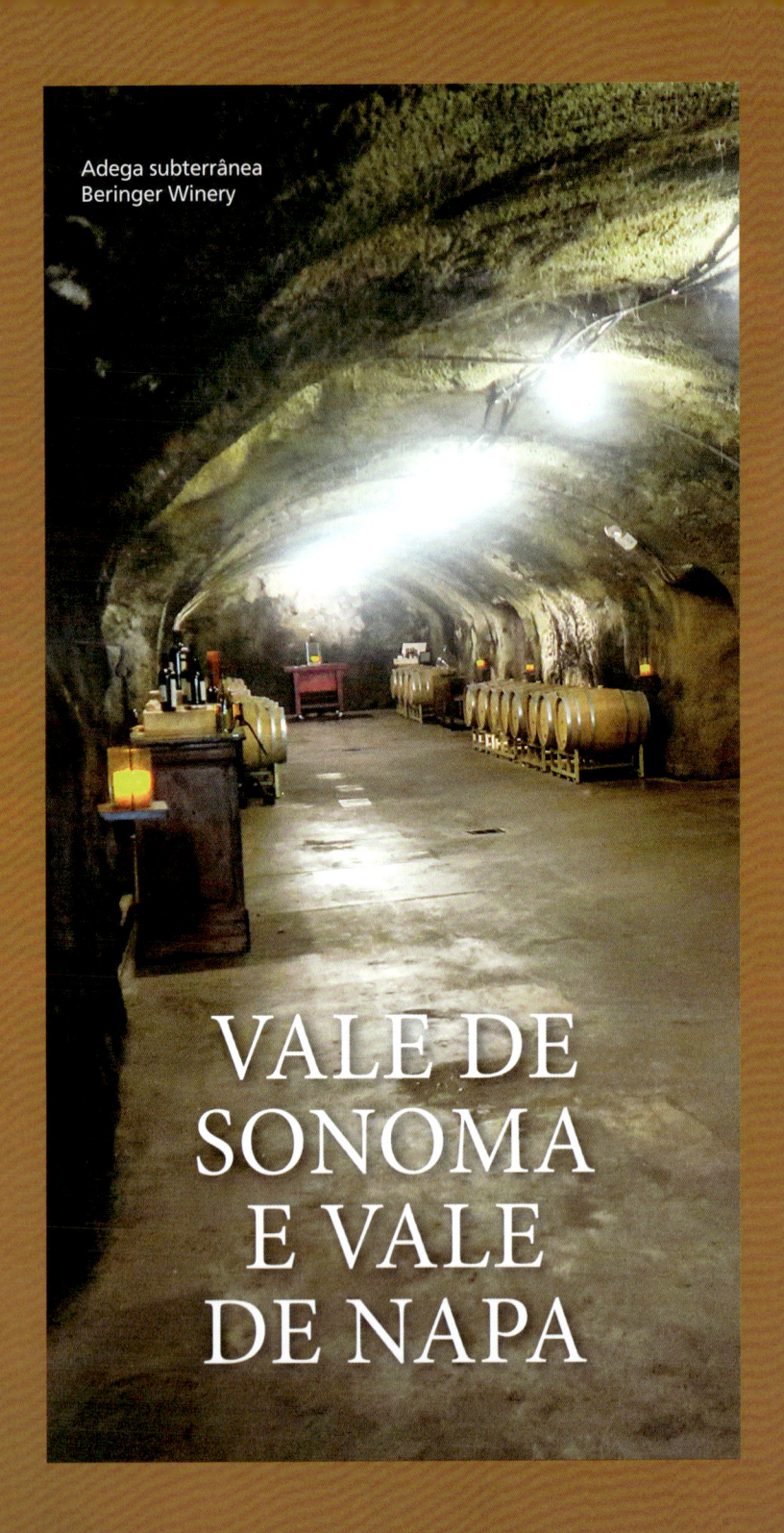

VALE DE SONOMA E VALE DE NAPA

Estados Unidos

Os Condados de **Sonoma** e **Napa**, na Califórnia, são as duas regiões produtoras de vinhos mais importantes dos EUA.

Apesar do Condado de **Sonoma** ser três vezes maior em território e historicamente ter sido o pioneiro na produção dos vinhos, aqui no Brasil e praticamente em todo o mundo esta região vinícola é mais conhecida como o **Vale de Napa**, ou **Napa Valley**.

Isto porque, os produtores de Napa trabalharam melhor a propaganda e a distribuição de seus vinhos

Napa tornou-se também uma atração para personalidades, artistas, esportistas e políticos que, amantes do vinho, decidiram colocar ali seus prestígios e investimentos.

Em uma viagem para esta região é importante planejar visitas às vinícolas tanto de Sonoma como de Napa. Muito próximas, ambas têm características culturais próprias, principalmente por suas origens e pela história de seus desenvolvimentos.

Napa é mais internacional, Sonoma é mais cultura local, mais country, mais autêntica.

Montanhas, vales e vulcões

Vale de Napa e Sonoma ficam a cerca de duas horas a noroeste de San Francisco, em meio a três cadeias de montanhas, por onde correm o Rio Napa e o Rio Rússia.

Há milhões de anos quando houve o choque das placas tectônicas, toda esta região emergiu do fundo do Oceano Pacífico, formando três cadeias de montanhas, com muitos vulcões, na época ativos.

Considerando-se a partir do Oceano Pacífico, após duas cadeias de montanhas vem o Vale de Sonoma, em seguida passando-se uma terceira cadeia de montanhas está o Vale de Napa.

Ambos hoje rodeados de vulcões extintos.

A Falha de San Andreas que corta a Califórnia de norte a sul, cruzando Los Angeles e San Francisco, passa muito perto, e a região toda é sujeita a abalos sísmicos.

O solo nos vales, rico em nutrientes, é composto de argila, pedras, resíduos marinhos e sedimentos vulcânicos.

Rio Napa

É um dos poucos lugares no mundo com essa composição de solo, o que faz com que as uvas e os vinhos desta região sejam muito especiais.

Dizem que em Napa, cada copo de vinho tem aroma e sabor diferente.

É uma região com bastante chuva e que exige um controle rígido da umidade.

Há vinhedos plantados nas colinas, onde o solo é mais seco com pedra, areia e resíduos vulcânicos.

As cepas produzem menos uvas, mas com mais cores e sabores.

É considerada a menor área de produção de vinhos do mundo com maior diversidade de terroirs. E isso se reflete na grande variedade de castas de uvas e vinhos produzidos.

A história da região

A região era habitada por cinco tribos indígenas que guerreavam entre si.

Duas delas, mais importantes, a tribo Miwok, em Sonoma, e Wappo, em Napa.

O nome Wappo, uma derivação de guapo (bravo guerreiro), foi dado pela resistência que ofereceram aos conquistadores.

Os espanhóis não chegaram a fixar nenhuma base para dominar e controlar a região.

Estavam mais interessados em ouro e prata.

Assentamentos da Rússia no Alaska e Califórnia

Até início do século XIX, a Califórnia e principalmente o Alaska não haviam despertado interesse de colonização.

Estados Unidos

O nome Alaska origina-se da palavra *Alyeska* – terra grande – na língua dos Esquimós.

Em 1812, russos vindos da Sibéria, estimulados pelo Czar Alexandre II, atravessaram o Estreito de Bering e estabeleceram uma comunidade, onde é hoje a cidade de Sitka, no Alaska.

Junto com os russos vieram também imigrantes da Polônia, Ucrânia e Alemanha.

Alaska tornou-se um centro de comercialização de peles, chá e peixes.

Havia abundância de ursos, coiotes, raposas vermelhas, castores, marmotas e lontras, para serem caçadas.

Como esta região não era propícia ao desenvolvimento da agricultura, para suprir os assentamentos, os russos decidiram buscar uma região mais ao sul para o plantio e produção de alimentos.

Encontraram os territórios livres e prontos para serem ocupados, no noroeste da Califórnia. Em 1838, iniciaram o plantio de alimentos em Forte Ross e implantaram uma comunidade à beira-mar, onde é hoje Bodega Bay.

Os russos estiveram nesta região até 1842, quando, após várias epidemias e insucessos

Forte Ross

Vinhedo em Napa

na produção dos alimentos, decidiram vender todas as suas propriedades por US$30.000 para o germânico-suíço John Sutter.

Os russos concentraram então suas atividades e comércio de peles e peixes no Alaska, onde havia também uma mina de carvão.

Neste período, logo após o término da Guerra Civil, o Governo Americano conduzido pelo Presidente Andrew Johnson decidiu que seria estratégico ter o Alaska sob seu domínio.

Coube ao Ministro de Estado William Seward negociar com os russos. Naquele momento, a Inglaterra, que então dominava o Canadá, estava pressionando a Rússia para entregar este território.

Os russos consideravam as condições de vida no Alaska muito difíceis, havia poucos recursos naturais e era um território isolado, difícil de defender, caso a Inglaterra decidisse invadir.

Foi quando o ministro Seward, representando os EUA, apresentou uma proposta de compra que foi logo aceita pelo Czar Alexandre II.

Os jornais da época, principalmente do lado Leste dos EUA, Nova York, Washington e Chicago, criticaram e referiram-se a essa compra como "as geleiras do Seward, ridículo" – "jardins dos ursos polares, loucura".

A Compra do Alaska foi assinada no dia 30 de março de 1867, custou US$ 7,2 milhões, dois centavos de dólar por hectare e um território total de 586.412 milhas².

Viviam lá na época 2.500 russos, 8.000 aborígenes e 50.000 esquimós.

No fim do século XIX, foi descoberto ouro e houve uma invasão de garimpeiros, que ajudou os americanos a povoar o Alaska.

Sonoma

No início do século XIX, o México havia se tornado independente da Espanha e decidiu tomar posse de territórios então controlados pelos espanhóis.

Em 1823, o Padre franciscano José Altamira fundou a Missão de San Francisco Solano de Sonoma.

Em 1833, o governo mexicano, que dominava toda

Sonoma Bear Flag

Sonoma City Hall

Vinhedo em Calistoga

a Califórnia, já pressionado pelos EUA, enviou para o local o General Mariano Guadalupe Vallejo para construir um Forte na vila de Sonoma e estabelecer um controle militar da região.

Em 1846, já com os EUA se apropriando de várias cidades e territórios mexicanos na região sul, 33 moradores locais decidiram se rebelar.

Reuniram o grupo na praça central de Sonoma, protestando em frente à casa do governador mexicano. Este, na ocasião, contava com apenas 13 soldados.

Vallejo não opôs resistência e entregou o controle do Forte e de todas as dependências aos rebelados, com a condição de ele continuar vivendo em Sonoma, mantendo suas propriedades.

Foi então criada a República de Sonoma. O primeiro Presidente foi o líder dos 33 protestantes, Willian B. Ide, e o símbolo da nova República, a bandeira Bear Flag.

Em 1850, Sonoma foi integrada aos EUA e a Bear Flag trocada pela bandeira americana.

O Forte, a Igreja, os alojamentos e dois hotéis da época estão ainda muito bem conservados e fazem parte do roteiro turístico da pequena cidade.

Napa Valley

Até o início do século XIX, o Vale de Napa era uma região ainda povoada pelos índios Wappos.

Em 1836, George C. Yount solicitou autorização ao governo mexicano para implantar uma estância para criação de ovelhas. Yount foi o primeiro morador oficial do Vale de Napa e fundador da cidade de Yountville.

Em 1847, o agricultor Nathan Coombs fundou a cidade de Napa, à beira do rio.

Em 1850, o Condado de Napa passou a integrar os EUA.

A região passou a ser povoada por agricultores e produtores de vinhos.

A história das uvas e dos vinhos

As principais cidades da região são Sonoma, Napa, Yountville, Saint Helena e Calistoga.

Em 1857, o húngaro-americano Agoston Haraszthy fundou em Sonoma a primeira vinícola, Buena Vista Winery.

Agoston Haraszthy é considerado o Pai, e Sonoma, o berço da Viticultura da Califórnia.

Em 1859, o inglês John Patchett fundou a primeira vinícola de Saint Helena.

O prussiano, Charles Krug, que havia trabalhado como enólogo para Patchett, fundou em 1861 a primeira vinícola na cidade de Napa.

Em 1862, duas vinícolas foram fundadas em Calistoga, uma pelo americano Samuel Brannan e a outra pelo alemão Jacob Schram.

Com o desenvolvimento da região e a crescente produção de vinhos, nos anos seguintes, várias vinícolas foram criadas, fazendo com que esta região se tornasse o principal polo produtor de vinhos dos EUA.

Atualmente há várias personalidades investindo na região,

Charles Krug e Agoston Haraszthy

e entre elas estão, Francis Ford Coppola, diretor de cinema; Mario Andretti, corredor de Fórmula Indy; Diane Disney Miller, filha de Walt Disney; Joe Montana, famoso quarterback da NFA; e Yao Ming, famoso jogador chinês de basquete da NBA.

Principais castas de uvas

Os primeiros vinhedos foram plantados com a uva Zinfandel.

Zinfandel é um clone das uvas Crljenak Kastelanski e Tribidrag da Croácia, e foi trazida pelos imigrantes alemães.

Imigrantes italianos da região da Puglia trouxeram consigo mudas da uva Primitivo, que é também um clone das mesmas uvas da Croácia.

Na Califórnia, a uva Primitivo passou a ser reconhecida e chamada de Zinfandel.

Francis Ford Coppola

Atualmente as castas francesas Cabernet Sauvignon, Merlot, Pinot Noir, Petit Verdot, Malbec, Syrah, Petit Syrah, Chardonnay, Sauvignon Blanc e Pinot Gris/Grigio dominam as plantações dos vinhedos.

Cabernet Sauvignon representa 55% do total, por sua adaptação fácil, alto rendimento e ser uma uva simples de se cultivar, além de produzir ótimos vinhos.

Solo de argila, sedimentos marinhos e vulcânicos

Estados Unidos

Vinícola na Rodovia 29

A Pinot Noir é uma uva que requer, além de um terroir adequado, atenção e cuidados especiais. Em Sonoma e Napa, seus vinhos estão em níveis extraordinários. Eu aprecio muito a uva Pinot Noir e aproveitei a viagem para degustar vários deles.

Zinfandel é uma uva que continua em alta com os produtores, principalmente em Calistoga.

Classificação dos vinhos

Em Sonoma e Napa, o consumidor escolhe o vinho primeiro pela vinícola, depois pela uva e então pela classificação. Não existe uma classificação determinada.

Normalmente, nos rótulos são colocados o nome da vinícola, a região, como Napa, Sonoma, Calistoga, a casta da uva e as classificações mais usuais como Premium, Reserve, Private Reserve, Home Vineyards, Napa Estate e Sonoma Estate. Em alguns casos, incluem o nome dos vinhedos.

Muitas vinícolas colocam a classificação ESTATE, para identificar que as uvas daquele vinho foram colhidas de vinhedos próprios.

Recomendo degustar vinhos com a uva Zinfandel, principalmente os produzidos em Calistoga.

Filoxera – Lei Seca – Terremoto – Fogo

No início do século XX, toda a região foi atingida pela Filoxera.

Esta praga havia dizimado 90% dos vinhedos da Europa, na Califórnia foram 70%.

Os vinhedos foram arranca

Sala de visita na Buena Vista Winery

dos e replantados com troncos americanos, já imunes à praga.

No replantio foram introduzidas várias castas francesas que se adaptaram muito bem aos terroirs da região.

Durante os cinco anos necessários para o crescimento das novas plantas e as primeiras colheitas de uvas, a economia da região foi muito prejudicada. Várias vinícolas não sobreviveram.

Em 1920, o governo federal dos EUA colocou em vigor uma lei de controle ao consumo de bebidas alcoólicas, a Lei Seca.

Durante 14 anos houve uma redução drástica na produção de vinhos, afetando novamente a produção e a economia, retornando somente em 1934.

No dia 24 de agosto de 2014, às 3h20, um terremoto de magnitude 6.0 atingiu toda a região, provocando destruições. Vários

Buena Vista Winery

edifícios e tonéis de vinhos armazenados foram impactados pelo tremor. Algumas vinícolas naquele ano não tiveram vinhos para comercializar.

Mais recentemente em 2017, um enorme incêndio tomou conta da região ao norte de Sonoma/Napa, destruindo florestas e casas. Muitas vinícolas foram atingidas e consumidas pelo fogo.

Em uma delas que visitei em Calistoga, a Storybook Mountain Winery, algo surpreendente aconteceu.

O edifício da vinícola ficava no meio dos vinhedos. A mata que circundava toda a propriedade, com o vento forte, foi tomada pelas chamas. Ao chegar à beira dos vinhedos, o fogo não teve como se propagar. Os vinhedos acabaram se tornando uma proteção natural e, assim, o edifício foi todo preservado.

O proprietário, que morava na cidade, que não foi atingida pelo fogo, contou-me que, durante o incêndio, em sua casa, ficou imaginando a destruição de toda sua propriedade.

E qual não foi sua surpresa, dias depois, ao descobrir que tudo havia sido preservado pela proteção natural dos vinhedos.

Programação da viagem para Sonoma e Napa

Em minha primeira viagem aluguei um carro em Los Angeles, guiei até San Francisco e de lá para o Vale de Napa. Nesta segunda viagem, preferi ir até San Francisco, de avião, e alugar um carro no aeroporto.

Saindo direto, de carro, do aeroporto em direção ao Vale de Napa, a Bay Bridge é a mais próxima, para atravessar a Baía de San Francisco.

Eu preferi andar um pouco mais, passar por dentro da cidade e atravessar a majestosa Golden Gate.

Utilizando o GPS é bem fácil, leva mais trinta minutos, mas vale a pena.

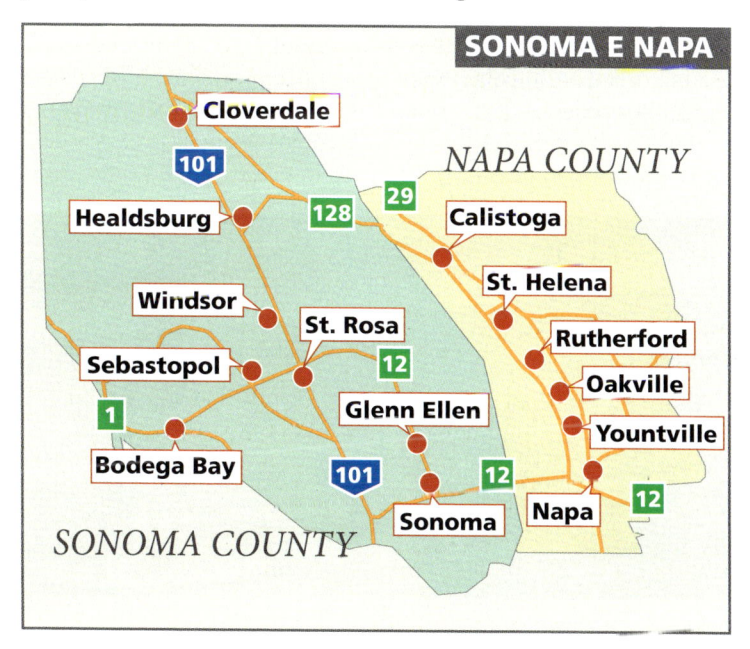

SONOMA E NAPA

Como dica, do outro lado da Golden Gate há uma saída para um mirante simplesmente espetacular. Você pode parar na ida ou na volta.

Depois da Golden Gate, são mais duas horas até Napa ou Sonoma.

Hotéis, pousadas e Airbnb

É uma região muito bem estruturada para o enoturismo, e há muitas opções para estadias.

Muito importante você saber as localizações de Napa, Saint Helena, Yountville e Sonoma em relação às vinícolas, para decidir onde se hospedar.

No Vale de Napa, há duas rodovias que correm paralelas entre as cidades de Napa, Yountville e Saint Helena, a Rodovia 29 e a Silverado Trail.

São cerca de dezoito milhas, e a maioria das vinícolas está em ambos os lados destas duas rodovias.

Assim, você pode se hospedar tanto em Napa como em Yountville ou Saint Helena.

Há várias opções de hotéis dentro e no entorno das cidades.

Desta vez e conhecendo bem a região preferi me hospedar em um hotel às margens da Rodovia 29, mais próximo de Yountville.

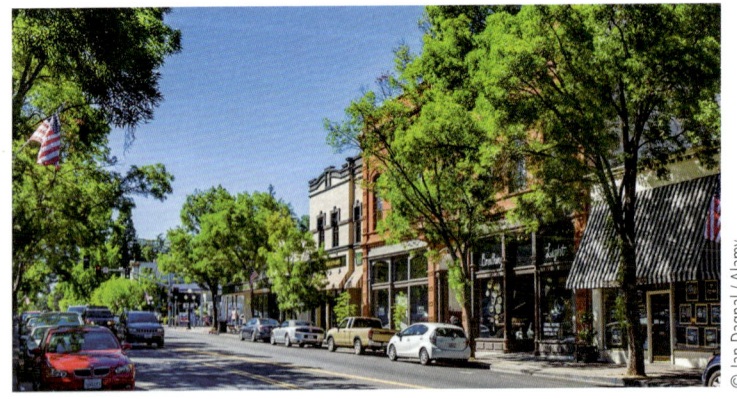

Vinhedos da Gloria Ferrer Wines

Saint Helena, Downtown

Estados Unidos

De lá, de carro, foi muito prático sair para os passeios.

O Hotel Senza é uma construção rústica, com quartos grandes e bem silenciosos. Inclui o café da manhã e no fim da tarde oferece aos hóspedes um *happy hour* com petiscos e degustação de vinhos. Não tem restaurante e atendimento nos quartos.

O preço é acima da média, mas está de acordo com o que oferecem, inclusive pela localização. Recomendo sempre consultar o Trip Advisor e sites para escolher o hotel de acordo com a sua preferência e bolso.

Muito próximo do hotel Senza está o ótimo e muito movimentado Bistrô Don Giovanni, onde a comida italiana e a carta de vinhos são excelentes. Recomendo fazer reserva antecipadamente.

As cidades de Yountville e Saint Helena são pequenas e charmosas. Ambas possuem bons hotéis e restaurantes.

Em Saint Helena eu recomendo jantar no típico Farmastead at Long Meadow Ranch, importante fazer a reserva antecipadamente.

A cidade de Napa, um pouco maior, além do vinho, possui vários produtores de cervejas artesanais.

O dono do bar e cervejaria Downtown Joe's disse-me: "O pessoal vem para cá para beber vinhos. Depois de alguns dias, satisfeitos com os vinhos, a cerveja acaba sendo uma ótima pedida, principalmente no Verão."

Com Rick Williams, Storybook Winery

Visita às vinícolas

Se consultar na Internet verá que há várias opções de tours diários saindo de Napa, Sonoma, Saint Helena e San Francisco.

Como sempre faço, contratei um tour privado para fazer as reservas nas vinícolas e nos levar.

É mais caro, mas ganhei tempo e aprendi muito.

Contratei a agência TERRIFIC TOURS, de Sonoma, especializada em pequenos grupos.

Como o objetivo das visitas é principalmente buscar informações para os textos do blog e do livro, solicitei um guia com conhecimentos em vinhos e história.

Quem me atendeu e conduziu nos passeios foi Dr.Paul Young. Paul é consultor de turismo da Terrific Tours e Professor de Wine Studies at Santa Rosa Junior College, em Sonoma.

Cerveja artezanal na Downtown Joe's, Napa

Programamos um dia para cada região, Napa e Sonoma.

Calistoga, Saint Helena e Yountville fazem parte do Vale de Napa.

www.terrific.comteam@terrific-tours.com

Storybook Mountain Winery em Calistoga

A vinícola foi fundada pelos irmãos alemães Jacob e Adam Grimm, em 1883.

Jacob e Adam eram parentes em segunda geração de Jacob e

Estados Unidos

Napa Valley Painel

Wilhelm Grimm (1785-1863), os famosos Irmãos Grimm das fábulas da Branca de Neve, Chapeuzinho Vermelho, Rapunzel, Pequeno Polegar e muitas outras.

A vinícola produziu vinhos regularmente até o fim do século XIX. Com a Filoxera e a Lei Seca de 1920, foi desativada e praticamente abandonada.

Em 1976, Jerry Seps e sua esposa Sigrid compraram a propriedade e replantaram os vinhedos.

Em homenagem à história dos Irmãos Grimm, deram o nome de Storybook Mountain Winery.

Fica em Calistoga, ao norte do Vale de Napa, em uma região mais alta, próxima das montanhas, onde o clima é mais úmido e frio.

Seus vinhos são produzidos principalmente com as uvas Cabernet Sauvignon, Merlot, Zinfandel, Chardonnay e Viognier.

Seu Zinfandel está classificado entre os seis melhores do mundo.

Segundo o consultor Robert Parker, a Storybook Mountain é uma referência da qualidade dos vinhos do Vale de Napa.

Atualmente é conduzida por Rick Willians e sua esposa Colleen Williams (Seps).

Foi a Storybook Mountain que vivenciou a terrível experiência do incêndio em 2017.
www.storybookwines.com

Com o guia Dr. Paul Young

Vinhedos na Storybook Winery

🛢 Chateau Montelena em Calistoga

Fundada em 1886 por Alfred Tubbs, no auge do boom do Vale do Napa, a vinícola A.L.Tubbs teve também suas atividades prejudicadas pela Filoxera e a Lei Seca.

Em 1933, um dos netos reabriu a vinícola com o nome de Montelena Winery. Após sua morte em 1940, fechou novamente.

Em 1970, já com o vinho em alta na região, Jim e Bo Barrett compraram a propriedade e reabriram a vinícola.

As uvas mais utilizadas são a Cabernet Sauvignon, Zinfandel e Chardonnay.

Por ser uma região mais alta e mais fria, os vinhos produzidos com a uva Zinfandel em Calistoga são excelentes.
www.montelena.com

Chateau Montelena, Calistoga

🛢 Beringer Brothers em Saint Helena

É a vinícola do Vale de Napa que está há mais tempo no controle da mesma família.

Fundada em 1875 pelos irmãos Jacob e Frederick Beringer, superou a Filoxera e a Lei Seca com uma certa segurança.

De 1920 a 1933, quando a regulamentação da Lei Seca

Estados Unidos

maiores produtores de vinhos da Califórnia.

Suas principais uvas são a Cabernet Sauvignon, Merlot, Pinot Noir, Zinfandel, Cabernet Franc e Chardonnay. Suas principais classificações são Reserve e Estate.

Como marketing, a Beringer produz um vinho com o rótulo animado por Realidade Aumentada. Através do aplicativo Living Wine Labels, o rótulo da garrafa ganha movimento e vida.
www.beringer.com

proibia a produção e venda de bebidas alcoólicas, conseguiu autorização para produção do Vinho da Missa. Isto ajudo-os a manter a vinícola funcionando pelos doze anos que vigorou a Lei.

São considerados um dos

Beringer Winery em Saint Helena

Beringer Brothers Winery

Com Isadora, Ruth e Patrick Connelly na Quixote Winery

🍇 Quixote em Stag's Leap

O distrito de Stag's Leap fica na Silverado Trail, ao pé da cadeia de montanhas que circunda o Vale de Napa.

É uma região arenosa, com pedras, sedimentos vulcânicos e um clima seco e frio.

Fundada em 1893, a Stag's Leap Winery, depois de passar por vários donos, foi comprada em 1971 por Carl Doumani, que mudou o nome para Quixote Winery.

Dentro de uma concepção orgânica, replantou vinhedos e iniciou sua produção de vinhos.

Em 1996, Doumani contratou o arquiteto, pintor, ecologista e filósofo austríaco Friedensreich Hundertwesser para construir a nova sede da vinícola.

Influenciado pelos traços do espanhol Gaudí, a construção é única e totalmente diferente de todas as outras da região.

Degustando na Chateau Montelena, Calistoga

As principais uvas são Cabernet Sauvignon, Petit Syrah, Malbec, Petit Verdot, Cabernet Franc e Chardonnay.

Produzem somente 24.000 garrafas por ano e seus vinhos, 100% orgânicos, são encontrados na própria vinícola e em algumas lojas da região. Os preços estão acima da média.

Os rótulos foram todos desenhados pelo arquiteto austríaco.

É uma vinícola muito visitada por esportistas, escritores,

artistas, músicos, arquitetos e outras personalidades.

Fui recepcionado pelo Estate Director Patrick Connelly.

Atendem na loja das 9h às 17h, os sete dias da semana.

Para os tours, exigem reserva antecipada.
www.quixotewinery.com

Buena Vista Winery In the Old Mission of Sonoma

Em 1850, o imigrante húngaro Agoston Haraszthy foi eleito xerife de San Diego. Ficou à frente da delegacia da cidade por dois anos, quando então decidiu ir para a região norte da Califórnia.

A descoberta de ouro na região, fez com que aventureiros fossem para lá tentar a sorte.

Agoston fixou residência na histórica cidade de Sonoma e, depois de ter sucesso no garimpo do ouro, se autodenominou Conde de Buena Vista.

Em 1857, fundou a Buena Vista Winery, a primeira vinícola da Califórnia, sendo aclamado e considerado como o pioneiro na produção de vinhos.

Em 1869, morreu tragicamente na Nicarágua, em um rio infestado de crocodilos.

Buena Vista Winery

Quixote Winery

Degustação na Buena Vista Winery

A Vinícola Buena Vista, após 1863, com problemas financeiros, mudou de dono diversas vezes. Como as outras vinícolas da região, no início do século XX, sofreu com a Filoxera e a Lei Seca. Em 1941, foi adquirida em um leilão por Frank Bartholomew, executivo da UPI-United Press International.

Em 2011, foi finalmente comprada pelo francês Jean Charles Boisset, seu dono atual.

É considerada Monumento Nacional da Califórnia.

Seus vinhedos estão localizados na região nobre de Carneros, considerado um dos melhores terroirs da Califórnia.

As principais castas de seus vinhos são Pinot Noir, Cabernet Sauvignon, Zinfandel, Petit Syrah, Grenache, Chardonnay, Pinot Gris e Alvarinho.

A linha Founder's Collection, com as uvas Pinot Noir, Cabernet Sauvignon e Chardonany, homenageia o fundador Gaston Haraszthy, com os vinhos Sheriff Buena Vista, The Founder e The Aristocrat.

Buena Vista é uma visita que deve fazer parte da sua programação. O tour é feito em grupo, a cada trinta minutos, e é sempre bom reservar com antecedência.

Buena Vista Winery

Estados Unidos

Reserve no mínimo duas horas inteiras para o tour, o museu e a degustação.
www.buenavistawinery.com

Bezinger Winery in Glen Ellen – Sonoma

Em 1973, os irmãos Mike e Bruno Benziger compraram o histórico Ranch Wegener, e iniciaram uma produção de vinhos orgânicos.

Em 1986, receberam da Demeter Association o Certificado de Fazenda Biodinâmica.

Hoje, descendentes da terceira geração já participam da condução dos negócios.

Em 2006, Mike Bezinger e o consultor internacional biodinâmico Alan York foram capa da revista *Wine Spectator*.

Todos seus vinhos são sustentáveis, orgânicos e biodinâmicos.

As principais uvas, Pinot Noir, Cabernet Sauvignon, Merlot, Syrah, Chadornnay e Sauvignon Blanc.

O lugar é muito bonito. O tour com um trenzinho passeia pelos vinhedos e, do alto, há uma vista linda de toda a propriedade.

A degustação dos vinhos orgânicos e biodinâmicos é também muito especial.

Loja da Bezinger Winery, Sonoma

Benziger Winery em Sonoma

Tour de degustação, Bezinger Winery, Sonoma

Recomendo fazer reserva com antecedência. Há dois tours pela manhã e dois à tarde.

Importante, o trenzinho sai no horário marcado.
www.benziger.com

🍇 Gloria Ferrer Sparkling Wines Cellar

Há 600 anos, a Família Ferrer produz vinhos na Espanha.

Em 1930, Pedro Ferrer e sua esposa Dolores Sala, com uma bem-sucedida vinícola na Espanha, decidiram abrir uma vinícola nos EUA.

Durante a Guerra Espanhola (1936-1939) Pedro Ferrer retornou para a Espanha e morreu durante o conflito.

1982, José Ferrer, filho de Pedro Ferrer comprou 250 hectares em Carneros, iniciou uma produção de espumantes, e homenageou a esposa, com o nome da vinícola, Gloria Ferrer Sparkling Wines Cellar.

Ela é considerada a primeira vinícola a produzir espumantes na Califórnia.

As principais uvas são a Pinot Noir e Chardonnay, sendo que nos blends, a Pinot Noir é a uva principal.

Gloria Ferrer Winery

Produzem vários espumantes, a maioria Estate, com uvas dos próprios vinhedos, e uma linha Vintage, com fiéis consumidores.

Apesar de não ser sua especialidade, inclui no catálogo alguns tintos Pinot Noir e Cabernet Sauvignon.

Arquitetura da vinícola é belíssima. O restaurante com uma enorme varanda, que proporciona uma vista incrível para os vinhedos e para todo o vale.

No tour, você passeia pelas dependências, com o copo na mão, degustando os espumantes nos diversos ambientes. Inclui um mirante ao ar livre, com uma vista também linda dos vinhedos.

Gloria Ferrer Wines, Sonoma

Muito requisitada, é necessário fazer reserva antecipada, para o tour e para o restaurante.

Para a loja de vinhos e o bar, não há necessidade de reservas. www.gloriaferrer.com

Jacuzzi Family Winery in Carneros

A saga da família Jacuzzi começa em 1907 quando os irmãos Valeriano e Francesco imigraram para os EUA e foram morar no Estado de Washington.

Após trabalharem em ferrovias, em 1921 iniciaram um negócio de construção de pequenos aviões. Neste período, quatro irmãos que haviam ficado na Itália chegaram para se incorporar à empresa.

Depois de alguns anos, testando e produzindo os aviões, ocorreram alguns acidentes que causaram mortes, incluindo de um dos irmãos. Decidiram então, mudar o ramo de negócio.

Em 1936, Valeriano se separou dos irmãos e fixou residência na região de Sonoma.

Adquiriu 161 hectares e iniciou uma pequena produção de

Jacuzzi Winery e The Olive Press

vinhos para consumo próprio e uma pequena distribuição.

Em 1937, voltou a trabalhar com os irmãos na Jacuzzi Brothers em Berkeley onde haviam iniciado uma bem-sucedida produção de bombas para poços de água, e banheiras de hidromassagem.

Jacuzzi virou sinônimo para banheiras de hidromassagem, em todo o mundo.

Foi o neto de Valeriano, Fred Cline que em 2007 assumiu e expandiu a vinícola, homenageando o avô com o nome de Jacuzzi Family Vineyards.

No projeto, Fred Cline incluiu uma loja para venda dos vinhos, e a The Olive Press, para degustação de azeites, com os mais diversos sabores e temperos.

A Jacuzzi Winery incluiu espaços específicos para eventos, festas e casamentos.

As principais uvas de seus vinhos são Pinot Noir, Cabernet Sauvignon, Nero D'Avola, Sangiovese, Montepulciano, Chardonnay e Prosecco.

A linha Flight Series Wine, com as uvas Pinot Noir e Cabernet Sauvignon, homenageia os familiares envolvidos na construção de aviões no século XIX.

Jacuzzi Winery e The Olive Press

Estados Unidos

Os rótulos dos vinhos são lindos e expressam a cultura da Família Jacuzzi.

Se puder coloque em sua programação uma visita à Jacuzzi Winery. Além do tour, vinhos, The Olive Press, o lugar é muito bonito.
www.jacuzzi.wines.com

Uma lista de vinícolas

Há uma lista de centenas de vinícolas nesta região da Califórnia. Estou indicando algumas que ficam mais próximas de Napa, Saint Helena e Sonoma, e que podem entrar na sua programação de visitas.

Rodovia 29
- Girard Winery
- Plaza Del Dotto Winery
- Napa Celars
- Preju Provence
- Beaulien Vineyards
- Provence Vineyards
- A histórica Roberto Mondavi Winery

Silverado Trail
- Judy Hills
- Luna Vineyards
- Krupp Brothers
- Black Station
- Silverado Winery

Sonoma
- Robledo Family
- Cornerstone Sonoma
- Cline Celars
- Viansa Sonoma
- Larson Family
- Ceja Vineyards Sonoma
- Homewood Winery

Rota 121
(continuação da Rodovia 29, que liga as cidades de Napa e Sonoma)
- Taittinger da Califórnia
- A espetacular Domaine Carneros.

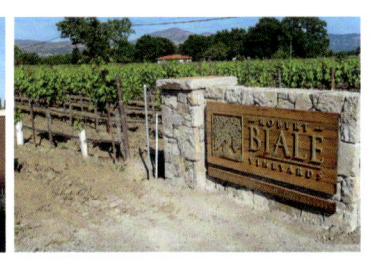

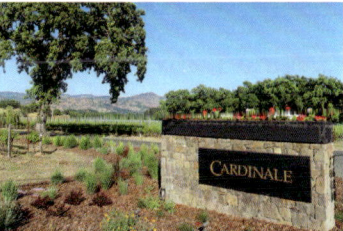

Várias vinícolas na Rodovia 29, Napa City – Saint Helena

Domaine Carneros – Taittinger

Como só é permitido usar a denominação de champagne para os espumantes produzidos na própria região de Champagne na França, para que haja uma identificação utilizam no rótulo a marca DOMAINE CARNEROS – TAITTINGER.

A maioria dos espumantes é produzida com as uvas Pinot Noir e Chardonnay. A Pinot Noir encontrou em Sonoma e Napa um terroir perfeito.

Exigem reserva antecipada para visitação.

⭐ Wine Train

O trem do vinho circula diariamente entre as cidades de Napa e Saint Helena e passa por dezenas de vinícolas.

São dois tours diários de três horas, às 11h30 com almoço e às 18h30 com jantar.

Inclui uma loja com uma grande variedade de vinhos.

Há promoções especiais para grupos e casamentos.

Os trilhos correm paralelos à Rodovia 29. Para mais informações e reservas, visite o site *www.winetrain.com*

Napa Valley e o comprometimento social

Napa Valley Vintners

Em 1944, um grupo de produtores criou a Napa Valley Vintners, uma associação que conta hoje com cerca de 550 membros, com os objetivos de promover, proteger toda a região, manter, preservar a ecologia e o meio ambiente, criar um ambiente sustentável e saudável para as próximas gerações.

Napa Valley Vintners colabora com diversas instituições, efetuando contribuições financeiras para atender aos objetivos a que se propõem.

Napa Valley Wine Auction – Leilão

É considerado um dos mais importantes eventos de caridade de todo o mundo.

Uma vez por ano, normalmente no fim do mês de Maio, durante seis dias são leiloados vinhos, passagens aéreas, estadias em hotéis, jantares em restaurantes, em várias partes do mundo, recebidos de patrocinadores, empresas e doadores em geral.

O evento é todo conduzido por voluntários da comunidade.

Toda a renda é destinada a ações sociais e de proteção ao meio ambiente.

Entre as ações sociais, incluem:

- Seguro e atendimento médico para a comunidade, principalmente dos menos assistidos.
- Jardim da Infância e Pré-Escola para as crianças da comunidade.
- Clube dos Jovens para integração social.
- Implementação de tecnologia de ponta nas Escolas.
- Estímulo à saúde física e mental da comunidade.
- Criação de um Fundo de Reserva para desastres ambientais e da natureza.

Neste ano, a associação Napa Valley Vintners doou US$ 185 milhões.

⭐ Bodega Bay

Depois de três dias inteiros em Sonoma e Napa, resolvi conhecer Bodega Bay, na beira do Oceano Pacífico.

Foi locação de **Os Pássaros**, filme de Alfred Hitchcock.

Várias cenas do filme foram gravadas no The Tides Warf, hoje um pequeno centro comercial com lojas e um ótimo restaurante de frutos do mar.

As cenas de rua, na escola e na igreja foram gravadas na

The Tides Warf

Bodega Bay

vila de Bodega, cerca de cinco milhas de Bodega Bay.

Fica relativamente próximo de Sonoma e é um passeio para quem curte o cinema.

Roteiros turísticos

Nesta viagem, fiquei três dias inteiros em Sonoma e Napa, dei uma esticada até Bodega Bay e segui para San Francisco, onde fiquei dois dias inteiros.

Em **San Francisco**, as atrações principais são Pier 39, com as lojas no seu entorno e a prisão na ilha de Alcatraz.

Um lugar que eu curto muito é a região histórica das ruas Haight e Ashbury, com lojas e butiques vintages super transadas.

Foi lá que na década de 1960 aconteceu todo o movimento hippie e das liberdades individuais.

Ali reinaram Janis Joplin, Jimmy Hendricks, Mama and the Pappas, Scott Mackenzie e outros. Ainda estão por lá alguns hippies nas calçadas, cantando, em um clima bem descontraído.

De San Francisco, voei para **Phoenix**, no Arizona, aluguei um carro e fui para o **Grand Canyon**, **Antelope Canyon** e o **Monument Valley**, que há muito queria conhecer.

Se quiser dicas de como ir para estes lugares, contate-me.

Você também pode combinar sua viagem para Sonoma e Napa com outros lugares, como San Francisco, Carmel, Los Angeles, San Diego, Las Vegas, Yosemite Park, Sequoia National Park, e Lake Tahoe.

Grand Canyon e ao lado Monument Valley

Grand Canyon

Estados Unidos

Antelope Canyon

De carro e com um certo tempo, dá para curtir bastante toda esta região.

Sonhando um pouco mais alto, de avião, também para o Havaí.

Considerações Finais

Esta região é muito bonita. As pequenas cidades, os vinhedos, as montanhas, o visual todo é muito lindo. De carro, é muito fácil se locomover por todos os lugares.

Sonoma e Napa têm características diferentes de todas as regiões vinícolas que visitei.

E muito dessas características está na própria cultura americana de fazer entretenimentos e negócios.

As arquiteturas dos edifícios, algumas realmente suntuosas, refletem bem este lado de grandiosidades dos americanos.

A organização e o profissionalismo estão em toda parte.

Os vinhos, pelas características próprias dos terroirs, solos com resíduos marinhos e sendimentos vulcânicos trazem aromas e sabores especiais.

As uvas francesas Cabernet Suvignon, Merlot e Cabernec Franc produzem vinhos excepcionais. Pinot Noir e Zinfandel atingem todas as suas exuberâncias. Se puder, vale muito a pena visitar.

Se desejar alguma dica ou recomendação de viagem, contate-me diretamente.

Oger, Champagne

França

Champagne, Troyes, Tain'Hermitage e Tournon

N2
N31
A34
REIMS
D944
Parc Naturel Régional de
la Montagne de Reims
D1
A4
HAUTVILLERS
ROMERY
A4
FLEURY LA RIVIÈRE
DIZY
D1003
DAMERY
AY
A4
ÉPERNAY
D1
OGER
D951
D407
VERTUS
D933
CHALÔNS-EN-CHAMPAGNE
D373
D951
D934
N4
N4
SEZZÁNE
A2
D403
D373
D951
D619
D677
D619
D619
TROYES
MONTGUEUX
A5
A5
A5
D660
D660
A19
D606
D905
N77
N77
D444

CHAMPAGNE

ÁREA AMPLIADA

BAR-SUR-SEINE
LES LICEYS
ESSOYES

Fleury-la-
-Rivière

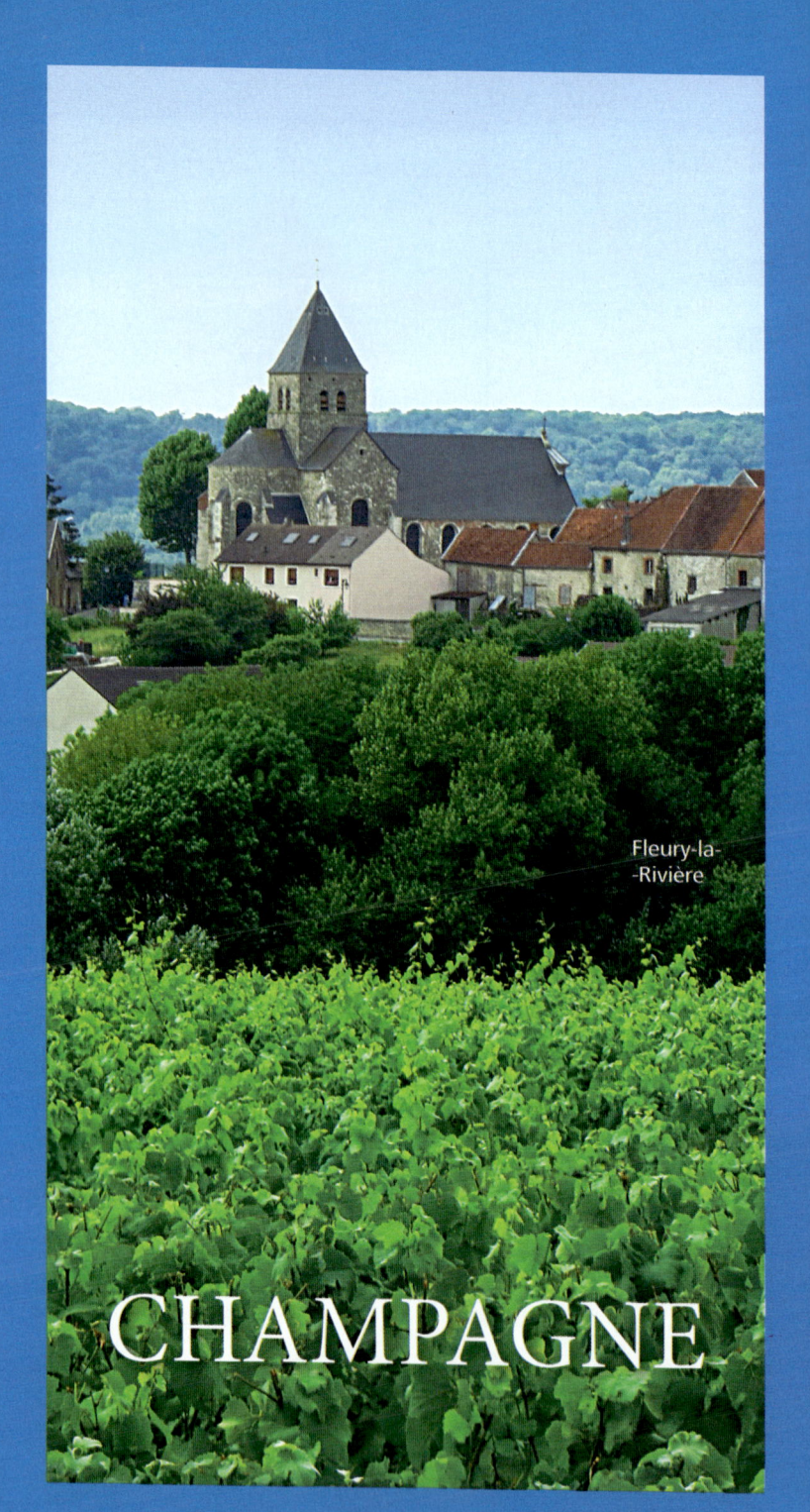

CHAMPAGNE

França

Nesta nova viagem, fiz o trajeto de avião, São Paulo – Paris. Aluguei um carro no Aeroporto Charles de Gaulle e fui direto para a região de **Champagne**.

Minha programação era ir a **Épernay**, onde estão os grandes produtores, entre eles a Moët et Chandon, Mercier, Boizel, Demoiselle, e seguir depois para **Troyes**.

Em toda a região de **Champagne**, há cerca de 2.000 produtores, e a grande maioria na região de **Troyes**. Troyes é a capital oficial. Até o século XIX, era onde se concentrava a maior produção, com milhares de pequenos produtores, com famílias em várias gerações.

No fim do século XVIII e início do século XIX, as grandes corporações, com dificuldades de adquirir grandes áreas em **Troyes**, decidiram investir em **Épernay**, onde havia ainda disponibilidade, e o preço por hectare era bastante conveniente.

Foi neste período que a Moët et Chandon adquiriu em Hautvillers, todos os vinhedos que pertenciam à Ordem dos Beneditinos, da qual Don Perignon pertencera.

Programação em Épernay

La Cave aux Coquillages

O objetivo era voltar a visitar a La Cave aux Coquillages, na pequena vila de Fleury-la-Rivière.

No meu primeiro livro VIAGENS, VINHOS, HISTÓRIA, faço uma interessante descrição desta vinícola que combina arqueologia com a produção de champagne.

Assim que publiquei o livro em Outubro de 2017, enviei-lhes um exemplar, e mantivemos contatos.

Para esta viagem, marquei a visita com antecedência, também com a finalidade de fotos e vídeos para meu canal no YouTube.

Desta vez, o tour foi conduzido pela guia Frédérique Houchard.

Como o trabalho de pesquisas arqueológicas continua, desta vez passamos por um túnel novo, recém-aberto, com enormes caramujos e conchas marinhas nas paredes.

No laboratório, além das explicações sobre os diversos fósseis encontrados, pude experimentar e limpar um deles.

Museu subterrâneo, La Cave aux Coquillages

Visita à La Cave aux Coquillages com o arqueólogo e viticultor Patrice Legrand

A degustação foi feita pelo proprietário, arqueólogo/viticultor, Patrice Legrand, que explicou como as raízes de seus vinhedos descem de seis a doze metros de profundidade para buscar estes nutrientes especiais e minerais.

O champagne produzido é de uma qualidade excepcional. Na degustação, percebe-se claramente um toque diferenciado de sabor. A marca comercial do champagne é Legrand-Latour.

A marcação das visitas é feita com reservas antecipadas. São três tours por dia, pela manhã às 10h, e à tarde às 14h e 16h. São sempre pequenos grupos, no máximo sete a dez pessoas.

Importante reservar com bastante antecedência.

O contato pode ser feito pelo email: p.legrandlatour@wanadoo.fr

Fique à vontade para citar meu nome e meu livro quando fizer o contato.

Moët et Chandon

É também uma visita obrigatória em Épernay, pela impor-

França

tância que representam no mercado mundial.

No livro anterior, há uma narrativa detalhada da história desta vinícola do século XVIII.

Decidi visitar novamente por duas razões. Haviam feito recentemente uma grande reforma nas instalações ligadas ao enoturismo, e eu quis conferir.

Também porque queria participar de um tour especial, geralmente o último do dia, em que a degustação é com champagnes especiais e nos jardins da mansão.

O tour é o clássico, com a guia contando a história da vinícola, o passeio pelos corredores subterrâneos, onde estão armazenadas milhares de garrafas em evolução, e a degustação.

O jardim é arborizado e com muitas flores.

Há tours regulares, praticamente o dia inteiro, em francês e inglês. Não há necessidade de fazer reserva antecipada. Para este tour especial no fim do dia, recomendo fazer reserva.

Em Épernay há vários produtores que atendem o enoturismo, entre eles a Mercier, Boizel, Demoiselle, Perrier & Jouët, e Pol Roger.

Cidades e vilas na região

Ao redor da cidade de Épernay há várias vilas com pequenos e médios produtores.

São todas muito próximas e é muito agradável passear de carro pelas pequenas estradas, no meio dos vinhedos e em cada uma delas parar para degustar ótimos champagnes.

Com a guia Marina Thouvenin e o sommelier Lilian Pousin, Moët et Chandon

Cave subterrânea, Moët et Chandon, Épernay

Ao norte de Épernay, nas margens do rio Marne está a linda vila de Damery. Em seguida vem Fleury-La--Riviére, onde fica a La Cave aux Coquillages, que descrevi anteriormente. Na mesma estrada, estão Pomery e Hautvillers.

Dos dois lados da pequena estrada, estão os vinhedos dos Beneditinos comprados pela Moët et Chandon e os da Champagne Taittinger, cuja sede fica em Reims.

Na vila de Hautvillers, na Igreja da Abadia Saint-Pierre está o túmulo de Don Perignon.

Seguindo, chega-se em Aizy e Ay-Champagne. Em ambas, há opções de degustações.

Ay é uma cidade um pouco maior, com um interessante Museu do Champagne.

Todas essas vilas e cidades estão a trinta minutos do centro de Épernay.

Indo para o sul, a paisagem é

Damery, Champagne

França

um bom hotel, restaurantes e diversas vinícolas para degustação, entre elas o L'Atelier de Degustation.

Uma das atrações é a famosa vinícola Duval-Leroy, fundada em 1859.

Vertus é reconhecida e classificada como uma vila que produz champagne Grand Cru da mais alta qualidade.

Vinhedos da região de Oger e Vertus

a mesma, vilas e cidades rodeadas de vinhedos.

Eu recomendo ir à vila de Oger degustar o premiado Champagne Milan.

Um pouco mais ao sul, fica uma das mais importantes vilas, Vertus.

É a maior da região, com

Vinhedos da região de Oger e Vertus

Todas as vezes que vou para essa região, eu dedico um dia inteiro para passear de carro por essas pequenas vilas. É muito prazeroso guiar pelas pequenas estradas, passando pelo meio dos vinhedos e descobrir lugares especiais.

As castas que predominam

são Chardonay, Pinot Blanc e Meunier. Há alguns anos em uma análise genética, descobriram que a Meunier não era Pinot, e passaram a se referir a ela como, simplesmente, Meunier.

Eu recomendo dedicar dois dias inteiros para a região de Épernay. Se incluir Reims, a principal cidade de Champagne, onde estão a Taittinger e Veuve Clicquot, acrescente um dia a mais.

Hospedagem em Épernay e região

Não há muitas ofertas de bons hotéis. Há alguns de cadeias internacionais, como Best Western e IBIS, e alguns independentes.

Já me hospedei nos dois, e voltei desta vez ao IBIS. Fica no centro de Épernay. Apesar de o padrão ser de quartos pequenos, acaba sendo conveniente pela localização e tranquilidade. O café da manhã surpreende.

Nas pequenas cidades há hotéis em Ay-Champagne e Vertus.

Programação na região de Troyes

Troyes fica a cerca de cem quilômetros ao sul de Épernay No primeiro livro *VIAGENS, VINHOS, HISTÓRIA* há uma descrição histórica da cidade.

Foi até o século XIX a grande produtora de champagne da França.

Continua uma cidade linda, charmosa, movimentada, com um centro comercial cheio de

Cidade medieval de Troyes

Troyes

Às margens do rio Sena, é uma cidade grande para a região.

O centro antigo e histórico mantém edifícios dos séculos XV e XVI bem preservados.

A Catedral de São Pedro e São Paulo, do século X, uma das principais atrações da cidade, passou por incêndios e destruições. A última reconstrução, e que se mantém até hoje, é do século XVII.

Reúne antiguidade e modernismo. Os vitrais são lindos.

Relíquias da Virgem Maria, São Pedro, Maria Magdalena, São Bernardo e da Cruz de Cristo, são atrações especiais.

Troyes é reconhecida pelos Outlets, centros de compras com produtos de marcas e preços super atraentes. O mais conhecido é o McArthur Glen, fica nos arredores da cidade.

É uma cidade prazerosa para passear durante o dia e com ótimas opções de bares e restaurantes à noite.

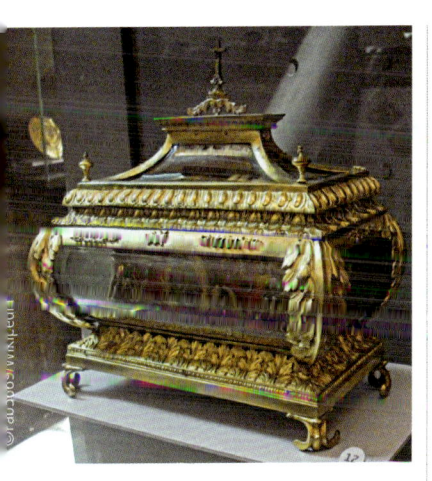

Relicário sagrado, Catedral de Troyes

vida, restaurantes, lojas e muitos turistas.

Resolvi dedicar três dias inteiros para Troyes e região.

Ao sul de Troyes, está a maior concentração de pequenos produtores, com famílias produzindo champagne há várias gerações. São dezenas de pequenas cidades muito próximas

Há vilas com cerca de trezentos habitantes e trinta produtores.

Produzem um número relativamente pequeno de garrafas por ano, e vendem principalmente para o mercado regional, França, Alemanha, Inglaterra e EUA.

A grande maioria desses champagnes não chega no Brasil.

Programei visitar as cidades de Troyes, Montgueux, Bar-sur-Seine, Essoyes e Les Liceys.

Placa em homenagem a Joana D'arc

Vinhedos da região de Troyes

Hospedagem em Troyes e região

Todas as vezes que fui a Troyes, me hospedei no Best Western, da Rua Emile Zola, no centro da cidade. A localização é perfeita e é muito tranquilo.

Há opções de hotéis, de vários níveis e bolsos, inclusive de cadeias internacionais muito bem localizados também. Recomendo sempre consultar o Trip Advisor.

Montgueux

É considerada a "região de champagne" de Troyes.

Quem vai a Troyes e quer fazer enoturismo, a indicação é Montgueux.

É uma vila que fica em uma pequena colina a quinze minutos do centro, onde há uma concentração de pequenos produtores e revendedores. Os mais conhecidos são Champagne Jean Velut, Didier Doué, Etienne Doué, Jacques Lassaigne, Romain Rivière, e Urbain Père et Fils.

Recomendo marcar com antecedência as visitas para degustação, que pode ser feita pelo pessoal do hotel. Mas você pode também ir lá por conta própria. Há vários locais para degustação e vendas, abertos o dia inteiro. Além dos locais de degustações e compras de champagne, Montgueux não tem outras atrações, por isso recomendo programar e dedicar apenas algumas horas.

No entorno de Montgueux, há quinze pequenas vilas com pequenos produtores de champagne, mas que não têm um enoturismo. Algumas delas,

Torvillers, Macey, Saint-Germain, Messon, Prugny e Saint-Lye, ficam a poucos quilômetros de Montgueux.

Se tiver tempo, visite algumas delas. São muito próximas uma das outras. A região é muito bonita.

Vinhedos da região de Troyes

Bar-sur-Seine

Fica a cerca de sessenta minutos ao sul pela Rodovia D671, que vai para Dijon.

A região é denominada Champagne-Ardene, e está bem próxima da Borgonha.

É uma pequena cidade, com uma boa infraestrutura, com hotéis, restaurantes e uma rua de comércio bem atraente. Nessa região, há uma grande concentração de produtores.

Vale a pena dedicar um dia inteiro para visitar as vinícolas.

Hospedando-se em Troyes, vai levar sessenta minutos para ir e outro tanto para voltar.

A vantagem é que Troyes é uma cidade grande com muitas outras atrações.

Mas você pode também se hospedar em Bar-sur-Seine e evitar o ir e vir a Troyes.

A maioria das vinícolas e dos vinhedos está no vale formado pelo rio Sena e seus pequenos afluentes.

Há também vinhedos em algumas pequenas colinas, com um visual muito bonito.

A região toda é muito arborizada. A amplitude térmica é propícia ao plantio de vinhedos, com dias quentes e noites frias. O solo é de argila com pedras.

As castas mais utilizadas são a Pinot Noir e Chardonay.

Rio Sena, em Bar-sur-Seine

Chateau Devaux em Bar-sur-Seine

Há monocastas e blends de ambas as castas. Nos blends, a porcentagem maior é sempre da Pinot Noir. Por exigência das normas DOC, o método obrigatório é o Champenoise.

🛢 Chateau Devaux

A sede principal da vinícola fica na beira da Rodovia D671, e muito próxima de Bar-sur-Seine.

Os vinhedos estão espalhados por toda a região.

A visita é feita na sede principal, onde há um pequeno museu e o atendimento de enoturismo.

É um pequeno palacete, no meio de um jardim muito arborizado, com o rio Sena correndo ao fundo.

Fundada em 1846 pelos irmãos Jules e Auguste Devaux,

Com Pierre Lejus na Chateau Devaux

ficou instalada por muitos anos na Avenue de Champagne em Épernay.

Em épocas diferentes, três mulheres da família Devaux, viúvas, comandaram os destinos da vinícola com muito sucesso. A Devaux ficou então conhecida como o "Chateau das Três Viúvas".

Durante o século XX, mudou sua sede para Bar-sur-Seine, onde está hoje.

Em minha visita, fui muito bem atendido pelo somellier Pierre Lejus, um ótimo papo.

Degustei vários champagnes monocastas e blends Pinot Noir e Chardonay, todos excelentes.

Chateau Devaux é considerada uma vinícola grande para a região.

Solicitei então que me recomendasse uma pequena e familiar para visitar em seguida. Na mesma hora, contatou a vinícola Louise Brison, em Essoyes.

Recomendo visitar a Chateau Devaux. Além de muito bonita, o atendimento é ótimo, fica próximo de Bar-sur-Seine e o champanhe é excelente.

Essoyes

É uma cidadezinha muito charmosa, às margens do rio L'Ource, afluente do Sena.

Além das vinícolas, a atração maior é o pintor impressionista francês Auguste RENOIR.

Em Essoyes, ele viveu uma grande parte da sua vida e criou seus filhos. Vamos falar de Renoir logo a seguir.

Prensa antiga,
Chateau Louise Brison

Rio L'Ource, afluente do Sena, em Essoyes

Com a engenheira-enóloga Delphine Brulez

É também uma cidade de pequenos viticultores, vinícolas familiares, que produzem pequenas quantidades. Seus champagnes são absorvidos na própria região, na França, em países da Europa e nos EUA.

O terroir e as castas utilizadas são as mesmas citadas em Bar-sur-Seine. Solo de argila e pedras, amplitude térmica ideal, noites frias e dias mais quentes. As castas são Pinot Noir e Chardonay.

🍇 Chateau Louise Brison

Fica em Noé-Les-Mallets, muito próximo da vila de Essoyes.

É uma vinícola familiar de várias gerações, e Louise Brison foi bisavó da geração atual.

Está toda rodeada de vinhedos, inclusive nos morros à

Pedras com pequenas conchas do mar

sua volta. É considerada uma vinícola Vintage.

Só produzem champagne quando as uvas colhidas estão dentro do controle mínimo exigido de qualidade. Utilizam somente uvas de seus próprios vinhedos.

Dependendo do clima, da chuva, sol, da amplitude térmica, as uvas colhidas, a cada ano possuem características próprias.

Assim, o champagne produzido a cada ano tem seu próprio sabor, e é diferente do ano anterior. Por isso é chamado de Vintage.

Seus fiéis clientes acompanham a produção e esperam sempre com grande expectativa como vai ser o sabor de cada ano. Louise Brison está sempre focada em surpreendê-los com sabores extraordinários.

A maioria dos produtores, principalmente os grandes, produz champagnes dentro de um padrão de sabor que os identifica. Diferente dos Vintages, cujos champagnes reproduzem o impacto do clima em seus terroirs e nas características das uvas, a cada ano.

Fui recepcionado por Delphine Brulez, engenheira-enóloga. Ela é responsável pela agronomia e enologia, cuida dos vinhedos, das uvas, das colheitas e da produção. Em minha visita, fiz um tour pelas instalações, as barricas de carvalho e as garrafas em evolução. Depois levou-me em um passeio pelos vinhedos.

Subimos até o alto do morro, de onde se tem uma vista privilegiada de toda a região. São vinhedos a perder de vista.

O solo é de argila com pedras. Foi surpreendente descobrir no alto do morro pedras com pequenas conchas do mar.

Ali, há milhões de anos, era mar. Com a movimentação das placas tectônicas, estes morros emergiram do fundo do mar e deixaram essas pedras.

Vinhedos, Essoyes

Isadora e Natalia, e o quadro *Meninas no Prado*, de Renoir, no MAM de New York

    Toda a região de Champagne e uma pequena cidade da Borgonha, Chablis, possuem sítios arqueológicos com fósseis marinhos, nutrientes e minerais.

    No meio dos vinhedos, os proprietários da Louise Brison, preservam uma pequena reserva florestal para o cultivo de cogumelos e trufas.

    Na degustação, percebe-se claramente a diferença de sabores e características de cada ano, do champagne Vintage.

    As principais castas utilizadas na produção são Pinot Noir e Chardonay, com predominância nos blends para a Pinot Noir.

    Como outros produtores desta região próxima de Troyes, estes champagnes dificilmente chegam no Brasil. E se chegarem são a preços excepcionais.

    Aproveitei a viagem e trouxe garrafas de todos os produtores que visitei.

    Outras importantes vinícolas em Essoyes são a Champagne Banfontarc e Philippe Fourrier.

Museu Renoir, Essoyes

França

⭐ Auguste Renoir

Depois de viver e se tornar um pintor impressionista consagrado em Paris, RENOIR escolheu a pequena cidade de Essoyes para morar e criar seus três filhos.

Pierre Renoir, o primogênito tornou-se um ator de palco e cinema.

Jean Renoir, que herdou do Pai o lado artístico e criativo, é considerado um dos mais importantes diretores de cinema da França. Viveu e dirigiu filmes até 1979.

O caçula Claude, dirigiu sua arte para a cerâmica.

Estão todos enterrados juntos, com suas esposas no pequeno cemitério da cidade.

O museu Renoir está no centro de Essoyes, às margens do rio L'Ource.

A visita e o tour iniciam dentro do museu.

Lápide de Renoir e familiares

Primeiro, um filme narrando a história do pintor. A partir daí, o visitante sai do museu e segue caminhando pelas ruas da cidadezinha seguindo marcas e indicações de um roteiro que o leva, ao alto da cidade, até a casa e o atelier.

A primeira visita dentro da propriedade é no atelier externo. Ali estão algumas reproduções e um grande divã, onde ficavam os modelos.

Em seguida, um tour pela casa e o atelier interno, na sala principal.

A visita é feita em todas as dependências, sala de estar, cozinha e os quartos, conservados com os móveis e objetos utilizados na época.

A última visita e opcional é no pequeno cemitério, onde

VIAGENS, VINHOS, HISTÓRIA — VOL. II

Renoir, casa e atelier, Essoyes

Renoir, atelier externo

estão enterrados o pintor, a esposa e os três filhos.

Com calma, dá para fazer toda a visita em duas horas. É tudo muito perto.

De carro, de Essoyes a Bar-sur-Seine leva no máximo quinze minutos, e até Troyes sessenta minutos.

Les Liceys

Ao sul de Bar-sur-Seine está a cidade de Liceys, a maior e mais importante da região de Champagne-Ardene.

Se Épernay é reconhecida pelos importantes produtores, como Moët et Chandon e Mercier, Liceys tem seu reconhecimento pela excepcional qualidade de seu champagne e principalmente pelo *Rosé de Liceys*, preferido do Rei Luís XIV.

A casta predominante é a Pinot Noir. Alguns produtores fazem blend com a Chardonay.

Les Liceys fica muito próxima da Borgonha, que produz vinhos tintos com a Pinot Noir.

Conforme me explicou Morize Guy, proprietário da Morize Père & Fils, a uva Pinot Noir de Liceys é um clone da Pinot Noir da Borgonha.

Há uma disputa sobre qual Pinot Noir é a original.

Liceys diz que é a deles, em Borgonha dizem o contrário.

A verdade é que ambas as Pi-

França

not Noir produzem champagne e vinhos tintos excepcionais.

É a minha uva preferida para vinhos tintos e agora para o champagne.

🛢 Morize Père & Fils

É uma vinícola familiar do século XII, e vem passando por gerações desde então.

A vinícola conserva ainda a tradição dos antepassados e é muito visitada e apreciada pelos franceses e turistas em geral.

Em minha visita, fui recepcionado pelo proprietário Morize Guy.

Visitei a cave subterrânea, onde estão os barris de carvalho e as garrafas em evolução.

A sala de degustação é ampla e muito bonita. Degustei vários champagnes e, em especial, o seu Rose de Les Liceys. É realmente especial, excepcional.

A maioria de seu champagne é produzido com a uva Pinot Noir, segundo ele, a que mais aprecia e melhor se adaptou ao terroir da região.

Aliás, esse é um diferencial importante nos champagnes dessa região.

A predominância da casta Pinot Noir, como monocasta ou blend.

Com o proprietário Morize Guy

Hotel e restaurante La Magny em Les Liceys

Girassóis, Cote D'Or

Uma das razões é que a região da Champagne-Ardene é bem próxima da Borgonha, e seus terroirs são muito parecidos.

Na Borgonha, o reino é da uva Pinot Noir.

Outras importantes vinícolas em Les Liceys são a Vincent Lamoureux, Arnaud Tabourin, Alexandre Bonnet, Michel Chevrolat e Guy Lamoureux.

Hotel e restaurante

Em Les Liceys, há um hotel e restaurante de muito bom nível, Le Magny, 15 rue de la Voie Pouche, Les Liceys.

O hotel e a cidade são muito tranquilos, e o restaurante é de um nível especial em todos os sentidos, cardápio variado, lista de vinhos e o atendimento muito profissional.

Confiram no site *www.hotel-lcmagny.com*

Tour de Paris de 2 dias

Há um tour de dois dias, que sai de Paris para essa região. São duas horas de Paris-
-Troyes em TGV.

O primeiro dia é todo em

França

Troyes. O segundo dia é todo em Les Liceys e região.

Retorna a Paris no início da noite, também de TGV.

Você encontra a indicação deste tour no site www.closdriver.com

Roteiros de carro

Épernay, Troyes e toda essa região ao sul de Champagne estão muito próximas de Chablis e, principalmente, de Beaune e Dijon na Borgonha.

Você pode fazer um roteiro Paris – Épernay – Troyes e região – Chablis – Paris.

Eu recomendaria no mínimo seis dias.

Ou então, Paris – Épernay – Troyes e região – Beaune e região – e daí voltar a Paris ou seguir em direção sul para Lyon.

De Lyon a leste, seguir para Genebra, na Suíça, vale a pena passar um dia inteiro em Anecy.

Ou de Lyon para o sul, para Provence, Avignon, Saint--Rémy, Nimes, Carcassone, Marselha, Côte D'Azur.

Vai depender do tempo que programar para sua viagem.

CROZES-HERMITAGE
D163
D86
D532
N7
TAIN-L'HERMITAGE
M.CHAPOUTIER
VINEUM PAUL JABOULET AÎNÉ
CITE D
D532
TOURNON-SUR-RHÔNE
D534
Rio Doux
N7
D86
D238
D532
D758
D219
D220
D86
La Roche de Glun
D219
Río Ródano
D287
D287
D86
D219
D287
CORNAS
D86
D269
SAINT-PÉRAY
D53
D533

TAIN L'HERMITAGE E TOURNON

ÁREA AMPLIADA

Tain L'Hermitage
e Tournon

TAIN
L'HERMITAGE
E TOURNON

França

*Separadas pelo **Rio Rhone**, estas duas cidades agregam ao redor de si uma produção de vinhos da mais alta qualidade, classificada pelos especialistas entre os três melhores tintos de toda a França.*

Aqui o reino é da casta Syrah. A uva Grenache entra na composição dos vinhos como blend.

Ficam a cerca de 90 quilômetros ao sul de Lyon, pela rodovia A7, que liga Lyon-Marselha.

*Seguindo o curso do Rio Rhone, **Tain l'Hermitage** fica na margem esquerda do rio, o que seria ao norte. **Tournon** fica na margem direita, o que seria o sul. Duas pontes ligam as duas cidades, uma de trânsito de veículos e a outra de pedestres.*

Seguindo pela rodovia A7 em direção ao sul, a 144 quilômetros você chega a Avignon, muito próximo de Chateauneuf-du-Pape.

Como roteiro, você pode ir de Lyon para Tain e Tournon e depois seguir para Avignon e Chateauneuf-du-Pape, ou vice-versa, sair de Marselha, e subir para o norte.

Tain l'Hermitage

Como em várias regiões da Europa, a presença dos Romanos foi comprovada por vasos, cerâmicas, medalhas, moedas cunhadas com a esfinge de Cesar e pequenas ruínas de edifícios encontrados em pesquisas arqueológicas.

Não foi uma cidade importante na época dos Romanos.

Os primeiros registros são do século X, quando era conhecida pelo nome de Tegna. Nos séculos seguintes, mudou de nome por cerca de vinte vezes, e somente em 1920 recebeu o nome definitivo de Tain l'Hermitage.

É uma cidade pequena, espremida entre os morros cobertos de vinhedos e o Rio Rhone. A rua principal e de comércio é parte da Rodovia N7, que corta a cidade de leste a oeste.

A sua volta estão algumas poucas lojas, bancos, restaurantes e hotéis.

As mais importantes atrações da cidade são as lojas de degustações de vinhos das vinícolas M. Chapoutier e P. Jaboulet, a La Cité du Chocolat, loja e fábrica do chocolate Valrhona, e o Escritório de Turismo.

Há também um passeio de

Loja de vinhos da Paul Jaboulet Ainé

Loja de vinhos da
Paul Jaboulet Ainé

trenzinho que visita os vinhedos ao redor da cidade, e é preciso confirmar no Escritório de Turismo os dias e horários.

Visitas a lojas de degustações

P. Jaboulet e M. Chapoutier são as duas vinícolas mais importantes de Tain l'Hermitage.

Suas lojas de atendimento ao público estão no centro.

Abrem normalmente às 10h da manhã atendendo vendas, degustação e o enoturismo.

🍷 Paul Jaboulet Ainé

Ou simplesmente P. Jaboulet como é conhecida, foi fundada em 1834 por Antoine Jaboulet.

Passou por três gerações e em 2005 foi comprada por dois investidores franco-suíços, Caroline Frey e Denis Dudorbien.

Seu vinho Hermitage La Chapelle 1961, de vinhedos de Crozes-Ermitage, foi considerado pela *Wine Spectator*, um dos 12 melhores vinhos tintos do Século XX.

Além dos vinhedos na região de Tain l'Hermitage, possuem também vinhas em

França

Chateauneuf-du-Pape.

São cerca de 125 hectares de vinhedos, com cepas de 45 anos de idade média. As principais uvas são Syrah e Grenache.

Produzem em média 3 milhões de garrafas por ano. Caroline Frey é a enóloga oficial da P. Jaboulet.

O site da Maison P. Jaboulet é www.jaboulet.com

Michel Chapoutier

Ou simplesmente M. Chapoutier como é reconhecida.

Fundada em 1879 por Polydor Chapoutier, passou por três gerações até que em 1990, Michel Chapoutier, neto do fundador, assumiu a vinícola, colocou o seu nome e passou a comandá-la.

Autodidata e apaixonado pelo vinho, passou a pregar e valorizar os terroirs.

Implantou uma cultura de respeito ao solo, ao clima e a valorização do ser humano.

"Dê a palavra ao solo, ao terroir, e ele vai se expressar através de uvas de qualidades excepcionais."

M.Chapoutier possui propriedades no total de 760 hectares em várias regiões da França, Austrália e Portugal (Douro), 240 hectares dos vinhedos estão em Hermitage.

Com Marie Roche, Sommelier Responsável da M.Chapoutier

Loja de vinhos Michel Chapoutier

Castelo de Tournon

É o maior produtor de vinhos local. Produzem cerca de 8 milhões de garrafas por ano, em 240 rótulos. O site da Maison M. Chapoutier é *www.chapoutier.com*

Tournon
Está do lado direito do Rio Rhone e se desenvolveu simultaneamente a sua co-irmã Tain l'Hermitage.

Há registro de que o Imperador Carlos Magno visitou a cidade na sua época.

É uma cidade também pequena, com alguns morros cobertos de vinhedos, e é mais charmosa e atraente que Tain.

Umas das suas atrações é o Castelo de Saint Just do século X que, apesar de não ter uma história tão significativa, é umas das visitas obrigatórias.

Do terraço, no alto do castelo, a visão da cidade e do Rhône é muito bonita. Muito perto do castelo, há uma outra atração, o Jardim do Éden. É uma combinação de paisagismo natural com plantas, fontes e flores.

Outras atrações de Tournon são: o Cais Fluvial, de onde saem os barcos para os passeios pelo rio, o trenzinho pelos vinhedos, e a Fromagerie Lambert, com uma variedade de queijos excepcionais.

Tournon possui também um calçadão central de comércio com uma boa variedade lojas.

A Escola de 2º Grau Gabriel

França

Faure é a mais antiga da França.

As opções de hotéis são melhores que Tain, incluindo o Hotel de La Citté.

Hotéis

Eu sempre recomendo consultar o Trip Advisor para escolher o hotel de acordo com seu gosto e principalmente bolso. Fiquei hospedado no Hotel Pavillon de l'Hermitage. É bem antigo, na rua principal, com acomodações e café da manhã bem simples.

A vantagem é estar a poucos passos das principais atrações, as lojas das vinícolas, o Museu de Chocolate, a estação do trem e os vinhedos.

Na beira do rio, junto à passarela, fica o pequeno Hotel Les 2 Coteaux. Muito bem localizado, e que requer reservas com muita antecedência.

Uma outra opção é o Hotel Le Castel.

Do outro lado do Rhône,

Vinhedos, Crozes Hermitage

em Tournon há mais opções de hotéis, Hotel de La Citté, Hotel de la Vileon, Inter Hotel de les Anadies, Le Château e o charmoso Casa mARTa.

Todos muito bem localizados.

Da próxima vez, vou me hospedar em Tournon. Há mais opções de restaurantes, lojas, bares e é uma cidadezinha mais atraente.

Terroir

Erguem-se vários morros cobertos de vinhedos no entorno de Tain l'Hermitage e Tournon.

Com a Família no La Terre D'Or, Beaune

Vinhedos em forma de arcos, La Chapelle

O solo é de argila com pedras e pedregulhos. Em alguns lugares mais baixos, nos pequenos vales há sempre mais pedras, como em Chateauneuf-du-Pape.

Apesar da proximidade do Rhône, o clima não tem muita umidade, principalmente pelo vento que sopra do norte acompanhando o curso do rio.

Terroir de argila, pedras e pedregulhos

Aqui também o vento Mistral ajuda a manter o ar seco e livre de insetos predadores.

A amplitude térmica é perfeita, noites frias potencializando o tanino e dias ensolarados potencializando o açúcar. Em Hermitage, há uma conscientização e um respeito muito grande à natureza. Há uma interferência mínima, somente a necessária. O solo é tratado com muito carinho.

"Porque não há grandes vinhas sem grandes uvas. Cada videira deve poder amadurecer suas uvas nas melhores condições de clima e extrair o sabor do solo."

Tenho visitado várias regiões vinícolas na Europa e América do Sul, e foi em Hermitage que encontrei o maior respeito e a maior valorização dos terroirs!

Os vinhedos

Os vinhedos compõem a paisagem. Eles estão em todos os morros a sua volta. É um festival de tons de verde. Estão praticamente dentro da cidade. Dá para visitar a pé.

Caminhando ao lado esquerdo da Estação de Trem, você passa por baixo do pontilhão da linha férrea e já está dentro dos primeiros vinhedos. Você pode caminhar e subir o morro por uma estradinha de terra, até uma pequena igreja, bem no alto, La Chapelle. A vista das duas cidades e do Rio Rhône é linda.

Este é um passeio para três horas. A subida não é tão íngreme, mas exige um certo esforço físico. Você pode também subir pelo meio dos vinhedos, até uma certa altura que lhe convier, curtir o passeio e a paisagem.

Há uma outra opção, mais cômoda de ir até o alto da montanha, de carro. É por uma estrada estreita, asfaltada que vai em direção a Crozes-Hermitage, e o topo da montanha. É só seguir as setas de direçao.

O caminho é muito lindo, também rodeado de vinhedos. Como a estrada é estreita, sinuosa e com movimento, não dá para estacionar o carro para fotografar.

A compensação é chegar lá no alto e ter uma visão longa e completa de toda a paisagem.

Do outro lado da montanha, fica a vila de Crozes-Hermitage, cujo terroir e vinhedos estão considerados como os melhores de Hermitage, entre os melhores do mundo, e em 2013 foram declarados Patrimônio Nacional.

Para quem vai visitar regiões vinícolas com o objetivo de

Poda de vinhedos, Tain L'Hermitage

Vinhos de Saint Joseph e Victor Hugo

não simplesmente degustar vinhos, mas curtir a natureza, é um dos lugares mais especiais que conheço. Há vinícolas e vinhedos espalhados pelos vales do Rio Rhône e pelas montanhas à sua volta.

Vinhedos na região

A região conta com cerca de 11 vilas, e todas elas com vinhedos produzindo ótimos vinhos.

Além de Crozes-Hermitage, as vilas mais importantes e que merecem visitas específicas são Cornas, Saint-Péray, e Saint Joseph.

O nome de Saint Joseph foi dado pelos jesuítas que desenvolveram os vinhedos, a partir do século XV.

Produzidos exclusivamente com a uva Syrah, os vinhos de Saint Joseph ganharam grande notoriedade e tornaram-se os preferidos da corte de Luís XII (1498-1515).

Em 1956, a região recebeu a certificação de DOC – Denominação de Origem Controlada.

A região cresceu rapidamente. Em 1971, eram 100 hectares plantados de vinhedos, hoje são cerca de 920 hectares. As terras que pertenciam aos jesuítas foram adquiridas pela GUIGAL.

Se puder e tiver tempo, na sua programação de viagem, vale a pena visitar. É uma região muito bonita, com vinhedos a perder de vista.

É um daqueles lugares em que se pode caminhar pelos vinhedos, pisar e sentir o cheiro da terra ou então, de carro, descobrir pequenas vilas com vinhos excepcionais.

Victor Hugo e Os Miseráveis

No livro *Os Miseráveis*, o Bispo da pequena cidade de Digne dá abrigo ao personagem Jean Valjean e lhe oferece comida, vinho e pousada. Na história, ele rouba peças de ouro do Bispo, foge, mas é preso.

Trazido pelos policiais, o Bispo diz que ele havia oferecido as peças de ouro de presente e o livra da prisão.

França

É a partir daí que Jean Valjean recupera sua dignidade, e com as peças de ouro, reinicia sua vida.

No livro, o vinho servido pelo Bispo a Jean Valjean é um Vin de Mauves, uma pequena vila no sul de Tournon.

Os estudiosos afirmam que na verdade ao escrever o livro, Victor Hugo estava se referindo aos vinhos de Saint Joseph, muito conhecidos na época.

Os vinhos

Estão considerados entre os três melhores vinhos tintos da França. Aqui como o terroir é determinante, e a uva Syrah se manifesta com toda sua exuberância, é imprescindível a identificação da localização dos vinhedos nos rótulos das garrafas.

Os vinhos são todos ótimos, mas dependendo da localização dos vinhedos são excepcionais.

Um amigo de Chateauneuf-du-Pape confidenciou-me que, para ele, é sem dúvida o melhor vinho tinto da França, principalmente, os vinhos Crozes-Hermitage.

Os vinhos são, então, identificados e escolhidos pela vinícola, pela localização do vinhedo e pela classificação.

Aqui é como na Borgonha, Grand Crus, Premiers Crus, Communale, que equivale ao Village, e Regional.

A classificação Regional é para os vinhos de vinhedos localizados nas margens e nos vales do Rhône.

Os Communales ou Village são de vinhedos dos entornos das cidades e vilas.

Os Premiers Crus e Grand Crus são vinhos de vinhedos das encostas dos morros.

Normalmente, os Premiers Crus e Grand Crus evoluem de dois a três anos nas barricas de carvalho, enquanto os

Rio Rhône

Vinhos Paul Jaboulet

Communales estagiam 12 meses.

De uma maneira geral, os vinhos Hermitage em todas as classificações são muito bons, vai depender da sua boca, ou seja, do que você gosta e principalmente do seu bolso.

Vou relacionar alguns vinhos desta região, com alguns deles disponíveis no Brasil.

♀ VINHOS DA P. JABOULET
- Hermitage La Chapelle DOC
- Hermitage La Petit Chapelle DOC
- Les Crozes Thalabert
- Les Crozes Vieilles Vignes
- Magnun Crozes Hermitage Domaine de Thalabert
- Magnun Parallele 45 – Côtes du Rhône
- Domaine La Croix de Vignes
- Domaine de Saint-Pierre

♀ VINHOS DA M.CHAPOUTIER
- Crozes-Ermitage Varronier
- Crozes-Ermitage Guer Van – Alleno et Chapoutier
- Crozes-Ermitage Les Meysonniers
- Crozes-Ermitage Les Moniers
- Ermitage L'Ermite
- Ermitage Le Meal
- Ermitage Le Pavillon
- Ermitage Greffieux
- Ermitage Monier de Sizeranne
- Saint Joseph Le Clos
- Saint Joseph Les Granits
- Chateauneuf-du-Pape Barb Rac
- Chateauneuf-du-Pape Croix di Bois

As duas vinícolas têm vinhedos e produzem vinhos em várias regiões da França, na Austrália, África do Sul, e Portugal.

França

A região é reconhecida pelos vinhos tintos, mas produzem também bons vinhos brancos.

As castas mais utilizadas são a Roussanne e Marsanne.

Tanto P. Jaboulet como M. Chapoutier têm em suas listas várias opções de brancos.

Muitos deles com o mesmo nome dos tintos.

Na degustação, você pode solicitar para experimentar vinhos brancos, eles também os terão para atender.

Mas enfatizo que, nesta região, o reino é dos tintos.

Roteiro de viagem

Tain l'Hermitage/Tournon ficam relativamente próximas de Lyon, Avignon, Chateauneuf-du-Pape, Beaune, Marselha, Carcassone e Genebra.

Você pode chegar e sair por várias direções.

Aprendendo com Marie Roche, M.Chapoutier

Em uma viagem mais curta, pelos aeroportos de Marselha, Lyon e Genebra. E em uma viagem mais longa, pelos aeroportos de Paris e Bordeaux.

Um roteiro bem feito na França, de carro, dá para visitar várias regiões vinícolas.

Conheço muito bem a maioria delas e se desejar entre em contato comigo que eu posso lhe ajudar a fazer o roteiro de sua viagem.

Vinhos M. Chapoutier

Itália

Polignano a Mare

Barbaresco, Cinque Terre, Puglia, Úmbria e Vêneto

SP119
SR10
SP458
E70
E70
SR20
E717
SR10
SR1
Rio Pó
SP129
SR29
SP19
SP110
Rio Tanaro
E717
SP10
SR29
A33
SP20
BARBARESCO
SP661
ALBA
E717
NEIVE
A33
SS702
CASTIGLIONE FALLETTO
SP429
LA MORRA
BAROLO
SP20
Stura di Demonte
SERRALUNGA D'ALBA
MONFORTE D'ALBA
SP32
SP163
E717
Rio Tanaro
SP661
231
SS28

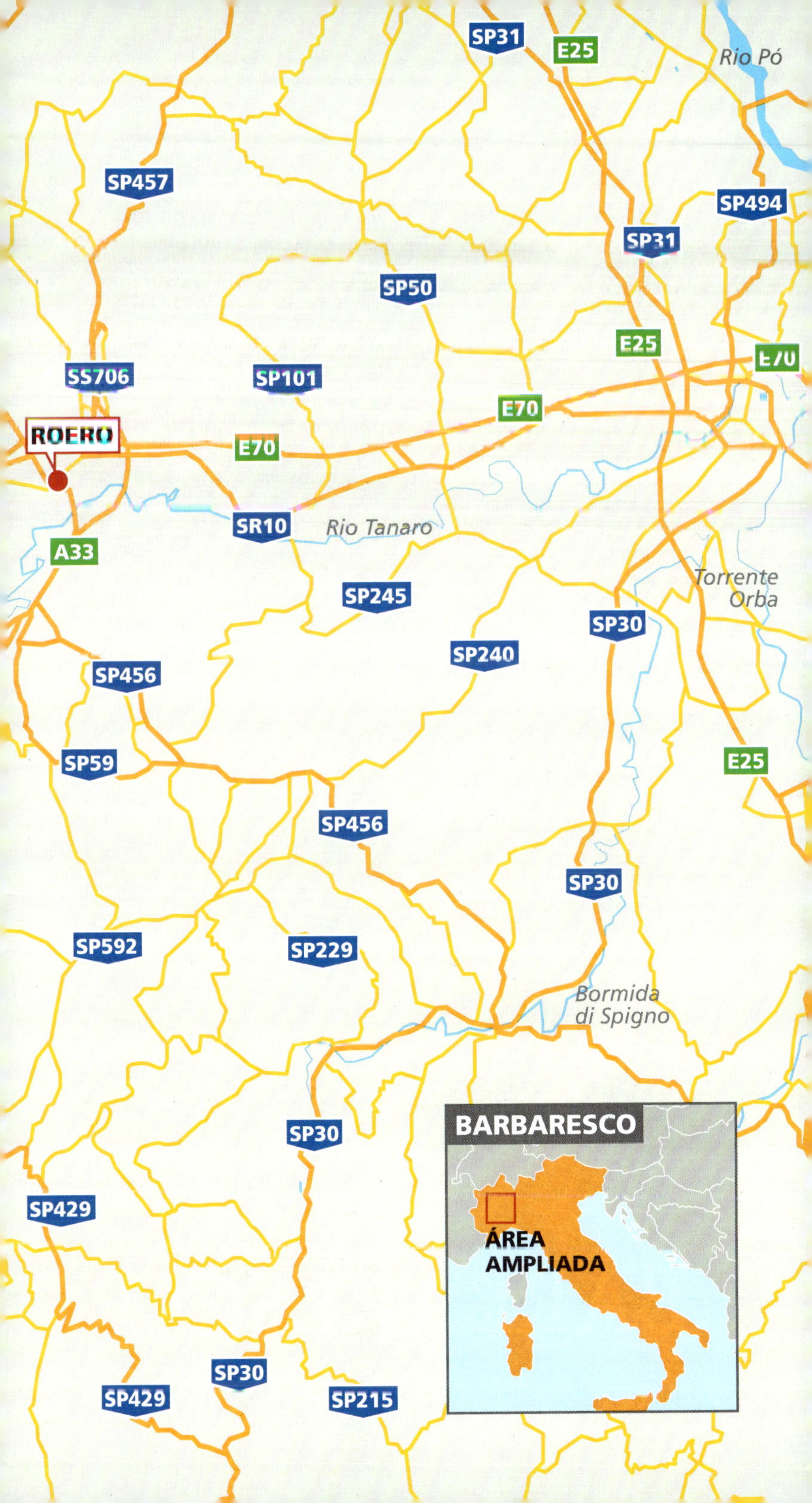
SP31
E25
Rio Pó
SP457
SP494
SP31
SP50
E25
E70
SS706
SP101
E70
ROERO
E70
SR10
Rio Tanaro
A33
Torrente Orba
SP245
SP30
SP240
SP456
SP59
E25
SP456
SP30
SP592
SP229
Bormida di Spigno
BARBARESCO
SP30
ÁREA AMPLIADA
SP429
SP30
SP429
SP215

Colina do Rabajà

BARBARESCO

Itália

Em meu primeiro livro **Viagens Vinhos História**, *incluo no capítulo dedicado ao* **Piemonte/Barolo**, *uma descrição completa do desenvolvimento da plantação dos vinhedos, da produção dos vinhos, da história desta região.*

Este texto agora é dedicado, exclusivamente, à região do **Barbaresco**.

Quando escrevi o primeiro livro, há alguns anos, os vinhos tintos eram classificados pela qualidade, na seguinte ordem, Barolo, Barbaresco, Nebbiolo, Barbera e Dolcetto.

Os vinhos classificados como Barolo e Barbaresco são produzidos com uvas Nebbiolo, de vinhedos plantados com faces Sudeste, Sul e Sudoeste. Ou seja, com o sol incidindo diretamente sobre os vinhedos.

Os vinhos classificados como Nebbiolo são produzidos com uvas do mesmo nome, plantados nas faces Norte, Nordeste, Noroeste.

Os vinhos Barbera e Dolcetto são produzidos com uvas de seus próprios nomes.

Barbera e Dolcetto são os vinhos mais econômicos, do dia a dia, normalmente consumidos em maiores quantidades.

Recentemente regressando ao Piemonte, comprovei o crescimento na produção e na valorização dos vinhos do Barbaresco.

Aziende Ceretto – Alba

Vila de Barbaresco

Hoje os vinhos Barolo e Barbaresco estão classificados no mesmo nível de qualidade.

Localização geográfica

Esta região vinícola do Piemonte é formada por uma sequência muito grande de pequenos morros e colinas, onde são plantados os vinhedos. É conhecida como Langhe, com uma topografia que lembra uma língua.

A capital da região é Alba, também muito conhecida pela Trufa.

Em meu primeiro livro *Viagens Vinhos História*, há um capítulo específico sobre as trufas de Alba.

Em termos de localização, a região do Barolo fica ao sul de Alba e o Barbaresco a leste. Mas ambas muito próximas entre si.

Nas duas regiões, há várias pequenas vilas e cidades. As vilas de Barolo e Barbaresco estão praticamente nos centro das duas regiões.

Na vila de Barbaresco, há uma torre mirante de onde se vê uma grande parte da região.

Programando a viagem

Desta vez, estive primeiro, visitando vinícolas e passeando pela Toscana, Montalcino, Montepulciano, Greve in Chianti e Florença. Depois, segui para Cinque Terre por alguns dias e em seguida Barbaresco.

Na viagem para as regiões do Barolo, que inclui no livro

anterior, relatei que fiquei hospedado em um hotel em La Morra, uma pequena vila, no alto de uma colina, muito próxima da vila de Barolo.

De lá, saía para as visitas às vinícolas.

Nesta viagem, programei hospedar-me em um hotel na região do Barbaresco.

A DOCG

Denominação de Origem Controlada e Garantida foi outorgada no dia 12 de Julho de 1963, e abrange quatro cidades, Barbaresco, Neive, Treiso, S.Rocco e mais cerca de 70 pequenas vilas.

É no entorno de todas elas que estão os vinhedos e as vinícolas.

Para mim, é uma das regiões mais lindas que eu conheço.

Há hotéis e pousadas nas principais cidades e o ideal é pesquisar pelo Trip Advisor ou Booking algum que seja de seu gosto e bolso.

Uva Barbera

Desta vez, optei por me hospedar no Hotel Locanda San Giorgio, pequeno, charmoso, de alto nível, no alto de uma colina, com uma vista fantástica dos vinhedos.

Uma das atrações é o ótimo restaurante, que atrai clientes de toda a região, principalmente, para jantares nos fins de semana.

O hotel está em lugar isolado, mas relativamente próximo das históricas vilas de Neive e

Vinhedos no alto do morro

Barbaresco, com várias opções de restaurantes.

Nas três noites que me hospedei, em uma delas, jantei no hotel, e as outras duas em restaurantes de Neive.
www.locandasangiorgio.it
reception@locandasangiorgio.it

Para vir para a região do Piemonte, Barolo e Barbaresco é fundamental que se alugue um carro, inclusive para poder passear à vontade.

Para visita às vinícolas, contatei novamente o meu amigo e guia Davide Pasquero, que fez toda a programação.

Davide é sommelier, palestrante internacional, e um dos maiores conhecedores de vinhos Barolo e Barbaresco da região.

Como ele conhece meu trabalho, escolheu ótimas e importantes vinícolas para serem visitadas.

Além do enoturismo, uma das maiores especialidades do Davide é o BikeTour.

Como a região é bem montanhosa, a maioria das pessoas que pratica possui alguma experiência.

Para contatá-lo:
info@terroirselection.com
Instagram: *@Davide Pasquero*

Davide Pasquero – Bike Tours

Vinhedos e vilas

Itália

Uva Nebbiolo

Uvas e vinhos

As principais uvas do Barbaresco sao a Nebbiolo, Barbera, e Docetto, para os tintos, Arneis e Moscato para os brancos.

A classificação dos vinhos varia muito pouco entre as vinícolas.

Além das identificações conhecidas, Barolo, Barbaresco, Nebbiolo, Barbera e Dolceto, os vinhos são identificados, nos rótulos, pela origem e local dos vinhedos.

Alguns acrescentam Riserva para algum vinho especial.

Nesta região, o terroir é muito importante. A indicação do local onde está plantado o vinhedo proporciona uma identificação da qualidade do vinho.

O vinho, em Barbaresco, é escolhido pela vinícola, pelas classificações e pelo preço.

Principais classificações

Estas são algumas das classificações encontradas nos vinhos desta região.

BARBARESCO
- Barbaresco Riserva

NEBBIOLO
- Nebbiolo d'Alba
- Nebbiolo d'Alba DOC
- Langhe Nebbiolo

BARBERA
- Barbera d'Alba
- Barbera d'Alba DOC
- Barbera d'Alba Superiore

DOLCETTO
- Dolcetto d'Alba
- Dolcetto d'Alba DOC

ARNEIS
- Arneis DOC
- Langhe Arneis

MOSCATTO D'ASTI
- Moscatto d'Asti DOC

E há vários vinhos com identificações do local dos vinhedos, como, por exemplo:

- Barbaresco Serraboela
- Barbaresco Via Ente
- Barbaresco Asilli
- Barbaresco Bernadot
- Barbaresco Rabajà
- Barbaresco Rabajà Riserva

A colina do Rabajà é considerada um dos melhores terroirs do Barbaresco. São vinhedos com mais de 60/70 anos, que produzem um vinho reconhecidamente excepcional.

O Barbaresco Rabajà Riserva da Azienda Giuseppe Cortese é reconhecido como um dos melhores vinhos da região.

Em minha visita à Azienda Giuseppe Cortese, tive o prazer de degustar alguns vinhos da colina do Rabajà, são realmente extraordinários.

Visita às vinícolas

O Barbaresco é uma região com um grande número de vinícolas familiares.

A maioria atende um enoturismo regular, mas recomendo sempre que, se puder, contate e marque a visita com antecedência.

Azienda Albino Rocca

A história desta vinícola começou em 1940 com o viticultor Giacomo Rocca, mas foi seu

Com Daniela Rocca da Azienda Albino Rocca

Vinhedos da Azienda Albino Rocca

Itália

Colheita de uvas

filho Albino Rocca que em 1960 fundou a Azienda, que leva seu nome.

Atualmente em terceira geração, a vinícola é conduzida por Angelo Rocca e os filhos Monica, Daniela, Paola e Carlo.

Em minha visita fui recebido por Daniela Rocca.

Comprometidos com uma produção natural, possuem o Certificado The Green Experience, Coldiretti, emitido pela Provincia di Cuneo.
www.albinorocca.com
roccaalbino@roccaalbino.com

Fratelli Cigliuti

Pertence à uma família de viticultores, hoje, em quarta geração.

No passado cultivavam e vendiam suas uvas para outros produtores.

Em 1964, decidiram produzir e comercializar seus próprios vinhos. E como tradição, manter a cultura de privilegiar a qualidade no cultivo das uvas e na produção dos vinhos.

Esta cultura de valorizar qualidade, independentemente de quantidade, é expressa pelos vinhos que produzem.

A vinícola hoje é conduzida por Renato Cigliuti, sua esposa Dina e as filhas Claudia e Silvia.

Em nossa visita, fomos recebidos pela Claudia Cigliuti.
www.cigliuti.it
info@cigliuti.it

Com Claudia Cigliuti da Azienda Fratelli Cigliuti

Vinhedos na Colina do Rabajà

🍇 Azienda Giuseppe Cortese

É uma das mais importantes vinícolas do Barbaresco. Está localizada na colina do Rabajà, considerada um dos melhores terroirs da região, com vinhedos de Nebbiolo, de 60/70 anos. Todos face sul, sudeste e sudoeste.

Em frente, na colina Trifolera, estão os vinhedos de Barbera e Dolcetto.

Foi fundada em 1971 por Giuseppe Cortese, e hoje é conduzida pelos filhos Gabrieli, Tiziana, PierCarlo e sua esposa Silvia.

Seus vinhos Barbaresco Rabajà e Rabajà Riserva estão entre o melhores de toda a região.

Em nossa visita, a apresentação dos vinhos foi conduzida pelo Gabrieli Cortese.

Tenho experiência de já ter

Com Gabriele Cortese da Azienda Giuseppe Cortese

Itália

degustado vinhos em cerca de 250 vinícolas, em várias partes do mundo. Considero a apresentação do Gabrieli, uma das melhores que participei.
www.cortesegiuseppe.it
info@cortesegiuseppe.it

Aziende Vitivinicole Ceretto – Alba

Fundada em 1930 por Riccardo Ceretto.

Em 1960, os filhos Bruno e Marcello Ceretto expandiram, adquirindo propriedades no Langhe e Roero.

Hoje está em terceira geração, com a participação dos filhos Federico, Lisa, Alessandro e Roberto Ceretto.

Comprometidos com uma agricultura orgânica, em 2015 receberam o Certificado de Controle de Qualidade.

Atualmente, possuem vinhedos e produzem vinhos nas regiões do Barolo, Barbaresco e Roero.

É uma vinícola importante e está localizada muito próximo do centro da cidade de Alba.

Em minha visita, fui recebido pela responsável pelo enoturismo, Marina Gralia.
www.ceretto.com
ceretto@ceretto.com
visit@ceretto.com

Azienda Massolino Giuseppe

Esta vinícola fica em Serralunga d'Alba, na região demarcada do Barolo. Apesar do meu foco de viagem ser Barbaresco, aproveitei para visitar.

Serralunga d'Alba fica no alto de uma colina, com uma vista espetacular dos vinhedos.

Com Marina Gralia da Aziende Vitivinicole Ceretto

A família Massolino está na área de viticultura desde 1896.

Em 1934, Massolino Giuseppe com outros viticultores fundaram o Consorzio di tutela Barolo e Barbaresco, para controle da produção de vinhos nas regiões.

Seus vinhos são reconhecidos pela alta qualidade. O local de atendimento do enoturismo é muito bonito.

Em nossa visita, fomos recebidos pelo responsável pelo enoturismo Alessandro Pontarelli.

www.*massolino*.it
massolino@massolino.it

Barolo – Barbaresco – Roero – Alba

Para mim, o Piemonte é umas das regiões de vinhedos mais lindas que eu conheço.

O ideal é programar a visita com tempo de conhecer as três regiões.

Em termos de localização,

Barris de carvalho da Ceretto

Itália

Vinhedos no Langhe

Barolo e Barbaresco ficam no entorno da cidade de Alba.

Você pode se hospedar em Alba e de lá sair para os passeios.

Em Alba há várias opções de hotéis. Minha recomendação é sempre, através do Trip Advisor ou Booking, escolher um de acordo com seu gosto e bolso. É importante ler os depoimentos de quem já se hospedou.

Alba é considerada a Capital da Trufa da Itália, e uma grande atração da cidade é o Festival da Trufa, nos fins de semana de Outubro e Novembro.

Novembro é o mês da colheita da tardia uva Nebbiolo.

Mas você pode também optar por se hospedar em algum hotel ou pousada próximo dos vinhedos.

Com Alessandro Pontarelli da Azienda Massolino Giuseppe

Há muitas opções nas várias vilas e pequenas cidades que compõem as duas regiões.

Alba, Barolo, Barbaresco e Roero estão muito próximas entre si.

Linha de trem

SP38 SP38

MONTEROSSO AL MARE

SP51

VERNAZZA

CORNIGLIA

SP51

MANAROLA

RIOMAGGIORE

Mar da Ligúria

CINQUE TERRE

ÁREA AMPLIADA

SS1
SP17
SP15
Vara
SS1
SP330
SP15
SS1
SS1
SS1
SP530
LA SPEZIA
SP370
SP370
Linha de trem
PORTOVENERE

Manarola

CINQUE TERRE

Itália

É um trecho do **Mar da Ligúria**, na Província de **La Spezia**, entre as cidades de Gênova e Pisa, onde existem cinco vilas encravadas em penhascos, de frente para o mar, **Riomaggiore**, **Manarola**, **Corniglia**, **Vernazza** e **Monterosso al Mare**.

Já estive lá três vezes, e é difícil descrever toda a beleza daquele lugar. Através das fotos é até possível ter uma ideia. Mas é estando lá que a gente pode ter, realmente, uma visão abrangente da integração entre o mar, as coloridas aldeias medievais, os vinhedos pendurados nos penhascos, e o céu azul.

Decidi incluir Cinque Terre no livro porque é para mim um dos lugares mais lindos que eu conheço. Também porque produzem um vinho branco excepcional que, harmonizando com peixes e frutos do mar, não deve nada a um Chablis.

Para visitar **Cinque Terre** é muito importante planejar a viagem, onde ficar, como se locomover e, principalmente, programar os passeios.

A minha primeira vez foi de aprendizado, não me hospedei no lugar certo, perdi muito tempo me locomovendo de um lado para o outro. Nas viagens seguintes, já conhecendo, pude curtir e aproveitar ao máximo. Vou então incluir no texto descrições de toda a região, recomendações de passeios e sugestões de onde se hospedar.

História e Descrição Geográfica

Por ser uma região inacessível, pouco se sabe da história no passado distante.

Já no século XI, Monterosso al Mare era conhecida como uma aldeia de pescadores.

Para as outras aldeias só havia acesso pelo mar.

Em 1874, com a construção da linha férrea, com trens circulando entre Porto Venere, La Spezia e Gênova, começou então o desenvolvimento, e a região, além da pesca, tornou-se uma atração turística.

O Parque Nacional de Cinque Terre é tombado pela UNESCO, e considerado a Riviera da Ligúria.

As vilas de Riomaggiore, Manarola, Corniglia, Vernazza e Monterosso são acessadas por trem.

Há também trilhas pelas montanhas, passando por vinhedos e oliveiras.

Corniglia

Se olharmos um mapa, vamos ver em sequência as cidades de Porto Venere, La Spezia, Riomaggiore, Manarola, Corniglia, Vernazza e Monterosso.

O trem passa por todas, com uma regularidade de horários a cada 45 minutos, nos dois sentidos.

O trecho entre as cinco aldeias é bem curto e entre túneis, e leva no máximo de 5 a 10 minutos entre cada cidade. Ou seja, se entrar no trem em Monterosso às 10h15, às 10h25 chega-se em Vernazza.

Por terra, tem de passar por cima da montanha. Quando eu descrever os passeios vou falar das trilhas, entre as aldeias.

Há ferryboats e barcos de turismo saindo de Porto Venere, La Spezia e Monterosso, com paradas em Vernazza, Manarola e Riomaggiore, em vários horários do dia.

Eles não param em Corniglia. O cais é só para pequenas embarcações. E por isso é muito importante fazer uma programação dos passeios. A locomoção depende muito dos trens e dos barcos.

Cinque Terre é citada em textos clássicos. O poeta Dante Alighieri em sua obra *Divina Comédia*, compara Cinque Terre ao Purgatório. Boccacio a inclui em seu *Decameron*.

Foi locação do filme *O Lobo de Wall Street*, do diretor Martin Scorsese.

Porto Venere

Já era um porto importante

Itália

na época da dominação dos Romanos e foi importante na defesa da invasão dos Turcos.

O nome está relacionado a um antigo Templo dedicado à Deusa Vênus, hoje transformado na Igreja do Apóstolo Pedro.

La Spezia
É considerada a segunda cidade mais importante da Ligúria, a primeira é Gênova.

Em La Spezia, está uma das mais importantes bases da Marinha Italiana.

Próximo está a cidade de Carrara, famosa pelas jazidas de mármores. De lá, saíram as pedras para as construções dos palácios, e de muitas estátuas esculpidas na época do Renascimento.

Está também ali próxima, a cidade de Sarzana, principal centro de resistência dos partisans, durante a Segunda Guerra Mundial.

Os partisans eram um grupo de resistência contra a ditadura de Mussolini.

Riomaggiore
É a primeira aldeia de Cinque Terre, saindo de La Spezia. A estação do trem é no alto.

Descendo em direção ao mar, há um número grande de lojinhas e pequenos restaurantes, e dá vontade de entrar em todas.

Há várias vielas com pequenos comércios para explorar.

Embaixo no cais, há uma grande praça, e um mirante. É um lugar lindo para fotografias.

Manarola
Como Riomaggiore, há várias lojinhas, vielas e pequenos restaurantes para descobrir.

Na beira do cais, o mar azul, clarinho, forma piscinas naturais, batendo manso nas pedras.

Ali os turistas aproveitam para nadar e curtir o sol do Mediterrâneo.

Riomaggiore

Manarola

Na última viagem, me preparei para curtir este lugar. Programei para estar lá no fim da tarde, quando o sol ainda está alto no céu. Já saí do hotel com roupas de banho e toalhas.

Não é praia, o mar tem ali uma profundidade é de cerca de 10 metros. A água muito clara dá impressão de ser mais raso.

É preciso saber nadar, há uma escada de ferro cravada nas pedras, mas a maioria acaba mesmo pulando, e usa a escada só para subir de volta.

Corniglia

Fica no alto de um morro, com os penhascos debruçados sobre o mar. O cais é só para pequenas embarcações. A estação do trem está quase no nível do mar e para chegar na aldeia há uma escadaria com cerca de 350 degraus. São muitos degraus, mas dá para subir com calma.

Lá em cima, na aldeia, há uma

Manarola

rua muito estreita, com poucas lojinhas, pequenos restaurantes e um mirante debruçado sobre os penhascos, com uma vista do mar e de toda a costa, simplesmente, espetacular.

Vernazza
É muito parecida com Manarola. Além da ruazinha principal, há várias vielas com lojinhas, pequenos restaurantes e uma igreja antiga na beira do mar.

É muito prazeroso caminhar e passear por estes lugares. Há muita luz e muitas cores.

Monterosso al Mare
É única que fica praticamente no nível do mar. É uma cidade balneária, com várias opções de hotéis, pousadas e restaurantes. Além do trem e do barco, há opção de chegar de carro.

O centrinho comercial é bem maior, com ruazinhas, vielas e várias lojinhas.

Monterosso é uma típica cidade beira-mar, com uma praia relativamente grande e com turistas, inclusive da região, vindo para curtir o sol.

De Monterosso saem e chegam os ferryboats e barcos de turismo para Vernazza, Ma-

Cinque Terre

Vinhedos em Vernazza

narola, Riomaggiore, La Spezia e Porto Venere.

As cinco vilas são cercadas por vinhedos, plantados nas montanhas a sua volta.

O Vinho Branco Cinque Terre
A DOC – Denominação de Origem Controlada de Cinque Terre foi criada em 1973, mas já se produzia vinhos há vários séculos. É uma DOC pequena, com poucos vinhedos, pendurados nos penhascos de frente para o mar. Como dizem lá os terraços para a agricultura.

Para quem conhece a região do Douro em Portugal, os vinhedos em Cinque Terre são mais íngremes. O solo é de argila e muita pedra. O clima é do Mediterrâneo, calor durante o dia e um friozinho à noite.

Mas a principal característica é a brisa constante do mar sobre os vinhedos.

O sal sobre os solos, os vinhedos e as frutas proporcionam aromas e sabores muitos especiais aos vinhos.

As principais uvas são as

Vernazza

Bosco, Albarola e Vermentino.

Os blends levam normalmente 40% de Bosco, 40% de Vermentino e 20% Albarola, ou 40% de Bosco, 40% Albarola e 20% de Vermentino.

Os vinhos são secos, cor amarelo clarinho, e bem leves. Harmonizam extraordinariamente com frutos do mar e peixes.

Lá, todas as minhas refeições foram com peixes, frutos do mar e um Cinque Terre branco. É impressionante a harmonização deste vinho. Trouxe comigo duas garrafas.

Pena que não vou poder beber de frente para o Mediterrâneo!

Sciaccetra DOC – Cinque Terre

Produz também um vinho branco doce, como o Passito do Vêneto, utilizando o processo semelhante ao utilizado para os Straw Wine ou Ice Wine.

Por este processo, depois de amadurecer, as uvas são deixadas ainda nas cepas para secar. Só depois são colhidas.

No Ice Wine, as uvas chegam a congelar com o frio. Em Cinque Terre com o calor, as uvas começam a secar.

Com a perda dos sucos, acaba ficando nas uvas uma concentração maior de açúcar, que vai proporcionar um vinho doce, encorpado e com uma dosagem alcoólica maior.

Harmonizam com sobremesas, doces, bolos e queijos.

Para o Passito, Amarone, Sagrantino e Aleático de Elba as uvas são colhidas e colocadas para secar, no sol ou no tempo.

Onde Ficar e Programar os Passeios

Como falei anteriormente, é muito importante escolher onde ficar e fazer uma programação dos passeios antecipadamente.

Você pode se hospedar em La Spezia, Monterosso, Riomaggiore, Manarola e Vernazza.

Em La Spezia e Monterosso há várias opções de hotéis e pousadas.

Em Riomaggiore, Manarola e Vernazza há somente pousadas e, pela locomoção, o ideal é que tenha consigo uma pequena bagagem.

Vou descrever os passeios que fiz na última viagem, para terem uma ideia da minha programação.

Me hospedei no The Poet Hotel La Spezia, que fica a cinco quadras da Estação do Trem. É um hotel de nível médio, em uma rua tranquila e com opção de estacionamento do carro.
www.thepoethotel.it

Primeiro dia

Depois do café da manhã no hotel, fui caminhando até a Estação do Trem. Comprei tickets para o dia todo. Isto porque, como há trens circulando a cada 45 minutos, não dependeria de um horário fixo, para tomar os próximos trens.

Há sempre fila na Estação para compra dos tickets, leve isso em consideração na programação do seu tempo.

Neste primeiro dia fui a Riomaggiore, Manarola e no fim da tarde para Corniglia.

Escadaria em Corniglia

Castelo e vinhedos, Monterrosso

Itália

Praia em Monterosso

Em Riomaggiore e Manarola, passei uma boa parte do dia. Passeei pelas ruazinhas, vielas, lojinhas, o cais, e mirantes para fotos.

À tardezinha fui para Corniglia para ver o pôr do sol. No fim da única ruazinha, há um mirante, de onde se vê, além do pôr do sol, as luzes de Manarola, Riomaggiore e Vernazza.

Há poucas opções de restaurantes. Escolhi um, nesta mesma ruazinha, com uma mesa ao ar livre. Pedi frutos do mar e peixe, regados a um vinho branco Cinque Terre, perfeito!

Depois, à noite, de trem de volta para La Spezia e o hotel.

Segundo dia

Como no dia anterior, café da manhã, Estação do Trem e direto para Vernazza.

Vernazza é como Manarola, passeei pelas ruazinhas, vielas, lojinhas, cais, mirantes, a igreja antiga e depois fui para Monterosso.

É uma cidade balneária, maior, com uma grande praia, e muitos lugares para ver e passear.

Havia planejado voltar pelo mar, assim, logo que cheguei em Monterosso, conferi os horários dos barcos, comprei os tickets e depois que fui passear.

No fim da tarde, pegamos o ferryboat para Manarola.

O barco segue paralelo à costa com um visual lindo dos vinhedos pendurados nas montanhas.

Nas paradas em Vernazza e Manarola, descem e sobem vários turistas.

Havia programado chegar em Manarola no meio da tarde, para poder nadar.

O sol, o calor, a água clarinha estavam do jeito que eu sonhava. Desta vez, finalmente, matei minha vontade de curtir o mar em Cinque Terre.

Depois, peguei o trem de volta e fui jantar no centro histórico de La Spezia.

Terceiro dia

Decidi fazer as trilhas pelas montanhas. Fui de trem até Vernazza para começar por lá. A trilha começa muito próximo da Estação do Trem.

Recomendo colocar uma roupa leve, e levar somente coisas leves, água, frutas e sanduíches. Ah, leve uma camiseta extra para trocar, porque, no fim, vai estar muito suado.

As trilhas levam de uma aldeia a outra por cima das montanhas, pelo meio de vinhedos e oliveiras. Atravessei de Vernazza para Corniglia e depois para Manarola.

Vernazza

Havia uma trilha beira-mar, entre Manarola e Riomaggiore, Via dell'Amore que há alguns anos foi fechada.

A vista do mar e das aldeias lá de cima é simplesmente maravilhosa.

No caminho pelas trilhas, você encontra pessoas caminhando nos dois sentidos, ou

Vila e vinhedos

seja, pessoas que iniciaram a trilha em Manarola e iriam terminar em Vernazza.

Cada travessia, dependendo do ritmo, leva em média de 60 a 90 minutos.

Terminando as trilhas, voltei de Manarola direto para hotel, para um bom banho, roupa limpa e um jantar compensador, regado novamente a um excelente vinho branco Cinque Terre.

Palavra Final

Estas minhas descrições em detalhes são somente para servir de base para sua programação.

O tempo que você vai ficar passeando em cada aldeia depende do seu interesse.

Lembre que, de uma aldeia para a outra, você tem de ir para a Estação e pegar o próximo trem, e que passa a cada 45 minutos.

Recomendo anotar os horários dos próximos trens, em cada estação que descer.

Eu me hospedei em La Spezia e comecei a visitar Cinque Terre por Riomaggiore.

Você pode se hospedar em Monterosso e fazer ao contrário, começar por Vernazza.

Ou então ficar em uma pequena pousada em Riomaggiore, Manarola ou Vernazza e sair de lá para os passeios.

O tempo para conhecer e curtir Cinque Terre vai depender da programação da sua viagem.

O ideal é um mínimo de dois dias inteiros.

Depois de lá, dependendo de onde estiver vindo, pode seguir de carro, para o Leste, você vai para Toscana e Florença; para o Oeste, Gênova, Mônaco e Cannes; para o Norte, Piemonte, Barolo, Milão, e boa viagem!

E55
SP41
SS89
SP528
SS272
SS16
E55
FOGGIA
SS17
SP141
SS90
TROIA
E55
SS16
SS655
E55
SS414
EB42
SS93
SS303
SS655
Parque Regional dell'Alta Murgia
SS399
SS655
SS7
SS7
SS169
SS7
SS7
EB47
Parque Regional Gallipoli Cognato
SR488
SS92
SS166
SS276
EB47
SS166
SS19
SS92
SS18
SS267
SS18
SS653
SS481
SS18
E90

PUGLIA

ÁREA AMPLIADA

Mar Adriático

- BARI
- POLIGNANO A MARE
- MONOPOLI
- SS100
- EB43
- SS172
- E55
- ALBEROBELLO
- E55
- BRINDISI
- GIOIA DE COLLI
- SS16
- EB43
- SS172
- SS7
- E90
- SS603
- SS613
- TARANTO
- SS7ter
- LECCE
- MANDURIA
- SP359
- SS16
- SS101
- GALLIPOLI
- SS16
- SS274
- LEUCA

Monopoli, porto velho

PUGLIA

PUGLIA – *O Calcanhar da Bota*
O mapa da Itália é uma bota. A Puglia, região mais oriental, é o salto da bota.

Se levarmos em consideração que muito da história da humanidade se desenrolou na Grécia, Turquia, Pérsia, Palestina e Egito, a Puglia foi uma das principais entradas desses povos para a Europa.

É banhada ao norte pelo Mar Adriático e ao sul e oeste pelo Mar Jônico e pelo Estreito de Otranto.

A capital é **Bari**, e as cidades mais importantes são **Bríndisi**, **Lecce**, **Gallipoli**, **Taranto** e **Foggia**. Bari, Bríndisi e Gallipoli são portos.

Lecce e Foggia são onde estão as maiores plantações de oliveiras e vinhedos. Puglia é a maior produtora de azeites do mundo.

A cidade de Troia, na Puglia, não é a mesma descrita na Ilíada, em poemas atribuídos a Homero. Segundo tradições, a Troia da mitologia era onde é hoje a província de Anatólia, na Turquia.

Ao sul de Bari estão as cidades de **Polignano a Mare** e **Monopoli**, conhecidas pela beleza das praias e do mar.

Na altura de Monopoli, a cerca de 30 quilometros, indo para o interior está a cidade de **Alberobello**, uma atração à parte, pela arquitetura das suas casas.

Quem nasce na Puglia é pugliese.

Um pouco de história

Esta região já era habitada há mais de 250.000 anos. Há fósseis e registros pré-históricos da era do Homem de Neardenthal. Há megalíticos encontrados também em várias partes do mundo, e que até hoje não se sabe as origens.

O nome é derivado do grego antigo, Apuvlia, pouca chuva, e depois foi sendo modificado para Apulia e finalmente Puglia.

Há mais de 2.000 a.C., era habitada por povos que vieram do lado oposto do Mar Adriático, possivelmente Croácia, Bósnia e Grécia.

Foram estes povos, os dáunios, peucécios e os messápios

Alberobello

que fundaram as primeiras cidades.

Há registros de colônias gregas entre 1.600 e 1.200 a.C.

Sendo uma região geograficamente estratégica, passou através dos tempos por domínios de diversas civilizações, países e reinados, entre eles, os Gregos, Império Romano, Império Bizantino, Normando, Espanhol, Francês, Austro-Húngaro e Alemão.

Em 1861, passou oficialmente a fazer parte do Reino da Itália.

Bari
(Capital da Puglia)

Bari além de ser a Capital da Puglia, é onde está o aeroporto mais importante da região.

Oliveira milenar

A cidade conta também com muitas opções de transportes ferroviário e marítimo.

Não há uma data precisa da fundação da cidade, mas acredita-se que tenha sido pelos peucécios há mais de 2.000 anos, com forte influência grega.

A cidade se desenvolveu, quando os Romanos fizeram chegar até Bari a Via Trajano, uma extensão da Via Ápia.

Por ter passado pela dominação de vários povos há uma mistura grande de culturas, que se refletem nos costumes, arquitetura, hábitos alimentares e religiosidade.

É uma cidade grande, à beira do Mar Adriático, com um porto bem movimentado, de onde saem barcos para a Croácia, Bósnia, Grécia e outros portos dos Mares Adriático, Egeu e Mediterrâneo.

Você pode pegar um cruzeiro saindo de Bari no início da noite e amanhecer ancorando em um porto da Grécia, ou em um outro qualquer da região.

As maiores atrações estão no centro histórico, onde há um antigo castelo e várias opções de pequenos restaurantes, com mesas nas calçadas, com um movimento constante de turistas, o dia inteiro.

A parte nova da cidade está muito próxima do Centro Histórico, com muitas opções de butiques e lojas. Nesta região nova há poucos restaurantes.

Para se hospedar procure um hotel próximo do Centro Histórico.

Eu me hospedei no Palace Hotel, Via Lombardi, 31. É um hotel relativamente grande, tradicional, em uma rua tranquila, na parte nova, mas muito próximo do Centro Histórico.

A escolha do hotel depende do seu gosto e bolso, mas se possível recomendo ficar nesta região, que dá para fazer os passeios a pé.

Centro histórico de Bari

Atrações do Centro Histórico

O centro histórico é cheio de ruazinhas estreitas, entre os edifícios antigos, com lojinhas, pequenos restaurantes e todas as outras atrações. Para caminhar, é só seguir o fluxo das pessoas.

⭐ Castelo de Bari

Construído pelo Rei da Normandia, Roger II, foi destruído e reconstruído várias vezes. Há uma lenda de ter hospedado São Francisco de Assis, em 1221. Aberto para visitações, é também um local para exposições.

⭐ Catedral de Bari ou de São Sabino

Foi reconstruída em 1168, pelo Rei Guilherme da Sicília, sobre as ruínas de uma Catedral Bizantina. É uma atração interessante de visitar pelo estilo da construção em pedras calcárias e por ser a sede do Arcebispado.

⭐ Basílica de São Nicolau

O Verdadeiro Papai Noel – É a maior atração da cidade de Bari, construída entre 1087 e 1197 em homenagem a São Nicolau.

Grande, muito bonita, a maior atração é a cripta no subsolo com as relíquias do Santo.

É uma das igrejas católicas mais importantes da Itália e que recebe peregrinos vindos de todo o mundo.

A História de São Nicolau de Bari (270-343)

É conhecido também como São Nicolau de Myra na Turquia.

Foi onde nasceu e passou a maior parte da sua vida.

Filho de uma família de pos-

Igreja de São Nicolau

Itália

Cripta de São Nicolau

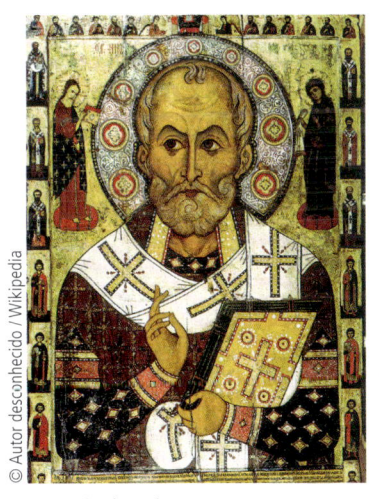

São Nicolau de Myra

Um dos milagres, em viagem para a Terra Santa, em alto mar, interrompeu uma tempestade que ameaçava afundar o barco.

Em um outro, ressuscitou três crianças mortas pelo próprio Pai. Este milagre fez dele o protetor das crianças.

Com os milagres, as histórias e as lendas, tornou-se o Santo mais conhecido e venerado do Oriente Médio e Europa.

Dia 6 de Dezembro é celebrado o dia de São Nicolau.

É o padroeiro da Rússia, Grécia, Noruega, e também dos marinheiros e comerciantes.

ses, ao herdar os bens, decidiu distribuir aos pobres, a quem dedicou todo seu apostolado.

Assumiu uma vida religiosa, sendo sagrado Bispo de Myra.

Vários de seus milagres ultrapassaram fronteiras.

Seus exemplos de generosidade fizeram com que, em vários países da Europa, fossem criados personagens, representados pela figura de um Bispo que, no dia 6 de Dezembro,

Castelo Normanno-Svevo em Bari

motivava as pessoas a trocarem presentes entre si.

Quando da colonização dos EUA, os imigrantes da Holanda levaram consigo para New Amsterdan – Boston, esta tradição e a devoção a São Nicolau na figura de Sinteklaas. Nos EUA, ele tornou-se então Santa Claus.

Em 1822, o escritor Clemente Clark Moore escreveu para seus filhos o conto Uma Visita de São Nicolau. Nela, o Santo viajava em um trenó puxado por renas, que voava e entrava nas casas com os presentes pelas chaminés.

Na Europa, a roupa de São Nicolau era normalmente vermelha e verde.

Em 1931, o cartunista Thomas Nast da Revista *Harpers Weekly's*, desenhou o personagem um pouco mais gordinho, com um sorriso maroto e a roupa vermelha e branca.

Esta figura de Santa Claus, desenhada por Nast, foi utilizada em 1931 pela Coca-Cola em uma campanha publicitária, e acabou consolidando a imagem da personagem.

No Brasil, a personagem Papai Noel é representada pelo mesmo velhinho desenhado pelo cartunista Nast. O nome Noel vem da palavra Nöel, que em francês significa Natal. Seria então Papai Natal. Em Portugal é Pai Natal.

Não há uma explicação precisa para a troca de presentes no dia 25 de Dezembro. Com certeza foi criada nos EUA pelos comerciantes americanos.

Na Europa, em alguns países, trocam-se presentes no dia 6 de Dezembro, dia oficial de São Nicolau.

Indo a Bari, independente da religiosidade, é uma das atra-

Itália

ções visitar a Basílica e a cripta de São Nicolau.

O Vinho Mais Antigo do Mundo – Caminhando pelas ruas do Centro Histórico me deparei com uma loja de vinhos que tinha na fachada, Winery Khareba, "O Vinho Mais Antigo do Mundo". Entrei para conferir.

Era de uma vinícola da região de Kaketi, na Geórgia.

Geórgia é um país, ao leste do Mar Negro, entre Rússia e Turquia. Hoje independente, no passado fazia parte da URSS – União das Repúblicas Socialistas Soviéticas.

É um grande produtor de vinhos e exporta principalmente para os países do Leste Europeu e Europa.

Foi na Geórgia, na região de Kaketi, que foi encontrada uma ânfora de 8.000 anos com resquícios de vinho.

Santa Claus da Coca-Cola

É o registro mais antigo de vinho até hoje encontrado.

Em Kaketi, se autodenominam os mais antigos produtores de vinhos do mundo.

Além de degustar vários, trouxe comigo, para minha adega pessoal, três garrafas dos vinhos mais antigos do mundo.

Espero que a loja continue por lá, quando da sua visita, Strada del Carmine, 40.

Jarros de vinhos

Lecce
(Capital do Salento)

Fundada há mais de 2.000 anos pelos messápios, passou também pela dominação de vários povos, gregos, romanos, normandos e outros.

É considerada a Florença do Sul pela riqueza de seus barrocos nas antigas construções.

Uma das maiores atrações são as ruínas do Anfiteatro do Século II, construído pelos Romanos, no centro antigo da cidade. À noite, iluminado fica muito lindo.

É uma cidade de porte médio para grande, com um centro histórico relativamente pequeno, com ruas e becos estreitos, onde estão a maioria dos restaurantes.

Na parte nova da cidade, há um calçadão com lojas e butiques.

Na região central, há várias e boas opções de hotéis.

Eu me hospedei no Suite Hotel Santa Chiara, Via Degli Ammirati, 24.

Fica no início do centro histórico, muito próximo do Anfiteatro Romano, e também do calçadão do centro novo.

O hotel é antigo, mas muito confortável, com quartos amplos e tranquilos.

Coliseu Romano em Lecce

⭐ Museu Judaico

Uma das atrações do centro histórico é o Museu Judaico.

A cidade de Lecce e o porto de Leuca abrigaram judeus sobreviventes do Holocausto, aguardando de 1946 a 1948 a formalização e oficialização do Estado de Israel, como uma nação independente, para poderem imigrar.

Israel tornou-se uma nação independente em 14 de Maio de 1948.

Neste período, eles ficaram hospedados em antigos casarões tomados pelo Exército Americano, quando da invasão dos Aliados para combater os nazistas e o exército de Mussolini.

Como muitos deles haviam perdido famílias inteiras, da convivência saíram vários

Itália

casamentos e a formação de novas famílias.

O porto de Leuca é hoje uma atração turística para seus filhos e netos.

Muitos judeus vêm visitar os lugares que abrigaram seus Pais, após o Holocausto.

Tanto Lecce como Leuca mantiveram intactos estes registros históricos

⭐ Porto de Leuca

Em meu primeiro livro *VIAGENS, VINHOS, HISTÓRIA*, no capítulo da Toscana, dedico algumas páginas à Via Francígena.

É uma antiga estrada Romana que, a partir do Século XI, passou a ser utilizada pelos Cruzados para irem a Roma, e de lá para Palestina, libertar a Terra Santa dos Infiéis.

Depois que terminaram as Cruzadas, passou a ser a estrada que levava os peregrinos, para visitarem os túmulos de São Pedro e São Paulo em Roma.

Esta estrada existe até hoje, e é ainda utilizada pelos peregrinos. Não tem o apelo místico de Santiago de Compostela.

No meu primeiro livro *Viagens, Vinhos, História*, há uma maior descrição da Via Francígena.

O que mais me intrigava era, a partir de Roma, por qual porto saíam os Cruzados para a Terra Santa? Só poderia ser da Puglia, no calcanhar da bota, a região mais próxima da Palestina.

Visitando uma igreja em Lecce, o seminarista que fez o nosso tour disse-me que era pelo Porto de Leuca, no extremo sul.

E que além dos Cruzados, foi por onde entraram na Europa os primeiros Cristãos para pregar a Palavra de Cristo.

Por lá também saíram, para Israel, os judeus libertos do Holocausto.

Para ir a Leuca de carro, há duas estradas, uma que vai paralela ao litoral, com algumas vistas lindas do mar e outra pelo centro.

Leuca fica exatamente no encontro do Mar Adriático com o Mar Jônico, e é hoje um pequeno porto de turismo e pesca.

A maior atração é o Santuário de Santa Maria, no alto do penhasco, próximo do Farol. Foi construído entre 1720 e 1755 para celebrar a passagem de

Via Francígena

Histórico Porto de Leuca

Escadaria Monumental em Leuca

São Pedro em direção a Roma.

Segundo a tradição, São Paulo também teria chegado pelo Porto de Leuca.

O icônico farol é o segundo mais alto da Itália, está a 102 metros do nível do mar.

O primeiro, mais alto, com 117 metros está em Gênova.

Ligando o Santuário ao Porto há uma escadaria com 296 degraus, com a Cascata Monumental, mandada construir por Mussolini, mas que está desativada.

Como atração turística, há passeios de barcos para visitar cavernas e grotas nos costões do mar, sendo a mais famosa a Grota do Diabo, que faz parte das lendas do local.

Quando cheguei em Leuca, de carro, estava mais interessado na parte histórica e guiei diretamente até o Porto.

No fim da escadaria que liga o Santuário ao Porto, estava lá a placa VIA FRANCÍGENA.

Matei minha curiosidade, a Via Francígena que começa na Catedral de Canterbury na Inglaterra, atravessa a França, entra na Itália pelo Vale de Aosta, passa pela Toscana, vai até Roma, e de lá continua até o Porto de Leuca.

Este era o trajeto dos Cruzados que foram libertar a Terra Santa dos Infiéis.

História dos vinhos da Puglia

Há 2.000 anos já se produzia vinhos nesta região.

Os vinhos da Puglia são reconhecidos em todo o mundo pelas uvas Negroamaro, Primitivo e Nero de Troia. E estão considerados, inclusive na Itália, entre os melhores do mundo.

No Brasil, os vinhos mais conhecidos são com a uva Primitivo.

Uvas Negroamaro, Azienda Marulli

Há uma divisão regional muito bem determinada, na utilização específica das uvas, para a produção do vinho.

Na região do Salento, no entorno de Lecce, a principal uva é a Negroamaro.

As vinícolas produzem seus vinhos com 70% de uvas Negroamaro e 30% de uvas Primitivo.

No Salento, a uva dominante é a Negroamaro.

Na região de Taranto no entorno de Gioia del Colle e Manduria, é o oposto, 70% de Primitivo e 30% de Negroamaro.

Nas regiões de Gioia del Colle e Manduria, a uva dominante é a Primitivo.

Isto é muito importante para programar visitas às vinícolas na Puglia.

Os vinhos Primitivo são produzidos em toda a Puglia, mas

Alberello de Negroamaro

Gioia del Colle e Manduria são consideradas as cidades berço da uva Primitivo.

Gioia del Colle está bem próxima da cidade de Bari. Você pode se hospedar em Bari e de lá sair para as visitas, ou se preferir se hospedar na região de Gioia dell Colle.

Manduria fica mais ao sul, na Província de Taranto, mais próximo de Lecce.

A mesma coisa, pode se hospedar em Manduria ou em

Lecce e de lá sair para as visitas às vinícolas.

Muitos dos vinhos Primitivo que nós bebemos aqui no Brasil são de vinícolas do Salento, ou seja, próximas de Lecce, e apesar de produzirem mais Negroamaro, seus vinhos Primitivo também são muito bons.

Recomendo então programar visitas em vinícolas das duas regiões e aí você terá uma visão mais ampla dos vinhos.

Os vinhos com a uva Nero de Troia são produzidos em cidades ao norte de Bari, principalmente na região de Castel del Monte.

Histórias das uvas Negroamaro

É a principal uva da Puglia. Há duas interpretações para a origem do nome.

Negro Amaro (Amargo, em italiano) ou então Negro Mavru (negro, em grego arcaico). Que seria então NegroNegro. A uva é realmente de um vermelho bem escuro.

Há várias teorias para a origem da uva, mas a mais aceita é que foi trazida no século VII a.C. por imigrantes que vieram dos Bálcãs.

Bálcãs é a península onde estão situadas Albânia, Bulgária, Croácia, Bósnia, Grécia, entre outros países.

Negroamaro é uma das castas mais antigas da Itália e da Europa.

Características

Alto rendimento, abundante, produz um número generoso de cachos, casca bem escura, muito tanino, com alta concentração de Polifenóis, principalmente Reverastrol, Ácidos Fenólicos e Anticioninos.

Considerada junto com a Tannat da França e Baga da

© Azienda Leonne de Castris

Vinhedo, Azienda Leonne de Castris

Bairrada em Portugal, as uvas mais tânicas e antioxidantes.

Solo ideal de argila e calcário, clima quente e árido, com grande amplitude térmica.

Nestas condições, o teor alcoólico é bem alto, 16° a 18°.

Em virtude da alta concentração de polifenóis requer mais tempo nas barricas de carvalho para amaciar os taninos.

Vinho potente, muito encorpado, vermelho intenso, aromas florais e frutados.

Harmoniza com carnes, massas, queijos maduros e temperos fortes. Ideal para quem aprecia vinhos encorpados e intensos.

No Salento, há muitas opções de vinhos Negroamaro monocasta, com todas as características que descrevi.

Estão também produzindo ótimos blends com as uvas Malvasia Nera, Sangiovese e Montepulciano.

Pe. Fillipo Francesco Indellicati

Primitivo

É a uva dos vinhos da Puglia mais conhecida dos brasileiros.

Começou a ser cultivada no século XVIII com o nome de Zagarese, por ser originária da região de Zagreb na Croácia.

Vinhedo da Gianfranco Fino Viticoltore

Uvas Primitivo, San Marzano

Na cidade de Gioia del Colle, o Monge Fillipo Francesco Indellicati, apaixonado por botânica, ficou encantado com a uva e direcionou seus estudos e trabalhos no desenvolvimento desta casta.

Foi ele que deu o nome em italiano arcaico de Primaticcio, ou seja, primeira a amadurecer.

Em italiano moderno, tornou-se Primitivo.

Amadurece em Agosto, enquanto a maioria das uvas na Europa amadurece em Setembro e as tardias em Outubro.

Nos séculos XVIII e XIX, pela excelente qualidade, os vinhos da Puglia ficaram muito conhecidos em toda a Europa e aumentaram o número de vinhedos na região.

Gioia del Colle passou a ser conhecida como a cidade do vinho Primitivo.

No fim do século XIX, a Condessa Sabini di Altamura, casou-se com um nobre da região de Mandúria na província de Taranto e levou consigo mudas da uva Primitivo.

Foi seu sobrinho Menotti Schiavonni que passou a cultivar e em 1891 produziu a primeira garrafa de vinho Primitivo da Mandúria, sob a marca Campo Marino.

A partir daí, os vinhedos de uva Primitivo se expandiram por toda a Província de Taranto.

Primitivo e Zinfandel

Em 1967, o fitopatologista Austin Goheen da Davis University da Califórnia visitando a Puglia, degustando um vinho Primitivo, notou uma grande semelhança com a uva Zinfandel do Vale de Napa.

De volta à Califórnia, desenvolveu estudos e, em 1994, sua colega Carol Meredith, especialista em genética das uvas e professora de Viticultura e Enologia da Davis University, comprovou que a Primitivo e a Zinfandel possuíam a mesma identidade genética.

Em 2001, descobriram que ambas têm como origem a uva Crljenak Katelanski da Croácia.

Esta uva na Croácia tem vários outros nomes, dependendo da região onde é plantada.

Ela é também conhecida como Black Zinfandel da Hungria.

Características
Alto rendimento, produz vários cachos, amadurece em Agosto, corpo médio, clima seco com pouca chuva, solo calcário e argiloso, grande amplitude térmica, rico em polifenóis, alto teor alcoólico 16° a 18°C, aroma de frutas silvestres, cerejas e, dependendo do terroir, aromas de tabaco, pimenta e licor.

Tanino alto, mas não tão intenso como a Negroamaro.

Seus vinhos são menos encorpados, mais suaves e aromáticos.

Acredito que deve ser uma das razões para ter sido muito bem recebido e apreciado no Brasil e em outras partes do mundo.

Harmoniza com carnes, massas, temperos médios e queijos.

Azienda Tormaresca

Nero di Troia
Esta uva domina a região norte da Puglia, nas Províncias de Foggia, Benevento e Basilicata e é plantada desde o século XIX.

Não há uma origem conhecida desta uva, mas ao visitar as vinícolas, vão lhe contar a lenda de Diomedes, um herói exilado da Guerra de Troia, dos poemas de Homero, que chegou nesta região, fundou a cidade de Troia da Puglia e trouxe consigo as mudas das uvas.

Segundo estudiosos, a Nero di Troia é típica das uvas cultivadas do outro lado do Mar Adriático, na região dos Bálcãs.

Sua colheita é tardia, em Outubro, e é uma uva com muita acidez.

Tronco da uva Primitivo, San Marzano

Itália

Alberelos

Na Puglia, a maioria dos vinhedos é plantada pelo sistema e formato de ALBERELLOS PUGLIESES.

Pequenas árvores, separadas por cerca de dois metros, e que são mantidas em uma altura relativamente baixa para facilitar a colheita das uvas.

Hoje, há uma tendência de substituição pelo sistema de Espaldas, que dá a possibilidade de se plantar mais cepas por hectares.

Assim à medida que os alberellos envelhecem e precisam ser substituídos, há uma tendência de se optar pelo formato de espaldas.

Há em toda a região, vários vinhedos com alberellos de 60 a 80 anos.

© Azienda Tomaresca

Aromas que lembram frutas de cor vermelho-escuro, tabaco, café, pimenta e baunilha.

Harmoniza com carnes, massas, temperos fortes e queijos maduros.

Há 15 anos, havia somente cerca de três vinhos Nero di Troia monocasta, muito encorpados.

A maioria dos outros vinhos tintos era produzida, para suavizar, em blends com as uvas Bombino Nero, Sangiovese e Montepulciano.

Com as novas técnicas, há hoje mais de cem rótulos de vinhos Nero di Troia monocasta.

Mesmo assim, não são considerados vinhos elegantes e especiais.

Mas, para quem gosta de vinhos encorpados e potentes, é uma recomendação.

Roteiro da viagem e visitas às vinícolas

Minha programação de viagem foi chegar pelo Aeroporto de Bari, ficar na cidade dois dias inteiros e depois seguir para Lecce.

Depois, quatro dias inteiros em Lecce para visitar vinícolas e as outras atrações.

© Wolfgang Jenfl/Wikimedia

Uvas Nero de Troia

Em seguida, dois dias para Mandúria e Gioia del Colle.

Depois, volta direto para o Aeroporto de Bari, seguindo para Roma.

Entre as cidades de Bari e Lecce há alguns lugares muito interessantes e que merecem ser visitados, Polignano a Mare, Monopoli e Alberobello.

No entorno de Lecce, Leuca, Gallipoli e Otranto. Próximo de Gioia de Colle, a cidade histórica de Matera.

Se for no Verão, você poderá aproveitar a beleza das praias e do mar.

Visitas às vinícolas

Na região do Salento, como expliquei anteriormente, as vinícolas produzem 70% de seus vinhos com a uva Negroamaro e 30% com a uva Primitivo. Mas para o mercado do Brasil, é o inverso, eles exportam 70% de Primitivo e 30% de Negroamaro.

Como sempre faço, contatei uma Agência de Turismo, em Lecce, para programar e marcar as visitas, com tours privados.

A maioria das vinícolas está em pequenas cidades, no entorno de Lecce.

A Infotab Tours faz também visitas às vinícolas em grupo, e tours para várias partes da região. Para contatá-los, utilize o e-mail *info@infotab.it*, *Mirella Preite*.

Com Adriano Sicuro da Leonne de Castris

Alberello, vinhedo da Lucio Leuci

Alberello adotado

A guia Daniela Gravili nos conduziu em todas as visitas. É uma excelente sommelier, fala muito bem inglês, conhece toda a região e, principalmente, é reconhecida em todas as vinícolas que visitei.

🍇 Azienda Leonne de Castris – Salice Salentino

Fundada em 1665 é considerada uma das mais importantes do Salento. Começou a engarrafar seu vinhos em 1925.

A principal uva é a Negroamaro, seguido da Primitivo. Produzem cerca de 2,5 milhões de litros por ano.

Em 1943, produziu o Primeiro Vinho Rose de toda a Itália, o célebre FIVE ROSES. Ainda hoje um dos maiores ícones da Vinícola.

FIVE ROSES leva 90% de Negroamaro e 10% de Malvasia Nera. É um dos grandes exportadores para o Brasil.

Em minha visita, fui muito bem recebido pelo Diretor Comercial Adriano Sicuro. *www.leonnedecastris.com*

Five Roses original, Leonne de Castris

🍇 Cantina Conti Zecca – Leverano

Uma das mais antigas e tradicionais, fundada em 1580.

Em 1884, o Papa Leão XIII outorgou à Família Zecca o Título de Conde.

Vinhedo, Cantina Paolo Leo

Em 1927, Victor Emanuel II, Rei da Itália, confirmou a outorga do Papa.

Alcibiade Zecca, filho mais velho do Conde Giuseppe, é o atual Conde.

Seu irmão, Mario, cuida hoje dos negócios da vinícola, e Clemente, filho de Mario, é o Embaixador Oficial da Marca Conde Zecca.

Desde o século XVII, já exportavam vinhos para vários países da Europa, mas as primeiras garrafas vieram no início do anos 1900.

Produzem ótimos vinhos Negroamaro e Primitivo.

Exportam para vários países do mundo, inclusive para o Brasil.

Em minha visita, fui recebido pelo Diretor Comercial Valentino Caputo e pela responsável pela Exportação Giulia Bianco.

www.contizecca.it

Mario Zecca

Cantina Paolo Leo – San Donaci

Foi fundada por Paolo Leo em 1960 e hoje é conduzida por Paolo Leo, filho. Certificada pelo ICEA – Instituto de Certificação Ética e Ambiental da Itália produz seus vinhos dentro dos conceitos orgânicos e biológicos. Em minha visita, fui recebido e acompanhado por Filomena Sacco.

Projeto Adotta um Alberello nel Salento – Quando da minha visita, fui conhecer

Itália

um vinhedo de alberellos de Negroamaro, com mais de 60 anos, que estavam para serem arrancados.

O proprietário Paolo Leo decidiu preservar o vinhedo, para mantê-los vivos, como se fosse um tombamento histórico.

Criou uma pequena entidade DORSO ROSSO, para que pessoas interessadas na preservação histórica pudessem ADOTAR um ou mais alberellos e tornarem-se seus Tutores.

Eu adotei o Alberello nº17, e recebi o Certificado de Adozione, um punhado da terra do vinhedo, e o título de Vignaiolo Onorario.

Se desejar, você pode adotar um alberello pela Internet. Saiba mais, entrando em contato pelo site *www.dorsorosso.it*

Azienda Vitivinicola Marulli – Copertino

Fundada em 1975 produz um dos melhores tintos Primitivo que degustei em minha viagem.

Fui recebido pela enóloga Francesca Marulli e o responsável pela área de negócios Vito Marulli.

Ambos de uma simpatia extraordinária. É uma vinícola pequena, mas com ótimos vinhos.
info@vinimarulli.com

Paolo Leo e Família

Com Valentino Caputo, Daniela Gravili e Giulia Blanco, Conti Zecca

Vinhedo, Azienda Marulli

Com Rosana Taurino

🍇 Azienda Agrícola Taurino Cosimo – Guagnano

Cosimo Taurino foi um dos pioneiros na produção e valorização do Negroamaro no Salento. É um dos maiores exportadores de vinhos Primitivo para o Brasil.

Hoje a vinícola é conduzida pela esposa Rita, sua filha Rosanna e o genro Fernando Antonio.

Fui recebido pela Rosanna Taurino que proporcionou o tour pela vinícola e me ofereceu a degustação dos vinhos.
www.taurinovini.it

🍇 Lucio Leuci – Antica Casa Vinícola – Guagnano

Fundada em 1924 por Lucio Leuci está hoje em segunda e terceira gerações.

Em 2013, fizeram uma guinada importante no foco dos negócios, começando a produzir Vinhos Kosher para o mercado judaico.

Com Francesca e Vito Marulli

Itália

A partir daí, deram um grande salto nos negócios, exportando para vários países e principalmente os EUA.

A produção do vinho Kosher deve seguir rigorosamente as Leis Dietéticas e de Higienização no processo de vinificação, acompanhadas e certificadas por um Rabino.

Em minha visita, fui recebido por Maria Luísa e Francesco Leuci.

No dia que fui à vinícola, coincidiu com a visita do Rabino Nathan Graf.

Ele foi iniciar o processo de higienização de toda área industrial, com a limpeza dos tonéis de inoxidável e de todas as máquinas que iriam ser utilizadas na vinificação.

Pude acompanhar de perto uma parte de trabalho.

Durante a degustação, com a participação do Rabino, foram-me explicados os procedimentos para a vinificação do vinho Kosher. E também, da obrigatoriedade da identificação da Certificação, com o nome e a origem do Rabino nas garrafas, nos rótulos e nas rolhas.

Produzem Vinho Kosher for Passover (Pesach – Páscoa Judaica) monocastas, com as uvas Negroamaro, Primitivo e Montepulciano.

Roteiro de visitas no Salento

Como a maioria das vinícolas fica em pequenas cidades no entorno de Lecce, e todas muito próximas uma das outras, é possível visitar de três a quatro vinícolas por dia.

Recomendo que se faça a programação com uma Agência de Turismo.

Gioia del Colle

A pequena cidade de Gioia de Colle fica muito próxima de Bari, e foi onde começou a cultura da uva Primitivo no século XVIII.

As vinícolas concentram as produções de seus vinhos principalmente com uvas Primitivo e Negroamaro.

Mas como diversificação têm produzido ótimos vinhos monocastas e blends, com outras uvas, como a Aleático, Aglianico, Minutolo, Verdeca, Chardonnay, Moscato Seco, Marchione e Falenghina.

Três vinícolas que recomendo visitar:

Polvanera – Gioia del Colle

Em 2003, o enólogo Filipo

Com Maria Luísa e Francesco Leuci

Certificado de Vignaiolo Onorario, com Filomena Sacco

Cassano, de uma família com tradições na produção de vinhos, adquiriu uma antiga Fazenda Histórica e iniciou uma bem-sucedida produção de vinhos, de alta qualidade.

Em seu catálogo inclui tintos, brancos, rosés e espumantes, com uma grande variedade de uvas, incluindo algumas castas locais que resgatou.

Certificado pelo ICEA – Instituto de Certificação Ética e Ambiental da Itália, utiliza as melhores práticas para produção de vinhos orgânicos.

De 2008 a 2019, Polvanera teve vários de seus vinhos premiados, principalmente com as uvas Primitivo e a branca Minutolo.

É sem dúvida uma das principais vinícolas para se visitar em Gioia del Colle.
www.cantinepolvanera.it

Tenute Chiaromonte – Gioia del Colle

Produz a grande maioria dos seus vinhos tintos com 100% da uva Primitivo.

Em 1826, a Família Chiaromonte já possuía uma pequena vinícola.

Em 1998, Nicola Chiaromon-

Poda de vinhedos, Lucio Leuci

Cantina Polvanera

te fez da vinícola uma das mais importantes de Gioia del Colle.

A maioria de seus vinhedos é plantada na forma de alberellos puglieses. Fazem questão de identificar em seus vinhos a procedência das uvas.
www.tenutechiaromonte.com

Terre Carsiche 1939 – Castellana Grotte

Fica em uma cidade próxima de Gioia del Colle, onde há uma outra grande atração, as Grutas Castellanas – Castellana Grotte.

São grutas formadas há mais de 50 milhões de anos.

Fundada em 1939, produz tintos, brancos, rosés e espumantes principalmente com as uvas Primitivo, Minuolo, Verdeca e Chardonnay.

Como aquela região era mar há milhões de anos, as uvas acabam absorvendo sedimentos marinhos que tornam os vinhos muito especiais.

Consta que alguns de seus vinhos estagiam dentro da Gruta.

Terre Carsiche 1939 possui vinhedos também no norte da Puglia na região de Castel del Monte, produzindo vinhos com a uva Nero di Troia.
www.terrecarsiche.it

Mandúria

A cidade de Mandúria fica próxima do Golfo de Taranto, e seu terroir é impactado pela proximidade do mar, absorvendo nutrientes marinhos. Assim as uvas de Mandúria acabam sendo levemente diferentes das de Gioia de Colle.

Os Primitvos de Mandúria são muito reconhecidos no Brasil e em todo o mundo.

Barris de carvalho, Gianfranco Fino

Vinícolas a serem visitadas na região de Mandúria:

🍇 San Marzano – Vila de San Marzano di San Giuseppe

É relativamente nova, 1962 e foi formada por 19 produtores. Os focos estão nos vinhos Primitivo e Negroamaro. Produzem também Grapa e Azeite. É considerada uma vinícola grande para a região. Exportam para vários países do mundo. Aqui no Brasil seu vinho mais conhecido é o Sessantanni Primitivo.
www.sanmarzanowines.com

🍇 Gianfranco Fino Viticoltore – Mandúria

Começou em 2004 com uma vinícola de 1,3 hectares e hoje possui cerca de 14,5 hectares de vinhedos. Todos plantados em forma de alberellos puglieses, com mais de 50 anos.

Gianfranco é um dos fundadores da Academia dell'Alberello que tem como objetivo a preservação dos alberellos e também das melhores práticas na produção dos vinhos.

Seus Primitivos e Negroamaro são reconhecidos em vários países de todo o mundo.

Um dos seus tintos foi escolhido para as celebrações dos 70 anos da Rainha Margarida da Dinamarca.

A revista *Gambero Rosso*,

Solo vermelho, San Marzano

que faz classificações e premia os melhores vinhos italianos anualmente, escolheu em 2009 Gianfranco Fino como o Melhor Produtor de Vinhos do Ano. Foi a primeira vez que um produtor do sul da Itália levou o prêmio.
www.gianfrancofino.it

🛢 Antico Palmento – Mandúrla

Em 1998, Bruno Garófano, de uma família com tradições na produção de vinhos, comprou uma propriedade com um "palmento".

Palmento vem de tempos muito remotos, eram cubas construídas no nível da terra, interligadas, para a pisa das uvas, a separação do líquido das cascas e a fermentação.

Palmentos eram muito utilizados na região da Calábria. Hoje são mais atrações arqueológicas.

É uma vinícola pequena e a maioria dos vinhos é feita com as uvas Primitivo e Negroamaro. Suas garrafas e rótulos são muito bonitos. Foi um dos que mais gostei.
www.anticopalmentogarofano.com

🛢 Morella – Mandúria

É também uma vinícola pequena que produz ótimos Primitivos e Negroamaros. Como muitos produtores da região de Mandúria, a maioria dos seus vinhedos é em forma de alberellos puglieses.

Possuem dois vinhos muito conhecidos, Primitivo Old Vines, com uvas de alberellos de 80 anos, e La Signora com uvas de alberellos de 50 anos.

Possui também um tinto muito bom, um blend de Primitivo com Malbec, que acaba sendo uma novidade para a região.
www.morellavini.com

🛢 Castel del Monte

Considerada uma região da uva Nero di Troia. É uma pequena cidade que tem como atração um antigo monastério beneditino em cima de um monte.

Fica no norte, no meio do caminho entre Bari e Foggia.

Se tiver tempo vale muito a pena visitar. Como fica ao norte, o ideal é programar a visita às vinícolas a partir de Bari.

Entre Bari e Foggia, há dezenas de quilômetros em sequência de vinhedos, que eu nunca vi nada igual. A maioria, de uvas Nero di Troia.

Há 30 anos, esta região era a maior produtora de uvas de toda Itália. Plantavam, colhiam as uvas e vendiam para vinícolas de todo o País, para que produzissem seus vinhos tintos de mesa.

No passado, muitos agricultores de Salento, Gioia e Manduria também vendiam suas uvas.

Um produtor local disse-me que muitas pessoas na Itália e em todo o mundo, inclusive no Brasil, devem ter bebido vinhos da Toscana, Piemonte, Sicília e Vêneto, com uvas da Puglia.

Muitos produtores continuam vendendo suas uvas, mas, já há algum tempo, foram abrindo vinícolas, criando uma identidade para a região.

No passado, a uva principal era a Nero di Troia. Como esta uva não tinha muito prestígio junto aos consumidores, os produtores decidiram então plantar e produzir vinhos também com a Primitivo, Negroamaro e várias outras castas locais.

Há três vinícolas em Castel del Monte que vale a pena conhecer. Uma delas, a Tormaresca, é uma das mais lindas da Puglia.

Vinhedo, Conti Zecca

Tormaresca – Castel del Monte
No passado, vendiam suas uvas para outros produtores. A partir de 1998, decidiram produzir seus próprios vinhos, principalmente com as uvas, Nero di Troia, Primitivo, Negroamaro, Aglianico, Cabernet Sauvignon, Merlot e Chardonnay.

Seu vinho tinto Torcicoda Primitivo foi o primeiro vinho da Puglia a estar no Top 100, da revista *Wine Spectator*.

É um vinícola muito bonita e que tem um atendimento muito profissional. O contato direto é com luciana.ceci@tormaresca.it

O site é também muito bonito www.tormaresca.it

Há também uma filial com degustação de vinhos em Lecce.

Azienda Vinícola Rivera – Castel del Monte
Fundada em 1950 por Sebastiano Corato, hoje está sendo conduzida pelo filho Carlo e neto Marco.

É uma vinícola muito interessante, principalmente, pela enorme variedade de uvas com que fazem seus vinhos.

O problema é que não se consegue degustar todos.

Itália

🍷 **BRANCAS**
- Fiano
- Bombino Bianco
- Anglianico
- Sauvignon Blanc.

Já há algum tempo, obtiveram a Certificação de Qualidade CSQA
www.rivera.it

Torrevento – Castel del Monte

De uma família de produtores de vinhos e azeites, em 1989, Francisco Liantonio fundou a Torrevento.

Em 1992, produziu seus primeiros vinhos.

Como todos os produtores da região, a uva mais importante era Nero di Troia.

Hoje seus vinhos são blends com Negroamaro, Primitivo e Sangiovese, ou então Negroamaro e Malvasia Nera.

Os brancos levam Verdeca e Bombino Bianco.

No Brasil, o mais conheci-

Esta é a "pequena" relação das suas uvas:

🍷 **TINTAS**
- Nero di Troia
- Primitivo
- Negroamaro
- Bombino Nero
- Moscato di Trani
- Montepulciano

Vinhedo histórico Sessantanni, San Marzano

Vinhedo, Azienda Rivera

do e disponível é o Castel del Monte – Nero di Troia, aliás muito bom, para o meu gosto.
www.torrevento.it

Estas três vinícolas estão em Castel del Monte, e muito próximas de Bari.

É um passeio de dia inteiro. Tormaresca e Rivera possuem restaurantes.

Roteiro de viagem

Chegando no Aeroporto de Bari, o ideal é se hospedar na cidade, e dedicar um dia inteiro para conhecer. Em um segundo dia programar Castel del Monte. A partir daí, todas as atrações estão no sul.

Se quiser sonhar mais alto, há navios saindo diariamente dos portos de Bari e Bríndisi para os Bálcãs, Croácia, Eslovênia, Albânia, Bósnia, e Grécia. De lá, você está perto da Turquia e Israel.

Sebastiano Corato, Carlo e Marco Corato, Azienda Rivera

Do porto de Galípoli saem barcos para Nápoles, Sicília e outras ilhas do Mediterrâneo.

⭐ Matera
Uma Atração à Parte

Muito perto de Bari, ao lado de Gioia del Colle, está a cidade pré-histórica de Matera.

Além do centro histórico, uma das maiores atrações são os hotéis 5 Estrelas, construídos dentro das cavernas.

Itália

As acomodações, os quartos, com todos os confortos mais modernos, estão construídos dentro das cavernas.

Os preços são altos, mas é um lugar muito especial para se hospedar, mesmo que seja por uma ou duas noites.

Ou então, como fica a 60 minutos de Bari e 30 minutos de Gioia del Colle, é um passeio de dia inteiro. É um lugar extraordinário.

Eu gostei muito da Puglia, independentemente das vinícolas é uma região que tem muita história e um mar azul muito lindo. Eu vou voltar lá, com certeza, e quem sabe, pegar um navio e descer na Grécia.

Se quiser alguma dica de roteiro, contate comigo diretamente pelo *miltonassumpcao@terra.com.br*

Para quem curte o mar

Em relação ao mar, a Puglia é privilegiada, pois está rodeada pelo Mar Adriático, o Mar Jônico e o Estreito de Taranto.

Como eu curto bastante o mar, antes de viajar para a Puglia, pesquisei vários lugares que pudesse conhecer.

Em minhas viagens, procuro sempre fazer uma programação com foco em visitas às vinícolas e degustação de vinhos, mas programo, sempre, um tempo para visitar e conhecer outras atrações que hajam na região.

Na Puglia, alem das vinícolas, do enorme acervo turístico histórico, há várias praias e costões de pedras, com um mar de um azul anil, lindo.

Para quem curte o mar, a Puglia é uma atração à parte.

Polignano a Mare

Castel del Monte

Os principais portos estão em Bari, Bríndisi, Monopoli, Galípoli e Taranto. No entorno destas cidades e em toda região há muitos lugares bonitos para conhecer.

Ao sul de Bari, estão as cidades de Polignano al Mare e Monopoli. Se você optar por se hospedar em Bari, são cerca de, no máximo, 45 minutos de carro, até lá.

São duas cidades antigas, ruas estreitas, casinhas brancas que lembram muito a Grécia.

Nesta região há várias opções de praias e costões de pedras, para um banho de mar.

Mesmo que você não tenha intenção de nadar, vale a pena conhecer e fotografar.

Há tours diários saindo de Bari, que inclui a cidade histórica de Alberobello.

Há vários portos com saídas regulares de barcos de transportes coletivos transitando entre as cidades, muitas opções de cruzeiros e pequenos tours por todo o litoral.

Há também, uma grande variedade de praias de areias, pedras e rochas, com ótimas opções para uma caída no mar. Sapecar um mergulho!

Galípoli

Itália

Torre Sant'Andrea

Na região de Lecce em direção ao sul, há uma estrada litorânea que passa por várias praias e resorts, com vários lugares para fotografar e opções de um banho de mar.

No porto de Leuca, no extremo sul da Puglia, as atrações maiores são os tour de barcos para visitar grutas nos costões de pedras, com direito também à uma caída no mar.

Galípoli no Mar Jônico é um porto movimentado com barcos regulares de transportes coletivos, de pescas e de turismos.

O centro histórico lembra uma grande fortaleza e é rodeado de pequenas marinas.

Galípoli tem sua história recente ligada à Segunda Guerra Mundial, quando tropas dos Aliados entraram na Itália por este porto, através de violentos confrontos com os nazistas.

Todas estas vilas e cidades à beira-mar possuem em seus centros históricos, ruas estreitas de comércio, com lojinhas, boutiques, artezanatos, várias opções de restaurantes com comidas regionais, que incluem cartas super atraentes de vinhos Primitivo e Negroamaro.

O mar da Puglia é lindo o ano todo, mas, para aproveitar melhor as praias e curtir o mar, o ideal é programar sua viagem entre os meses de Junho e Setembro.

FLORENÇA

Parco Nazionale delle Foreste Casentinesi, Monte Falterona e Campigna

E76 · A11 · SS67 · SS3bis · E35 · SR439 · SS73 · SR68 · SS751 · E35 · E80 · SR439 · SR2 · SS223 · Parco Regionale del Lago Trasimeno · E80 · E35 · SR2 · E80 · SR74 · Lago Bolsena · Porto Santo Stefano · E80 · SR312 · Porto Ercole · E80 · Parco Natura Regiona di Bracciar Martignar

Mar Tirreno

ÚMBRIA
ÁREA AMPLIADA

Mar Adriático
E55
SS73bis
E78
SS76
SS3
SS3bis
PERUGIA
ASSISI
SS77var
E55
SS77
BEVAGNA
MONTEFALCO
E45
NORCIA
SS4
SS81
Parco Nazionale del Gran Sasso e Monti della Laga
SS4
SR471
TERNI
SS675
SS365
E45
TIBER
SR578
SS4
SS3
SR2
A24
SS5
SR5
E35
E45
A90
ROMA
A24
SS690
SS83
SR411
E45
E80

ÚMBRIA

Uva
Sagrantino

Itália

Úmbria é uma das 20 regiões da Itália, bem no centro do País, ladeada pela Toscana, Marche e Lazio.

A capital é **Peruggia** e o principal rio é o Tibre.

Úmbria é reconhecida por ser a terra de vários santos católicos e mais recentemente pelo excelente vinho Sagrantino.

Um pouco de história

Há 1.000 a.C., a região era habitada pelo Úmbrios, um povo mais ligado à agricultura.

A capital era Gubbio e o idioma o Umbriam.

Narni, cidade importante da época, por onde passava a Via Flamínia, estrada Romana que ligava Roma ao Mar Adriático, guarda ainda registros de tribos pré-históricas.

Os Etruscos, que habitavam a região da Toscana, mais guerreiros, 500 a.C., invadiram e tomaram posse do território. Com o tempo, a cultura dos Umbrios foi desaparecendo e como não eram povos que dominavam a escrita, ou seja, não havia escritores que registrassem sua história, ficaram as lendas.

Os Romanos, 295 a.C., em uma estratégia de aproximação, uniram-se aos Etruscos.

Os Etruscos dominavam a produção de artefatos e armas de ferro e para os Romanos era

Pátio da Azienda Scacciadiavolo, Montefalco

tremendamente estratégico, para utilização nas batalhas e nas conquistas.

Com o tempo, também, a cultura Etrusca foi desaparecendo, restando somente tumbas, sarcófagos e cemitérios.

Terra de Santos Católicos

Úmbria é reconhecida como uma região onde o cristianismo teve uma base muito sólida de edificação, através da atuação religiosa de personalidades que por suas ações, e exemplos de vida, foram reconhecidos como Santos pela Igreja Católica.

Os santuários na Úmbria atraem turistas do mundo inteiro.

Os textos a seguir não têm conotações religiosas, mas sim narrativas históricas.

São Benedito de Nórcia

São Benedito (480-547 d.C.) fundou a Ordem dos Beneditinos na região do Lazio, posteriormente transferiu-a para Nórcia, na Úmbria, onde era reconhecida como a Ordem dos Monges Negros.

Foi o primeiro religioso a implantar uma Ordem de cristãos monásticos, que renunciavam a bens materiais e viviam em função dos valores espirituais.

O livro de Regras de São Benedito, que regem até hoje os Beneditinos, foi escrito em 516 d.C.

A catedral de São Benedito em Núrcia guarda os restos mortais do Santo.

São Francisco de Assis

Giovanni Pietro de Bernardone (1182-1226) nasceu em uma família de muitas posses. Depois de uma juventude irrequieta, optou por seguir uma vida religiosa de extrema pobreza, e mudou seu nome para Francisco.

Ordenado frade, fundou em 1209 a Ordem dos Franciscanos.

Francisco morreu no dia 3 de outubro de 1226. Na hora da sua morte, pediu que recitassem o Salmo 142 de Davi, do Livro de Samuel.

A cidade de Assis, na Úmbria, é uma das cidades católicas mais visitadas da Itália. Entre suas atrações incluem a Basílica de São Francisco, o Convento dos Franciscanos, a Basílica de Santa Chiara, várias igrejas e o Templo de Minerva.

Estive em Assis duas vezes. É uma cidade medieval muito linda.

Uma das atrações, o Templo de Minerva foi construído no século I a.C, como um templo pagão para cultuar o semideus Hércules. Com a eliminação

Vale do Rio Topino

Asisi

do paganismo, no século VI foi restaurado pelos monges Beneditinos.

No século XVI, o Papa Paulo III consagrou o templo à Igreja de Santa Maria sobre Minerva.

No século XVII, passou a ser conduzida pelos frades Franciscanos.

Santa Chiara de Assisi – Santa Clara

Este é um exemplo de nomes que mudaram a grafia, devido à pronúncia dos imigrantes italianos, que chegaram no Brasil no século XIX.

Santa Chiara tornou-se Santa Clara, assim como Santa Lucía, Santa Luzia.

Chiara D'Offreducci (1194-1253), de uma família muito abastada, decidiu aos 18 anos de idade tornar-se uma seguidora de São Francisco de Assis, fazendo também o voto de extrema pobreza. É a fundadora da Ordem das Clarissas, que seguem os mesmos votos dos Franciscanos.

Seu restos mortais estão na Basílica de Santa Chiara em Assisi.

Alguns meses antes de morrer, já muito doente, ela desejou assistir à missa na Igreja de São Francisco, mas estava impossibilitada de ir.

Ela orou e pediu a Deus que a satisfizesse.

Ela, então, teve a visão toda da missa sendo refletida na parede em frente ao seu leito.

A comprovação é que ela repetiu o sermão do Padre.

Por este milagre, o Papa Pio

Itália

XII proclamou-a Padroeira da Televisão.

No Brasil, a devoção à Santa Clara está ligada a dias de sol.

"*Santa Clara clareou, São Domingos alumiou, vai chuva, vem sol!*"

A explicação está na oração que diz.

"*Ela agora está no céu, como o sol brilhante!*"

São Valentim

Na história e nas lendas, há dois São Valentim. O primeiro viveu em Roma.

O Imperador Claudio, durante o seu governo, era contra o casamento de seus soldados.

Ele alegava que, após o casamento, os soldados ficavam mais temerosos e enfraqueciam o exército.

São Valentim – Cartão do Hallmmak

Na época, apesar da proibição, o Bispo Valentim continuava a celebrar casamentos.

Denunciado, foi preso e martirizado.

O outro, mais importante e verdadeiro, foi o Bispo Valentim de Terni, na Úmbria, que viveu por volta de 226 d.C.

Conta a história que era um conselheiro e reconciliador de casais. A rosa, que gostava de cultivar, era um símbolo do amor. Usava o caule com espinhos e a beleza da flor como uma metáfora para as dificuldades enfrentadas pelos casais.

O Bispo de Terni foi martirizado pelo Imperador Aureliano.

No século V, o Papa Gelésius proclamou o dia 14 de Fevereiro como sendo o dia de São Valentim.

Mas foi o poeta inglês Geoffrey Chaucer que no século XVIII resgatou esta personagem, introduzindo-os em seus poemas, relacionando-os com o amor e os enamorados.

Esta data já era celebrada na Europa, quando em 14 de Fevereiro de 1916 uma empresa de Kansas City, no Missouri, Hallmark Cards lançou cartões para serem trocados com juras de amor.

A partir daí, a celebração do Valentine's Day só cresceu, tornando-se uma data comemorada não só pelos enamorados, mas principalmente pelo comércio.

Os restos mortais de São Valentim estão na Igreja das Carmelitas em Terni, na Úmbria, com os dizeres "São Valentim,

Praça central de Montefalco

Patrono do Amor".

Assisi, Terni e Nórcia são cidades medievais que, independentemente da religiosidade, fazem parte dos roteiros turísticos na Úmbria.

Histórias dos vinhos Montefalco Sagrantinos

Montefalco é uma pequena cidade medieval, no alto de uma colina, que dá o nome oficial aos vinhos Sagrantinos.

A produção dos vinhos tintos Montefalco Sagrantinos e Sagrantino Rossos é muito recente. A DOCG foi criada somente em 1992. A maioria dos vinhedos está no entorno das cidades de Montefalco e Bevagna.

Não há uma origem determinada da uva Sagrantino. Há registros de que era utilizada por frades, no século XVI para o vinho da missa, daí o nome Sagrantino, de Sagrado.

É uma uva tardia, colhida em Outubro, que junto com a uva francesa Tannat e a Baga da Bairrada, em Portugal, são consideradas com a maior quantidade de taninos, o dobro da Nebbiolo e Cabernet Sauvignon.

A história do Montefalco Sagrantino lembra muito o que aconteceu com Recioto e Amarone, na região do Valpolicella.

Há alguns anos, a uva era utilizada unicamente para o vinho Passito, um vinho licoroso e doce, como o Recioto de Valpolicella.

Para a produção do Recioto e Passito, as uvas são colocadas para secar por três meses, quando perdem então cerca de 30% do seu suco. A partir daí são colocadas para fermentar.

A fermentação é interrompida para que haja um equilíbrio do açúcar e do álcool, gerando um vinho licoroso, doce e saboroso.

Não há uma data exata, quando alguns produtores na Úmbria decidiram produzir vinhos tintos, exatamente com são feitos os Amarones.

Fermentação da uva Sagrantino

As uvas foram colocadas para secar por três meses, e colocadas para fermentar. Ao invés de interromper a fermentação para equilibrar o açúcar e o álcool do licoroso Passito, deixaram as uvas fermentando por mais dias. O açúcar foi transformado totalmente em álcool, produzindo um vinho encorpado, vermelho intenso, muito bem estruturado, com uma dosagem alcoólica mais elevada, e muito saboroso.

Sua produção é limitada pela pequena área de plantio, e por perder praticamente 30% de seu suco, quando da secagem das uvas.

Para um vinho tinto normal, calcula-se 1 quilo de uvas para uma garrafa. Para os Sagrantinos e Amarones, são precisos quase 2 quilos. Também o tempo de produção é especial e diferente dos tintos normais.

Montefalco Sagrantino e Sagrantino Rosso

O Montefalco Sagrantino, pela DOCG, deve ser produzido com 100% de uva Sagrantino, estagiar por 37 meses, sendo 12 meses em barricas de carvalho, antes de ir para o mercado.

Na região, estão utilizando grandes barris de carvalho da Eslovênia.

O Sagrantino Rosso, pela DOC, deve ser produzido com 75% a 90% de uva Sangiovese, e 10% a 25% de uva Sagrantino.

É permitido compor o blend com uma porcentagem de Cabernet Sauvignon ou Merlot.

Deve estagiar por 18 meses, sendo 12 em barricas de carvalho.

Sagrantino Rosso Reserva deve estagiar por 30 meses, sendo 12 meses em barricas de carvalho.

Como disse anteriormente, são vinhos com um alto teor

Itália

de tanino, encorpados, muito bem estruturados e harmonizam com carnes, massas, caças, temperos fortes. Seus principais aromas lembram frutas vermelhas, canela e terra.

Montefalco Bianco é produzido com 50% de Grechetto, 20% a 25% de Trebbiano Toscano e complementado com outras castas brancas, como a Chardonnay. São vinhos que já têm um ótimo reconhecimento na Itália, mas que pela sua limitação de produção são pouco distribuídos e conhecidos mundialmente.

No Brasil, ainda há poucas opções e a preços também não muito acessíveis. Mas se puderem experimentar, verão que são vinhos muito especiais.

Programação da viagem

Montefalco e Bevagna ficam a aproximadamente 145 quilômetros de Roma, 150 quilômetros de Florença e somente a 75 quilômetros de Montepulciano.

Em minha viagem, que inclui visitar vinícolas na Úmbria, programei também visitar vinícolas na Toscana, em Montalcino, Montepulciano, Chianti e um fim de semana em Florença.

Todas estas cidades são relativamente muito próximas.

Desta vez, aluguei o carro em Florença e de lá saí para cumprir o roteiro estabelecido.

Dediquei três dias inteiros para a região dos Sagrantinos.

Outono na Úmbria

Onde se hospedar

Sempre que visito uma região vinícola que possui no seu entorno uma cidade histórica ou medieval, prefiro me hospedar em um hotel dentro das muralhas.

Havia então opções de hotéis em Montefalco e Bevagna.

Optei por ficar em Montefalco no Palazzo Bontadozi Hotel, no alto, no centro histórico.

É um antigo palácio, todo restaurado, com seu interior todo modernizado, mas que mantém preservada sua arquitetura exterior.

Em Montefalco, há poucos hotéis dentro das muralhas.

Já em Bevagna há mais opções. Há também hotéis e agroturismos em cidades próximas.

Muitos turistas combinam as visitas às vinícolas com turismo religioso e histórico, hospedando-se em Peruggia, Spello, Assisi ou Foligno.

Recomendação muito especial

Montefalco é uma cidade muito pequena, de praticamente uma só rua de comércio, onde há alguns restaurantes e lojas de vinhos.

Não tenho como hábito recomendar restaurantes, mas há um, que nos foi recomendado pelo pessoal do hotel, que foi uma surpresa muito agradável.

A primeira impressão não foi boa, muito simples, despojado, algumas mesas na calçada e aquelas toalhas quadriculadas típicas.

O cardápio tinha boas opções, mas a atração, além do atendimento e simpatia, está no azeite.

Plantam e cultivam oliveiras e produzem seu próprio azeite.

Bevagna

Itália

Montefalco

Se forem lá jantar, usem e abusem do azeite, principalmente nas bruschettas.

As melhores que comi na minha vida. Com um tinto Sagrantino, a harmonização é perfeita.

Eram tão saborosas que fui até a cozinha para aprender como faziam.

Sensibilizados com o carinho e atenção, prometi à Daniela Fagioli, Chef e proprietária, que iria recomendá-los no livro.

Daniela cuida do restaurante e o esposo, Olívio, das oliveiras e da produção do azeite.

Não se impressionem pela simplicidade do restaurante.

⭐ **Restaurante Olevm**
Corso Goffredo Maneli, 55, a rua principal.

Restaurante Olevm

Só depois vi que há no Trip Advisor, 187 comentários positivos, incluindo o meu.
www.olevm.it
info@olevm.it

BEVAGNA é uma cidade maior, muito próxima de Montefalco, também medieval, com mais atrações turísticas, hotéis, lojas, restaurantes. Ambas se autodenominam Città del Vino.

É uma ótima opção para se hospedar, mesmo porque muitas das vinícolas e dos vinhedos estão localizados justamente entre Montefalco e Bevagna.

Como é uma região vinícola relativamente nova, não há muitas opções de Enoturismo. A maioria das Agências está localizada em Peruggia, capital da Úmbria, e tem seus tours com focos no turismo geral.

Também não há muitas opções de vinícolas para visitar e a grande maioria atende com reservas antecipadas.

Como sempre faço, busco contatar um guia de enoturismo na região para fazer as reservas e me levar às vinícolas - gustowinetours@gmail.com

Giselle e Mark Stafford falam inglês e italiano. Atendem passeio privado e em grupo.

Visitas às vinícolas

Foram dois dias inteiros dedicados a visitar às vinícolas, sendo o primeiro dia com o guia, e o segundo dia, por conta própria.

No primeiro dia com o guia, facilita para conhecer a região e os caminhos. Nos outros dias, aproveito para explorar a região.

🛢 Cantine Milziade Antano – Fattoria Colleallodole – Bevagna

No primeiro dia em Montefalco, entrei em uma loja de vinhos e perguntei qual era o melhor Montefalco Sagrantino para comprar. A vendedora, sem dúvida, recomendou o Colleallodole.

É uma vinícola familiar, da década de 1960, muito simples, rodeada de vinhedos, entre Montefalco e Bevagna.
Estive visitando duas vezes. A primeira com o guia, em um tour regular de degustação. No dia seguinte, voltei para uma conversa mais informal com os proprietários e para fotografar os vinhedos.

Fui recebido por Francesco Milziade e seu filho Giordano Milziade, responsáveis pela vinícola e pela produção dos vinhos.
www.fattoriacolleallodole.com
info@fattoriacolleallodole.it

Pela DOCG, o tinto Montefalco Sagrantino deve estagiar por 37 meses sendo 12 em barricas de carvalho. Fiquei muito bem impressionado com o processo e a técnica com

Francesco Mizialde e uvas sagrantino

Com Francesco Mizialde e seu filho Giordano Mizialde

que o Francesco e o Giordano produzem seus vinhos.

- Separam as melhores uvas e colocam para secar por três meses.
- Colocam as uvas inteiras, com as sementes, sem prensagem, com um pequeno corte, levemente rompidas, para fermentação em barricas de inoxidável.
- Por serem colocadas inteiras e com as sementes, a fermentação alcoólica leva de 25 a 30 dias, quando, além da transformação do açúcar em álcool, há uma absorção maior de cores e taninos.
- Fermentação malolática varia de ano a ano.
- Estagia 12 meses em grandes barricas de carvalho da Eslovênia e mais 25 meses em barris de aço inoxidável, um total de 37 meses.
- Estagia mais 6 meses em garrafas antes de ir para o mercado.

Se adicionarmos o tempo de secagem das uvas e o tempo da fermentação malolática, são praticamente 5 anos, da data da colheita, para o vinho Montefalco Sagrantino ser colocado no mercado para venda.

São razões por serem muito especiais, saborosos, raros e caros.

Produzem Montefalco Sagrantino DOCG, Rosso DOC, Passito, Branco Grechetto e Rosé.

Terre dei Nappi – Bevagna

Rodeada de vinhedos, com uma vista muito bonita para a

cidade de Bevagna. Familiar, com uma história de mais de 50 anos, é administrada pelos proprietários Pietro Antano e seu filho Riccardo. Produzem Montefalco Sagratino DOCG, Rosso DOC, Passito, Grechetto Acquedotto Romano e exportam para Bélgica, Holanda, Suiça e Brasil.
www.terredeinappi.com
pietroantano@live.it

Pietro Antano e seu filho Riccardo.

Os proprietários da Terre dei Nappi e Fattoria Colleallodole são parentes, e as vinícolas estão muito próximas. Recomendo incluí-las em sua programação de visitas.

🌿 Cantina Fongoli – San Marco

Familiar, em quarta geração, administrada pelo casal Letizia e Angelo Fongoli dentro de um conceito de sustentabilidade e respeito às leis da natureza. Seus vinhedos e a produção dos vinhos seguem métodos biodinâmicos, incluindo a utilização do calendário lunar, para todas as etapas do processo.

Utilizam plantas para equilibrar a absorção da água e

Vinícola Terre del Nappi

Itália

Cantina Fongoli

adubagem dos vinhedos.

Mantêm no entorno plantações de oliveiras, para produção de azeite, e um bosque natural para trufas.

Produzem anualmente uma média de 6.000 garrafas de Montefalco Sagrantino e 15.000 do Montefalco Rosso.

Angelo é responsável pela agronomia e enologia. Letizia cuida da área comercial. Exportam para EUA, Canadá, vários países da Europa, Nova Zelândia, Austrália e Japão. Não possuem distribuidores no Brasil.

Além do Montefalco Sagrantino DOCG e Rosso DOC, produzem também Grappa de Sagrantino e Azeite Biológico, que fazem parte da degustação nas visitas.

www.fongoli.com
info@fongoli.com

Antonelli San Marco – San Marco – Montefalco

No alto da colina com uma vista linda de todo o vale, incluindo ao longe as cidades Bevagna, Foligno, Assisi e Spello.

A visita incluiu almoço, com degustação de vinhos, ao ar livre sob a sombra de uma

Com Letizia Fongoli

Antonelli San Marco, Montefalco

figueira, carregada de figos maduros.

Degustei tintos Montefalco Sagrantinos, Rossos e na sobremesa um cálice de Passito.
www.antonellisanmarco.com
info@antonellisanmarco.it

Azienda Agraria Scacciadiavoli – Montefalco

Na narrativa da história, a vinícola é de 1884 e o nome está ligado a um exorcista, que vivia na região e expulsava demônios utilizando vinho.

Vinícola familiar em 3ª e 4ª gerações, administrada pelos irmãos Francesco, Carlo e Amilcar Pambuffetti e seus filhos Liu, Romeo, Fiammetta, Amilcar e Iacopo.

Tem como especialização a produção de Espumantes Brut pelo método clássico, utilizando 85% de uvas Sagrantino e 15% de Chardonnay.

O Espumante Brut Rosé leva 100% de uvas Sagrantino.

Colhem as uvas um pouco antes de amadurecer totalmente e conseguem a acidez

Gerações na Azienda Scacciadiavoli

Vinhedos da Cantina Fongoli

necessária para o espumante. É muito inovador.

Produzem anualmente 20.000 garrafas de Espumantes e 35.000 de Montefalco Sagrantino e Rosso. O mercado principal é a Itália.
www.scacciadiavoli.com
info@scacciadiavoli.it

Roteiro turístico

Para um roteiro turístico na Itália, é fundamental alugar um carro. Como a região da Úmbria está no meio do País, você pode iniciar os passeios de vários lugares.

Saindo de Roma, segue em direção ao norte, passando pelas regiões do Lazio, D'Abruzzo, chegando então na Úmbria. Daí então pode seguir para a Toscana, Florença, Milão, Veneza, França, Áustria, Suíça e Croácia.

Saindo de Milão ou Veneza, o sentido inverso, Vêneto, Emiglia Romana, Lombardia, Piemonte, Cinque Terre, Toscana, Úmbria, Roma, Nápoles, Puglia.

O ideal é sempre definir um roteiro turístico estabelecendo as etapas, o tempo que pretende ficar em cada lugar e se possível já reservar com antecedência os hotéis.

Como a maior parte do tempo estamos passeando ou na estrada, recomendo sempre alugar um bom carro e um hotel que possa descansar e dormir tranquilo. Não precisa ser um hotel muito estrelado.

Recomendo alugar um carro grande, de preferência um SUV, que caibam as malas, e que seja confortável. GPS ou WAZE são fundamentais.

CISON DI VALMARINO
SR63
VALDOBBIADENE
SP10
SP36
SP2
Rio Piave
SR348
SS
SS47
SR348
TREVISO
SR53
SR53
SS13
Brenta
SS47
S308
SR515
SS13
A57
E70
PÁDUA
S309
A13

SS13
SS13
A28
CONEGLIANO
A28
VENETO
ÁREA
AMPLIADA
A28
A27
SR53
Rio Piave
SR53
E70
SS14
SR89
E70
SS14
SR43
Rio Piave
A57
SP42
VENEZA
agoa de
Veneza
Mar Adriático

27
3
SUÍÇA
3
SP29
SS36
29
SS38
SS37
SS38
Parco delle Orobie Bergamasche
SS36
SS237
SS42
SS470
Lago di Iseo
SS237
A4
A4
BRESCIA
Lago di Garda
MILÃO
A35
A35
E70
BARDOLINO
A58
E70
SP668
SS47
SP236
SS9
SS498
SP343
E70
E35
Rio Pó
E70
E70
SP420
Rio Pó
E35
SS9
SS45
SP654
SS62

VENETO
ÁREA AMPLIADA
SS38
A22
SS508
SS242
SS242
SS42
A22
SS612
SS421
SS47
SS51
E45
CISON DI VALMARINO
VALDOBBIADENE
CONEGLIANO
A28
SS46
R249
SS12
A22
E70
A31
A27
TREVISO
VICENZA
VALPOLICELLA
E70
SS14
VENEZA
PÁDUA
E70
E70
E70
VERONA
70
E45
SS434
SS309
A31
SS104
SR10
A13
E55
SS12
SS434
SS309
Rio Pó
Rio Pó
A13
SS16
22
Parco Regionale Veneto del Delta del Po
SS12
RA8
SS309
A13
SS64

VÊNETO

Veneza

A região vinícola do **Vêneto** é considerada uma das mais antigas de toda a Itália, muito devido a sua proximidade com o porto de **Veneza**, entreposto de comércio com o Oriente Próximo e o Leste Europeu.

Veneza de Casanova e principalmente do viajante Marco Polo foi durante séculos o porto de entrada de mercadorias e especiarias da Índia e do Oriente.

O Vêneto tem como capital a cidade de **Treviso** e se estende do leste, desde o **Mar Adriático** até o **Lago de Garda**, ao norte os **Dolomitos**, os Alpes, e ao sul faz divisa com Emilia Romagna.

Há registros de ocupações por tribos e nômades desde a Era do Bronze. Três séculos a.C., foi dominada pelos Romanos que implantaram sua cultura.

Os Bárbaros que sucederam os Romanos estiveram lá relativamente por pouco tempo. Depois deles, feudos, ducados e principados dominaram a região até a unificação e a transformação da Itália em um único país.

Vêneto do Prosecco e do Valpolicella e Amarone

É considerada uma das três regiões que mais produzem vinhos em toda a Itália.

Há registros do cultivo de uvas e produções de vinhos há vários séculos.

Por ser um território amplo com uma diversidade grande de terroirs, cada região desenvolveu sua própria cultura de uvas e características de seus vinhos.

Há uma divisão territorial natural de acordo com os vinhos que são produzidos.

A região do vinho Prosecco, que fica a leste do Vêneto, tem como referências as cidades de Valdobbiadene e Conegliano.

A região do Valpolicella e Amarone tem como referência a cidade de Verona e se estende até o Lago de Garda.

Nesta região também são produzidos os vinhos Recioto, Ripasso, Bardolino e Soave.

Vêneto do Prosecco

O espumante Prosecco é produzido na região desde o século 18.

Em 1969, com o objetivo de

controlar os conceitos de qualidade versus quantidade, foi criada a DOC – Denominação de Origem Controlada, considerada a maior do mundo.

Até este período a uva era chamada de Prosecco.

Em 2009, foi criada a DOCG – Denominação de Origem Controlada e Garantida, demarcando uma área de plantio restrita, entre as cidades de Conegliano e Valdobbiadene.

Decidiram que só poderia ser denominado Prosecco Superiore os espumantes produzidos nesta região.

Estrategicamente mudaram o nome da uva para Glera.

Hoje, nominalmente, o Prosecco Superiore é produzido com a uva Glera.

Uma das fortes razões para esta mudança do nome da uva de Prosecco para Glera foi que, em vários países, produtores estavam produzindo e vendendo, indevidamente, espumantes com a marca Prosecco.

Plantavam a uva, faziam o espumante e, na parte de cima do rótulo, colocavam em letras pequenas a palavra Espumante. No meio do rótulo, em letras grandes, colocavam o nome da uva PROSECCO, que acabava chamando mais a atenção do consumidor.

Hoje no Vêneto, PROSECCO é o nome do espumante e GLERA o da uva.

Na região considerada DOC – Denominação de Origem Controlada – do Prosecco é aceitável um blend de 85% de Glera, e 15% de Perera, Verdiso, Pinot Blanch ou Pinot Noir.

Há uma recomendação de

Uva Glera

que o Prosecco deve ser bebido em até 12 meses após a data de seu engarrafamento.

Cartizze – O coração do Prosecco

Muito próximo de Valdobbiadene está a região demarcada de Cartizze, onde estão os considerados melhores vinhedos de Glera.

É uma área relativamente pequena, na encosta de morros, com os vinhedos plantados em face sudeste, sul e sudoeste, o tempo todo de frente para o sol.

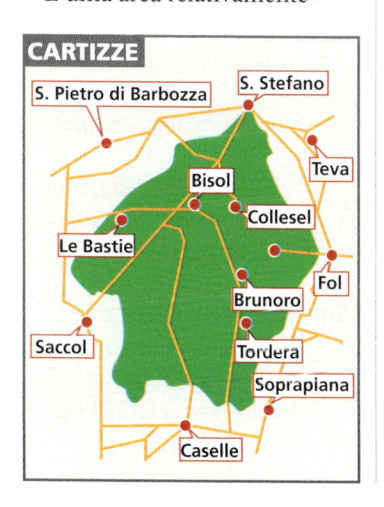

No alto de um dos morros, há um mirante com uma visão total do vale e da região demarcada de Cartizze.

A história da uva Prosecco e Glera

Se olhar no mapa, do outro lado do Mar Adriático, espremida pela Eslovênia há ainda um pedaço de terra, onde está a cidade de Trieste, que pertence à Itália. Logo acima está a vila de Prosecco.

Segundo os historiadores, em 250 a.C. já se produzia ali um vinho com uma uva chamada Puccino.

Há registros de que Lívia, esposa do Imperador Romano Augusto, mãe de Tibério, bisavó de Calígula, considerava este vinho medicinal.

Vinhedos de Cartizze

O nome da uva Prosecco aparece pela primeira vez em 1593 em um trabalho de pesquisa produzido pelo inglês Fynes Morison, em que compara esta uva e o vinho com o Cinque Terre da Ligúria e o Muskadine da Toscana.

No texto ele diz "A uva Puccinum, também conhecida como Prosecho".

Em 1754, o nome da uva Prosecco, já com a grafia correta, aparece em um livro do escritor Aureliano Ascanti, já sendo plantada no Vêneto.

Não há uma data precisa. A verdade é que ela se adaptou muito bem ao terroir desta região.

Apesar de Valdobbiadene e Conegliano estarem separadas por cerca de apenas 30 quilômetros, há diferenças em seus terroirs e nas características das uvas.

Valdobbiadene fica mais no interior, próximo das montanhas, e tem uma topografia com morros, que lembra um pouco o Barolo.

Conegliano fica em uma região mais plana, um clima mais seco, e quase na altitude do mar.

A amplitude térmica de Valdobbiadene é maior e melhor que a de Conegliano.

A uva Glera é plantada, hoje na Itália, Eslovênia, Argentina, Brasil e Austrália.

Martinotti – Charmat

É importante mencionar que o espumante Prosecco por regulamentação da DOCG é fabricado pelo processo Martinotti-Charmat. Aliás, nas visitas às vinícolas no Vêneto, só mencionam o método italiano Martinotti.

Em 1895, **Federico Martinotti**, então Diretor do Instituto de Enologia de Asti, no Piemonte, desenvolveu e patenteou um processo novo de fermentação dos espumantes, que ficou conhecido como *método martinotti* ou *método italiano*.

Diferente do método champenoise cuja segunda fermentação e inclusão do açúcar é processado nas garrafas, no Martinotti a segunda fermentação é processada nos tanques e a um tempo menor.

Levado para a região do Vêneto, comprovaram que este método melhorava a qualidade do Prosecco, realçando as principais característica da uva Glera.

Em 1907, o francês Eugenio Charmat, utilizando as ideias de Martinotti, fez algumas modificações e patenteou o seu método na França.

Este processo de fermentação é conhecido também como *cuvée close, the thank metod*.

Na Itália, até pelo reconhecimento de seu criador, é conhecido como Método Martinotti.

Na França e em vários países, é referenciado como Método Charmat.

Especialistas de todo o mundo referem-se ao método como Martinotti-Charmat.

Programação da viagem – roteiro

Como tinha o objetivo específico de visitar vinícolas no Vêneto, programei minha

Catedral de San Marcos, Veneza

viagem, saindo de São Paulo de avião, pela SwissAir, direto para Zurique. De lá em um voo bem curto para Veneza.

O aeroporto de Veneza fica ao norte da cidade, relativamente próximo da região do Prosecco.

Lá aluguei um carro e em uma hora e 30 minutos já estava no hotel que havia reservado.

Hotéis

Como já sabia sobre a região, hospedei-me no Agroturismo Due Carpini, dentro dos vinhedos de **Cartizze**, o Coração do Prosecco.

O mirante dos vinhedos do Cartizze, que falei anteriormente, fica a 100 metros do hotel.

Este hotel são dois pequenos prédios, separados um do outro por um caminho de terra, de no máximo 50 metros, pelo meio dos vinhedos.

O prédio da recepção tem apartamentos no segundo piso com grandes janelas de vidros com vista para os vinhedos. Há também um SPA, piscina e um bom restaurante.

O outro prédio, mais simples, tem quartos no piso superior, janelas menores, também com vista para os vinhedos.

O café da manhã é em um terraço com uma vista linda.

Quem se hospeda neste anexo pode utilizar a piscina e o SPA mediante pagamento de uma taxa extra.

Há bons hotéis nas cidades Valdobbiadene e Conegliano. Como tudo é muito perto, é bem prático também se hospedar em uma destas duas cidades e de lá sair para os passeios.

Valdobbiadene é muito pequena, praticamente somente uma rua. Poucas opções de lojas, restaurantes e bares. A partir das 22 horas, a cidade morre.

Já Conegliano é maior e mais movimentada, com lojas, restaurantes e bares.

Nos últimos dois dias, hospedei-me no Best Western Hotel Canon D'Oro no centro histórico de Conegliano.

No fim de semana, a região do centro histórico principalmente à noite é super movimentada, com bares, mesas nas calçadas e muitos jovens. É uma cidade com muitos estudantes.

Veneza

No Domingo, como as vinícolas não atendem enoturismo, decidi passar o dia em Veneza.

A cada 30 minutos sai um trem da Estação de Conegliano, que leva no máximo 50 minutos até a Estação Central de Veneza.

Veneza é uma cidade totalmente visual, com os canais, as ruas estreitas, as lojas com artesanatos de vidros de cores múltiplas.

Passeei pela cidade o dia todo, e no fim da tarde fui visitar o túmulo do Evangelista Marcos na Catedral de São Marcos. Retornei para Conegilano, no último trem da noite, às 23 horas.

Visita às vinícolas

Através da Internet contratei a Agência Prosecco Di Marca, para reservar as visitas e me levar para conhecer as vinícolas.

Com a guia Chiara Zambon

Duo Carpini

Castelo Medieval, Conegliano

Eu tinha ótimas referências da guia Chiara Zambon, e tudo funcionou maravilhosamente bem. *info@prosecco-tour.com*

Para o primeiro dia indiquei três produtores de Prosecco que tinha interesse em visitar, por ter seus espumantes vendidos no Brasil, Adami, Bisol e Ruggeri.

Casualmente os três estão em Valdobbiadene, e próximos de Cartizze.

Para o segundo dia, solicitei à Chiara que fizesse indicações de outras vinícolas.

🛢 Adriano Adami

A história desta vinícola começou em 1920, com um pequeno vinhedo na região nobre de Valdobbiadene adquirido por Adele Adami.

Em 1933, Adami apresentou com sucesso, em uma Feira de Vinhos em Siena, o primeiro autêntico Prosecco Cru produzido no Vêneto.

Seu filho Adriano deu continuidade e nome à vinícola. Hoje em terceira geração, é comandada por Armando e Franco Adami.

Produzem várias opções de Proseccos Superiores, Brut, Extra Brut e um muito especial, com uvas da região nobre de Cartizze.

Produzem cerca de 750.000 garrafas por ano.

🛢 Bisol 1542

Uma vinícola de 21 gerações. Documentos históricos atestam a presença da Família Bisol, em San Stefano, Valdobbiadene desde o Século 16.

Há registros de que em 1800 Eliseo Bisol já produzia vinhos nesta região.

Itália

Com Gianlucca Bisol, presidente da Bisol 1542

Após a Primeira Guerra Mundial, em 1920, Desidério Bisol, filho de Eliseo, iniciou sua própria vinícola, administrada em conjunto com os filhos, Antonio, Eliseo, Aurelio e Claudio.

Hoje o Presidente da Bisol 1542 é Gianlucca Bisol, filho de Antonio.

A vinícola produz os espumantes Prosecco Superiore, Brut, Dry, Extra Dry e um especial com uvas da região de Cartizze.

Cantina Ruggeri

Foi fundada em 1950 por Giustino Bisol, descendente de Eliseo Bisol. Hoje está sendo conduzida por Paolo Bisol e seus filhos Giustino e Isabella.

Produzem cerca de 1 milhão de garrafas ao ano, e seus principais Proseccos são de uvas da própria região, inclusive de Cartizze.

Inclui dois rótulos de Prosecco DOC de uvas da região de Treviso.

Com Giulia Medusa, da Adriani Adami

Vinhedo histórico da Adriani Adami

Exportam para cerca de 35 países, inclusive para o Brasil.

🍇 Col de Lupo Azienda Agricola

Uma pequena vinícola em Valdobbiadene que produz seus espumantes pelo método Martinotti-Charmat, dentro de uma cultura sustentável de preservação da natureza, que inclui utilização de adubos orgânicos e colheita manual das uvas.

Estão associados à FIVI-Federazione Italiana Vignaioli Independenti, que tem como compromisso a utilização das melhores práticas sustentáveis para valorização e produção do vinho italiano.

Toda sua produção é comercializada no próprio mercado italiano, para consumidores comprometidos com a preservação da natureza.

🍇 Vincenzo Tóffoli

É uma vinícola familiar na região de Conegliano, fundada por Vincenzo Tóffoli em 1964.

Produz Proseccos, Frizantes, Passito, e os Tranquilos Tinto e Branco.

É bem simples e na maioria das vezes o próprio Vincenzo participa da degustação.

Uma história de sucesso mundial

Logo após a criação da DOCG – Denominação de Origem Controlada e Garantida em 2009, os produtores para promover o Prosecco em todo o

Com Giulia Rosanda, da Col de Lupo

Vinhedos em Valddobiadene

Itália

Vinhedos em Conegliano

Com Vincenzo Tóffoli e, ao lado, com Marco de Bortoli, da Ruggeri

mundo, iniciaram um agressivo projeto de marketing.

Nesta época na Inglaterra, os consumidores do champagne francês estavam insatisfeitos com os preços e buscavam alternativas.

Foi justamente nesta época que o Prosecco chegou no mercado inglês e em pouco tempo tornou-se o espumante mais vendido na Inglaterra.

Nos Estados Unidos, Japão, Austrália, Argentina e Brasil, neste mesmo período, foi também muito bem recebido pelos consumidores.

Neste momento, há uma pequena queda de procura pelo Prosecco no Brasil, devido a uma grande oferta de espumantes brasileiros, argentinos e chilenos, também de muito boa qualidade e a preços menores que os importados.

Vêneto do Amarone e Valpolicella

Valpolicella é uma região vinícola situada entre a cidade de Verona e o Lago de Garda,

VENETO - VALPOLICELLA

onde são produzidos alguns dos mais populares vinhos da Itália, Amarone Clássico, Valpolicella Clássico, Ripasso e Recioto.

A maioria das vinícolas e vinhedos está no entorno das pequenas cidades e vilas de Negrar, Marano, Funame, Sant'Ambrogio e San Pietro Cariano.

A denominação "Clássico" é para os vinhos produzidos nesta região.

Todas estas cidades são interligadas por estradas estreitas, muito bem conservadas, e pelo meio dos vinhedos.

Uvas e vinhos

Os vinhos tintos Amarone Clássico, Valpolicella Clássico, Ripasso e o doce Recioto são produzidos com as uvas Corvina e Corvinone, Rondinela e Molinara.

A diferença das características de cada um destes vinhos está nos diferentes processos de produção e na dosagem alcoólica de cada um deles.

Amarone tem uma dosagem alcoólica de 14% a 17%, Valpolicella 11% a 12% e Recioto 12%.

A DOC – Denominação de Origem Controlada foi criada em 1990, e abrangia todos os vinhos.

Em 2009, foi criada a DOCG – Denominação de Origem Controlada e Garantida, especificamente para os vinhos Amarone e Recioto.

Amarone e Recioto são vinhos especiais e lendários.

Itália

Histórias da criação do Amarone

Histórias contam que o Amarone foi criado por um erro na produção do vinho doce Recioto. Vou descrever antes, como é produzido o Recioto para que possam entender melhor o que pode ter acontecido.

Há duas lendas sobre a criaçao casual do Amarone:
A primeira história conta que, durante a Segunda Guerra Mundial, obrigados a se esconder, produtores de vinhos deixaram fermentando uvas destinadas ao vinho doce Recioto.

Quando regressaram, muitos dias depois, encontraram o vinho totalmente fermentado, com uma ótima dose alcoólica e levemente amargo, mas muito saboroso. Chamaram o vinho de Amarone.

A segunda história é de um enólogo que colocou para fermentar em diversas barricas uvas para o vinho Recioto, e que no período de interrupção da fermentação se esqueceu de uma delas.

Quando percebeu o erro, encontrou um vinho delicioso e levemente amargo, daí o nome Amarone.

🍷 AMARONE

É um vinho tinto com reconhecimento mundial. É um dos vinhos preferidos de norte-americanos, ingleses e japoneses.

Suas características: muito bem estruturado, com uma combinação harmoniosa de tanino,

Uva Corvina

acidez, dosagem alcoólica, cor, aroma e um sabor levemente amargo, com um tempo maior de guarda.

♦ RECIOTO

É um vinho doce, que harmoniza com bolos e sobremesas, parecido com o Tokaji da Hungria e o Sauternes de Bordeaux.

A diferença é que as uvas do Tokaji e Sauternes quando amadurecem são atacadas por um fungo, que elimina 30-40% do suco, deixando uma concentração grande de açúcar.

Já o Recioto, as uvas Corvina, Rondinela e Molinara são colocadas para secar por 120 dias, perdendo também 30-40% de seu suco.

Na fermentação, quando o açúcar está se transformando em álcool, o processo é interrompido, ficando um resíduo de açúcar e o vinho levemente adocicado.

Diferentes processos de produção

A diferença do Amarone e Valpolicella e de todos os outros tintos está no processo de produção, a começar da seleção das uvas.

As melhores uvas são destinadas ao Amarone e Recioto.

Há uma certa liberalidade na composição das uvas do blend Amarone. Depende muito das condições das safras de cada ano e do projeto do enólogo.

Corvina ou Corvinone

Uvas colocadas para secar

45-95%, Rondinela 5-30% e Molinara 5-30%.

As uvas são colocadas em engradados de madeira abertos, com uma quantidade pequena de cachos, para que não haja pressão um sobre os outros, e colocados para secar em grandes galpões abertos, com uma ventilação natural. Ou então em galpões fecha-

Itália

dos, com grandes ventiladores.

Após 120 dias as uvas secam, e há uma perda de 30 a 40% do suco, deixando uma concentração maior de açúcar.

Na prensagem das uvas é retirado 90% do suco existente, deixando a casca com um resíduo de 10% do suco.

A fermentação alcoólica é mais longa e leva de 30 a 50 dias, dependendo das características das uvas no ano.

A fermentação malolática e a evolução nos barris de carvalho são feitos no processo normal.

De acordo com a DOCG, é preciso ter no mínimo 25 meses na barrica de carvalho francês ou esloveno, e mais 12 meses em garrafa, antes de ir para o mercado.

A quantidade de meses em barrica depende do projeto do enólogo, e pode chegar até 48 meses.

As barricas utilizadas são grandes, com possibilidade de vários anos de uso.

Algumas vinícolas já estão utilizando barricas menores, que propiciam menos tempo de uso.

É um vinho mais caro. Enquanto, em média, 1 quilo de uva produz uma garrafa de vinho tinto normal, para o Amarone é preciso quase 2 quilos.

Amarone é um vinho que harmoniza com carnes especiais, assados de caça e queijos finos.

Eu pessoalmente degusto o Amarone com tira-gostos, para apreciar melhor o sabor do vinho.

🍷 VALPOLICELLA

É o vinho mais conhecido de nós brasileiros. Há uma boa distribuição e os preços são mais acessíveis.

São também produzidos com as uvas Corvina ou Corvinone, Rondinela e Molinara.

Vinhedos em Valpolicella

A proporção das uvas no blend depende das condições da safra de cada ano e do enólogo.

Sob o controle da DOC – Denominação de Origem Controlada, o processo de produção é o mesmo de todos os tintos, com uma evolução nas barricas de carvalho, que varia de 6 a 18 meses, e algum tempo a mais na garrafa, antes de ir para o mercado.

É considerado um vinho jovem, mais leve, mais econômico, com um tempo menor de guarda.

🍷 RIPASSO

É um tinto proveniente de um blend do Valpolicella com o resíduo da prensagem do Amarone.

O fato de ter uma quantidade do resíduo do Amarone torna este vinho mais encorpado e mais estruturado que o próprio Valpolicella.

É um dos vinhos preferidos dos habitantes da região.

Valpolicella e Ripasso são vinhos do dia a dia e harmonizam com carnes, massas, risotos, queijos e molhos vermelhos.

Hotel Villa Giona

Itália

Programação da viagem

Minha programação ao Vêneto incluiu as regiões do Prosecco, Valpolicella e Amarone.

Como fiz o voo São Paulo – Zurique – Veneza, fui primeiro para a região do Prosecco, depois para Valpolicella.

Se tivesse vindo por Milão, seria o contrário, Valpolicella primeiro.

Hotéis

A maioria das pequenas vilas e cidades de Valpolicella fica a cerca de 45 minutos de Verona.

Se preferir se hospedar em Verona, há muitas opções de hotéis, e vai depender da sua preferência e bolso.

Recomendo sempre consultar o Trip Advisor e ler as avaliações dos hóspedes.

Verona é uma cidade com um grande movimento de turismo, e com várias opções de lojas, restaurantes e hotéis.

As maiores atrações são o centro histórico, a Casa de Julieta do romance de Shakespeare, e o Coliseu Romano.

Na região de Valpolicella, há também opções de hotéis, agroturismos e pousadas.

Nesta viagem, me hospedei na Villa Giona, em San Pietro Cariano.

É um palacete antigo, rodeado de jardins, vinhedos e cercado por muros.

São poucos quartos, todos independentes do prédio principal.

A atração é a combinação perfeita do antigo com as co-

Vinhedos da Quintarelli Giuseppe

modidades modernas.

A localização também é privilegiada, próxima dos mais importantes produtores de vinhos, e a trinta minutos do Lago de Garda.

É um hotel de preços acima da média.

Agência de enoturismo

Não há muitas opções de agências de enoturismo.

Nesta viagem, contatei a Valpolicella Wine Tours, de Verona, mas, por um problema de datas, não consegui conciliar a minha programação com a disponibilidade deles. Mas são bem recomendados no Trip Advisor. Caso haja interesse o contato é através do e-mail *info@valpolicellawinetours.com*

Antonella, Monica e Giuseppe Campagnola

Visita às vinícolas

Decidi, então, fazer os contatos diretos com as Vinícolas através dos sites.

As principais Vinícolas possuem sites muito bem estruturados com campos específicos para contatos e reservas de visitas de enoturismo.

A partir do momento que efetuei o contato através dos

sites, as respostas passaram a ser conduzidas por e-mails, o que facilitou muito.

Escolhi para visitar três vinícolas que têm seus vinhos Valpolicella e Amarone disponíveis no Brasil.

🍷 Giuseppe Campagnola

Importante vinícola na pequena vila de Marano de Valpolicella, fundada em 1907, hoje em 7ª Geração.

A partir de 1979, com a entrada no negócio dos herdeiros Giuseppe Campagnola e suas irmãs Antonella e Monica, a vinícola cresceu muito.

Considerados, hoje, um dos maiores produtores da região. Exportam para vários países, inclusive o Brasil.

Seus principais vinhos são Amarone Clássico, Valpolicella Clássico e Recioto.

Com Chiara Speri, da Speri Viticoltori

Atendem enoturismo e podem ser contatados pelo site *www.campagnola.com*

🍷 Speri Viticoltori

A história desta vinícola começou em 1885 com Carlos Speri.

Em 1908, em uma Exposição Agrícola em Roma, um de seus vinhos, conquistou a Medalha de Prata.

Em 1951, Sante Speri assumiu a vinícola.

Barris da Speri Viticoltori

Francesco Quintarelli

Hoje em 7ª Geração, vários familiares participam ativamente da condução da vinícola.

Está localizada em San Pietro in Cariano.

Desde 2004, produzem seus vinhos sob conceitos sustentáveis e orgânicos.

Produzem os vinhos Amarone Clássico, Valpolicella Clássico, Recioto e Ripasso.

Atendem enoturismo e podem ser contatados pelo site *www.speri.com*

Quintarelli Giuseppe

Está situada em Negrar, no alto de uma colina, com uma vista linda para os vinhedos no vale.

A história desta vinícola começou no início do século passado com Silvio Quintarelli na vila de Marano.

Após a Segunda Guerra Mundial, mudou a vinícola para Negrar onde está até hoje.

Nos anos 50, assumiu Giuseppe Quintarelli que deu nome à vinícola.

Atualmente é conduzida pela esposa Fiorenza e seus filhos Gianpaolo, Francesco e Lorenzo.

É considerada por todos, inclusive pelos concorrentes, uma vinícola especial, diferenciada.

A marca Quintarelli em vinhos, principalmente Amarone, é sinônimo de qualidade e sofisticação.

Seus preços, mais altos que a concorrência, refletem o prestígio que adquiriram.

Atendem enoturismo pelo e-mail *vini@giuseppequintarelli.it*

Na degustação apresentam vinhos de safras antigas que podem ser adquiridos, logicamente, a preços mais altos.

Se forem visitar a região de Valpolicella, recomendo visitar estas três vinícolas Campagnola, Speri e Quintarelli.

Estão muito bem estruturadas para o enoturismo.

Com Fiorenza Quintarelli

É possível programar as três visitas em um só dia, pois estão relativamente próximas entre si.

E, principalmente, porque o visitante vai ter uma visão diversificada e abrangente da produção dos vinhos Amarone, Valpolicella, Recioto e Ripasso.

Lago de Garda – Bardolino

Lago de Garda é o maior da Itália, e formado por águas do degelo dos Alpes.

Há no seu entorno cerca de 10 pequenas e lindas cidades, com um movimento de turismo muito grande.

O melhor período para visitar é entre os meses de Maio e Outubro.

O ideal é destinar de dois a três dias para passear pela região, inclusive com alguns passeios de barcos.

Para mim, as cinco cidades a serem visitadas são Bardolino, Garda, Riva del Garda, Limone del Garda e Malcesine.

Limone del Garda fica do lado oeste do lago, e os barcos saem de Malcesine.

Riva de Garda é cidade mais ao norte, mais próxima das montanhas. Lá há uma praia de pedras, mas com a água muito fria. Eu entrei, mas não consegui ficar muito tempo dentro d'água.

Vinhedo da Sperl Viticultore

Vinhedo de uvas Corvina

Bardolino e Garda são as duas maiores e com mais movimento, minhas preferidas.

Nesta última viagem para Valpolicella, me hospedei no Hotel Villa Giona, em San Pietro in Carino, e fui duas noites jantar em Bardolino e Garda.

A distância de Valpolicella ao Lago de Garda é pequena e leva cerca de 30 a 45 minutos.

Vale a pena. As duas cidades são bem movimentadas, com muitas lojas, restaurantes e bares.

No calçadão e na beira do lago, há vários bares com mesinhas. Mesmo se não for jantar, sentem-se lá, peçam uma taça de Bardolino, um prato de tira-gostos, presunto, queijo e pão. Passem um tempo degustando e olhando as pessoas passearem.

Se forem no fim da tarde, o pôr do sol no Lago de Garda é lindo.

Vinhedos em Bardolino

Itália

Bardolino – DOC

Espremida entre Valpolicella e o Lago de Garda está a região DOC – Denominação de Origem Controlada do vinho Bardolino, criada em 1968. A cidade deu nome ao vinho.

A maioria dos vinhedos está na planície e nos morros no entorno do Lago.

No caminho vindo do Valpolicella, a estrada passa pelo meio de vários vinhedos.

As uvas do Bardolino são também a Corvina e Corvinone, Rondinela e Molinara.

São vinhos leves, bem estruturados, macios, vermelho intenso, boa acidez e harmonizam com carnes brancas, risotos e peixes.

Mesmo sendo um vinho leve, há boa harmonização com massas. Pelo fato de ser leve e macio, é perfeito para tira-gostos na beira do Lago.

Franciacorta

No norte da Itália, além do Vêneto há uma outra região muito importante na produção de espumantes, Franciacorta.

Franciacorta fica a oeste do Lago de Garda, entre a cidade de Brescia e o Lago de D'Iseo, na Lombardia.

Na região, já havia algumas vinícolas e produção de vinhos.

Em 1961, a **Vinícola Berlucchi** produziu 3.000 garrafas de espumantes com a marca Pinot di Franciacorta, que foi um grande sucesso, principalmente em Milão.

Lago de Garda

A partir daí, a produção cresceu e estimulou vários produtores a investirem na região.

Em 1967, foi criada a DOC – Denominação de Origem Controlada, e em 1995, a DOCG – Denominação de Origem Controlada e Garantida.

É uma região relativamente pequena, com a maioria das vinícolas na parte sul do lago D'Iseo.

Os espumantes da Franciacorta são reconhecidos como os melhores do mundo fora da região de Champagne.

Reconhecidos pelos próprios produtores do Prosecco e dos espumantes de Asti, como os melhores da Itália.

São produzidos pelo método champenoise e com as uvas Pinot Noir, Chadornnay e Pinot Blanc, as mesmas de Épernay e Troyes, na França.

Investem em qualidade e sofisticação e se dão ao luxo de praticar preços semelhantes aos champagnes franceses. Seus consumidores são sofisticados, elegantes e fiéis. Exportam muito pouco para o Brasil.

Vinícolas a visitar na Franciacorta, Berluchi, Bellavista, Cá del Bosco, Montenisa, Villa Creppia e Ambrosini.

Para visitar a região, o ideal é hospedar-se em Brescia e de lá sair para os passeios.

Franciacorta fica próximo de Milão, Bérgamo, Lago de Garda, Verona e do Vêneto.

Roteiro de turismo

Esta região norte da Itália merece uma programação especí-

Itália

fica e, se puderem, dediquem vários dias.

Se pensarmos somente em enoturismo, temos entre o mar Adriático/Veneza, e o Lago de Garda, as regiões do Prosecco, Valpolicella, Amarone e Bardolino.

Do outro lado do Lago de Garda, Franciacorta. Vocês podem programar a viagem a partir de Veneza ou de Milão.

De quebra como atração turística, temos as cidades de Milão, Veneza, Lago de Garda, Verona, Vincenza e Pádua.

Outras opções, mais internacionais, de carro, saindo da região do Prosecco e atravessando a região de Údine chega-se na Eslovênia.

De Verona, seguindo para o norte e atravessando os Alpes, chega-se a Insbruch, na Áustria.

Para direita vai para Salzburgo e para esquerda vai a Munique, na Alemanha.

Tudo isto, em relativamente, poucas horas de carro. Se desejarem alguma recomendação contatem-me diretamente.

Vinhedo em Franciacorta

Outono
na Bairrada

Portugal

Bairrada

Lago de Aveiro
AVEIRO
A-25
Lago de Aveiro
A17
N109
M593
VAGOS
IC1
M594-1
N109
N335
Oceano Pacífico
M594-4
A17
IC1
MIRA
N33
N334
N109
N234
CANTANHEDE
N335-1
A17
IC1
N335
ANDORINHA
N335-1
N109
A17
A14
N109
A-231

BAIRRADA

ÁREA AMPLIADA

- ÁGUEDA
- OLIVEIRA DO BAIRRO
- CAVES SÃO JOÃO
- ADEGA LUÍS PATO
- ANADIA
- MEALHADA
- COIMBRA

BAIRRADA

Vinhedos na Bairrada

© Luis Pato

Portugal

Em meu primeiro livro **Viagens, Vinhos, História**, no qual incluo as regiões de vinhos do Alentejo, Dão e Douro, há um texto sobre a história de Portugal.

Bairrada é uma região no centro do País, onde há produção de vinhos, azeites, queijos e aguardentes. Há também um Hotel 5 Estrelas, o espetacular Palácio do Buçaco, um Hotel de Águas Termais e o famoso Leitão da Bairrada.

Para melhor identificar no mapa, esta região está muito próxima da cidade histórica de Coimbra.

Muitos turistas que vão visitar Portugal, normalmente alugam um carro e guiam de Lisboa ao Porto, ou vice-versa. A Bairrada fica no meio do caminho, e é muito fácil de encontrar.

Meu avô, Manuel Mira, nasceu em Andorinha, uma aldeiazinha da região.

Região dos Vinhos

A região DOC – Denominação de Origem Controlada – estende-se de Águeda a Coimbra, e é compreendida pelas cidades de Águeda, Anadia, Catanhede, Mealhada, Oliveira de Bairro, Aveiro, Vagos, Coimbra e algumas pequenas aldeias.

Há produção de vinhos desde o século X, mas foi somente no século XIX que foi reconhecida como uma região produtora de vinhos.

O clima é suave, temperado pela relativa proximidade do Oceano Atlântico.

A cerca de 35 quilometros está o Porto de Mira.

Os solos variam, em alguns lugares, arenoso; em outros, argiloso e barrento, daí o nome Bairrada.

Uva Baga
© Luis Pato

🍷 AS PRINCIPAIS UVAS TINTAS:
- Baga
- Alfrocheiro
- Camarate
- Castelão
- Jaez
- Touriga Nacional
- Aragones

Uva Maria Gomes

AS UVAS BRANCAS:
- Maria Gomes
- Fernão Pires
- Arinto
- Bical
- Rabo de Ovelha
- Cerceal
- Verdelho

Recentemente foi autorizado o plantio das uvas Cabernet Sauvignon, Syrah, Merlot e Pinot Noir.

A uva dominante e que identifica os vinhos da Bairrada é a tinta Baga.

Adapta-se muito bem ao solo argiloso, tem um vermelho intenso e alto grau de taninos.

É considerada com a Tannat da França e a Negroamaro da Puglia, as uvas com a maior porcentagem de taninos da Europa.

Seus vinhos são potentes, encorpados e longevos.

As uvas brancas que melhor se adaptam ao seu solo arenoso são Bical, Fernão Pires e Arinto.

Visita às Vinícolas

Não há tours regulares para esta região. A maioria dos visitantes vem com carros próprios.

Durante alguns períodos do ano, há excursões do Porto e de Coimbra, mas não com regularidade.

Luis Pato

Considerado o Mister Baga, ou Senhor Baga, por ter reintroduzido esta uva na região.

Vinhedos da Luis Pato

Portugal

Com o lendário Luis Pato

Uva Cercealinho

Barris de carvalho

A Família Pato já produzia vinhos na Quinta do Ribeirinho desde o século XVIII.

Em 1970, João Pato começou a engarrafar vinhos de seus próprios vinhedos.

Mas foi o filho Luis Pato que dinamizou e tornou a vinícola conhecida em vários países do mundo.

Em 1980, surpreendeu e produziu o primeiro vinho monocasta com uva Baga, reconhecido como excepcional. Ainda hoje especialistas e colecionadores disputam este vinho.

A partir daí, inovou, produzindo tintos, brancos e espumantes, principalmente com uvas autênticas portuguesas, e com um grande reconhecimento internacional.

Atendem enoturismo, com reserva antecipada, na vinícola em Amoreira de Gandara.

Com um trabalho de distribuição e marketing muito dinâmico e ativo, estão sempre criando eventos abertos ao público, mediante reservas antecipadas.

VIAGENS, VINHOS, HISTÓRIA — VOL. II

Adegas subterrâneas, Caves São João

Com Celia Brandão Alves, Caves São João

Caves São João

Fica na Estrada Real da Vila de Sangalhos.

Por volta de 1920, os irmãos José, Manuel e Albano Costa comercializavam vinhos do Douro.

Com a centralização em Vila Nova de Gaia, nos anos 1930, foram obrigados a concentrarem seus negócios em vinhos da Bairrada.

Neste período produziram seu primeiro espumante pelo método tradicional, Champenoise, e começaram a exportar vinhos para o Brasil e as Colônias Portuguesas na África.

No final da década de 1950, produziram na Bairrada o primeiro e clássico vinho tinto Frei João, e na região demarcada do Dão, o Porta dos Cavaleiros. Ambos muito conhecidos em Portugal e no Brasil.

Em minha última visita, participei de um almoço oferecido pelo Luis Pato a distribuidores da região, onde foi servido um Leitão da Bairrada, harmonizando com tintos e um vinho branco, Maria Gomes.

Luis Pato é um dos maiores ícones de vinhos de Portugal, carismático, alegre, brincalhão e, principalmente, um dos maiores produtores de vinhos que conheço.

Portugal

Com a denominação de Reserva, os rótulos dos vinhos eram feitos de cortiça natural.

Expandiram seus negócios adquirindo a Quinta do Poço do Lobo, em Cantanhede, onde produzem vinhos tintos com as uvas Baga, Moreto, Castelão e Cabernet Sauvignon. Brancos e espumantes, com Arinto e Chardonnay.

Exportam para vários países, com vários prêmios internacionais.

Atendem enoturismo somente com reservas.

Uma das atrações da visita são as centenas de garrafas de colheitas antigas, estagiando no silêncio e escuridão das caves. Muitos destes vinhos estão disponíveis para venda a preços bem acessíveis.

Na região da Bairrada, há várias vinícolas interessantes e que podem ser visitadas. Algumas no entorno de Anadia, e a maioria atende com reserva antecipada.

Mas eu diria que visitando Luis Pato e Cave São João você já terá uma boa visão dos vinhos da Bairrada.

A Adega Luis Pato mais aberta, comunicativa, acompanhando o estilo do dono.

Cave São João, mais conservadora e formal.

Ambas produzindo ótimos vinhos!

Outras atrações de turismo

Sou suspeito para dizer, mas em Portugal ha atrações turísticas onde quer que se vá.

E como não podia deixar de ser, na Bairrada também as há.

Coimbra é a maior cidade da região. Suas principais atrações são, entre outras, a **Universidade** fundada no século XIV,

Vinhedos na Bairrada

© Luis Pato

Coimbra e Rio Mondego

a **Fonte das Lágrimas**, onde **Inês de Castro** foi executada e a **Igreja de Santa Izabel** com seu caixão de ouro, no altar-mor.

Na Catedral no centro da cidade, está o túmulo de **Afonso Henriques**, fundador e primeiro Rei de Portugal.

Palácio Nacional do Bussaco foi construído em 1885, para os últimos Reis de Portugal. Em 1917, foi transformado em um Hotel 5 Estrelas.

É de estilo neomanuelino, como a Torre de Belém e o Mosteiro dos Jerônimos em Lisboa, muito imponente.

Todas as dependências são amplas e os quartos modernizados.

O Restaurante Mesa Real com pinturas que ilustram a viagem de Vasco da Gama às Índias, descrita nos *Lusíadas de Camões*, é uma atração à parte.

O restaurante está aberto a visitantes, mediante reserva.

Vale a pena visitar a Adega do Vinhos no subsolo, que abriga uma grande variedade de vinhos portugueses.

Hotel das Termas de Curia, já era conhecida pelo Romanos, pelo nome de **Aquae Curiva**.

Com muitas nascentes, foi transformada em uma Estância de Águas Termais.

O apogeu da região foi no período de 1920 a 1950. Ainda hoje é bastante procurado por pessoas que buscam repouso ou um tratamento específico.

O Hotel das Termas fica na freguesia de Tamengos, Anadia. Você pode contatá-los pelo *reservas@termasdecuria.com*

é uma loja para degustação e venda de vinhos.

Foi criada em 2006, sem fins lucrativos, para potencializar o turismo da região.

Vale a pena visitar pela grande variedade de vinhos e pela simpatia das atendentes.

Inclusive indicam as vinícolas que podem ser visitadas.

Fica no Largo da Estação, em Tamengos, bem em frente à entrada do Hotel das Termas de Curia. Esta região é muito arborizada, com vários riachos e trilhas. Vêm para cá pessoas que querem curtir a natureza, caminhar, comer e beber um bom vinho e, principalmente, dormir bem.

Há outros hotéis de termas na região, Curia Palace Hotel Spa & Golf e o Hotel Cabecinho, em Anadia.

Associação Rota da Bairrada

Bairrada fica no meio do caminho entre Lisboa e Porto. Se puder, programe passar para conhecer, vale muito a pena, é uma região muito bonita.

©Vitor Oliveira/Wikipedia

Palácio Nacional do Bussaco

Sol,
de Carlos Vilaró

Uruguai

Colônia de Sacramento
Montevidéu • Punta del Este

Mapa

- **TRINIDAD**
- Localidad Rupestres la Chamangá
- **COLÔNIA DEL SACRAMENTO**
- **JUANICÓ**
- ARGENTINA
- Rio de la Plata

Rutas: 2, 5, 55, 57, 12, 3, 106, 45, 2, 21, 54, 11, 1, 3

Uruguai

- MONTEVIDÉU
- MALDONADO
- PUNTA DEL ESTE
- JOSÉ IGNÁCIO

Laguna José Ignacio

URUGUAI — ÁREA AMPLIADA

URUGUAI

General
José Artigas

Uruguai

*Não existe uma data exata do descobrimento do Uruguai. Não há também uma explicação única para a origem do nome. Pode ter se originado da palavra **uruga** que em guarani significa rio de caranguejos, ou **uru-gua-y** que significa pássaro que vive próximo do rio.*

Segundo documentos da época, o primeiro navegador a chegar às costas do Uruguai foi o português Fernando da Cunha Sommer em 1499. Há registros de que Américo Vespúcio, por volta de 1500, navegou pelo Rio da Prata.

Em 1516, o espanhol Juan Dias de Solis tomou posse da região e é reconhecido oficialmente como o descobridor do Uruguai. Ele, no entanto, não retornou para a Espanha por ter sido morto e devorado por indígenas. Foi seu cunhado, Francisco Torres, que regressou para comunicar a descoberta.

Em Junho de 1520, Fernão de Magalhães, navegou as costas do Uruguai na viagem que o levou a descobrir a passagem do Oceano Atlântico para o Pacífico.

Em 1603, com a região já sendo povoada, chegaram as primeiras cabeças de gado bovino e equino. A partir daí, piratas, ingleses, franceses e holandeses interessados na comercialização de couro e carne de charque, começaram a chegar.

Em 1680, os Portugueses fundaram, do lado oposto de Buenos Aires, a Colônia do Santíssimo Sacramento, que

Américo Vespúcio

passou a ser um entreposto de negócios muito importante no Rio da Prata. Em 1705, foi tomada pelos espanhóis.

Colônia prosperou e é hoje uma das mais importantes cidades do Uruguai. É o local das travessias das balsas para Buenos Aires.

Montevidéu

Não há também uma data exata, mas, entre 1726 e 1750, para competir com a Colônia do

Museu em Colônia de Sacramento

Santíssimo Sacramento, o espanhol Bruno Mauricio de Zabala fundou, na entrada do Rio da Prata, no alto de uma colina, a cidade de Montevidéu.

O nome Monte Video já havia sido atribuído a esta colina em 1723 pelos portugueses, por ser um monte visível de longe.

A região era conhecida como Banda Oriental.

A partir de então a cidade cresceu, habitada por uma casta de aristocratas espanhóis, misturados com índios charruas, chanaes, guaranis, aventureiros, desertores espanhóis e escravos negros fugidos das fazendas do Brasil.

O Uruguai passou então a ser disputado por espanhóis, portugueses, brasileiros e outros povos europeus pelos imensos rebanhos de gado, pelo comércio do couro e da carne.

A partir de 1800, começou um sentimento de independência, liderado pelo revolucionário Jose Gervásio Artigas, considerado o maior herói nacional do Uruguai.

Líder nacionalista, revolu-

General Artigas

cionário, guerrilheiro, sob sua bandeira guerrearam ao seu lado soldados, índios e negros. Se puderem ler a história deste herói, irão entender a grandiosidade da sua contribuição para independência do Uruguai.

A população indígena foi gradativamente reduzida por doenças, pelas batalhas, e em 1832 a Nação Charrua já estava totalmente dizimada.

Guerras políticas

O início século XIX foi de uma atividade política intensa.

Com a invasão e domínio de Napoleão Bonaparte sobre a Espanha, o domínio espanhol na América do Sul se enfraqueceu e abriu o caminho para as independências da Argentina e do Uruguai.

De 1808 a 1825, o Uruguai esteve sob os domínios de espanhóis e brasileiros.

Em 1825, em um acordo celebrado com o apoio político de ingleses e argentinos, tornou-se finalmente independente.

Em 1839, uma disputa política pelo controle do Estado entre os partidos colorados e blancos provocou uma Guerra Civil que durou até 1851.

Os vencedores, colorados, foram apoiados por Inglaterra, França e Brasil.

Em 1865, o Uruguai juntou-se a Brasil e Argentina em uma Tríplice Aliança para combater Solano Lopes, na Guerra do Paraguai.

A partir daí, o Uruguai viveu poucas tribulações políticas.

No início do século XX, a população havia triplicado.

A partir de 1950, com a vinda de bancos internacionais, uma política externa, aberta e com incentivos a investimentos financeiros, passou a ser visto

Colônia de Sacramento

© Carmen Fukunari

como uma Suíça sul-americana.

Hoje sua população é de cerca de 3,3 milhões de habitantes e sua economia continua baseada nos rebanhos de gado bovino e equino, no sistema bancário, no turismo e nos vinhos.

História dos vinhedos e vinhos

Uruguai sempre foi a região que menos atraiu a atenção de Espanha e Brasil pela falta de recursos naturais, principalmente os minerais.

Além disto, a hostilidade dos índios, os charruas eram índios agressivos e violentos.

Em 1516, o navegador Juan Dias de Sólis, considerado o descobridor oficial do Uruguai, ao tentar uma aproximação amistosa, foi, junto com toda sua comitiva, massacrado pelos charruas.

Os primeiros vinhedos, como em Mendoza e Santiago, foram plantados pelos jesuítas, para o vinho das cerimônias religiosas.

O primeiro registro de uma vinícola apareceu somente em 1776, dois séculos depois dos vinhedos de Mendoza e 170 anos após os de Buenos Aires.

Em 1835, na posse do 2º Presidente, Manuel Oribe, foi servido um vinho uruguaio, no entanto, o desenvolvimento dos vinhedos e a produção regular de vinhos só aconteceram mesmo a partir de 1870, quando começaram a chegar os imigrantes espanhóis e italianos.

Os imigrantes trouxeram consigo a cultura do vinho, e passaram a produzir, principalmente, para o consumo familiar.

Poucos produziam para comercializar.

Com a chegada dos investidores ingleses, interessados no gado bovino e na comercialização da carne, cresceu o consumo da cerveja. O que incentivou a abertura de várias cervejarias.

A influência dos ingleses no consumo de bebidas foi comprovada pela icônica água tônica Paso de Los Lobos, que era produzida para atender, principalmente, os consumidores ingleses.

Em 1871, a criação da ARU – Associação Rural do Uruguai – deu um impulso importante na agricultura e na produção de vinhos.

Francisco Vidiella, um dos fundadores da ARU, após uma viagem à Europa, trouxe con-

© Wikipedia

Pascual Harriague

Vinhedo Bodega Juanicó

sigo mudas de uvas Cabernet Sauvignon, Merlot, Garnacha e começou a produzir bons vinhos.

Em 1874, Pascual Harriague, de origem espanhola e, também, fundador da ARU, viajou para Concordia, na Argentina, onde estavam sendo produzidos vinhos de muito boa qualidade, no estilo de Bordeaux, utilizando uma uva conhecida como Lorda.

Na volta, trouxe consigo mudas e plantou 200 hectares de vinhedos, na região de Salto, noroeste do Uruguai.

A uva Lorda se adaptou muito bem a este terroir, com vinhos de muito boa qualidade. Em 1888, já havia em Salto cerca de 90 bodegas de vinho.

Várias vinícolas em todo o Uruguai começaram a plantar a uva, e com o sucesso passaram a referir-se a ela como Harriague.

Em 1919, após estudos, a uva Lorda foi reconhecida e identificada como sendo a Tannat, da região de Occitanie, nos Altos Pirineus.

Após a identificação, a Tannat passou a ser considerada a referência e a bandeira dos vinhos uruguaios.

Os vinhos produzidos no Chile são reconhecidos pelas uvas Cabernet Sauvignon, Merlot e Carménère. Os de Mendoza, na Argentina, pelas uvas Malbec e Cabernet Franc.

Os vinhos do Uruguai são reconhecidos mundialmente pela Tannat.

Sempre digo que, nós aqui da América do Sul não bebemos vinho, bebemos a uva. Escolhemos o vinho pela uva e pelo bolso.

No Brasil, as uvas mais

Uvas Tannat

reconhecidas são a Cabernet Sauvignon, Merlot, Carménère, Malbec, Pinot Noir, Syrah e Cabernet Franc. A Tannat já está entrando na lista de preferência dos brasileiros.

Em minhas visitas aos produtores no Uruguai, tenho dito que é preciso uma campanha de marketing agressiva, para que os brasileiros passem a incluir a Tannat na lista de suas prioridades.

A uva Tannat

A uva Tannat é originária da comuna francesa de Mandiran, na região de Occitanie, nos Altos Pirineus, na França.

A região de Occitanie está localizada ao sul do Bordeaux, e muito próxima da divisa com o País Basco da Espanha.

A Tannat é conhecida na Europa também como Mandiran. É caracterizada pela alta acidez e altos níveis de taninos.

Na França, para reduzir sua adstringência, há um cuidado especial na segunda fermentação. E para apurar a maciez do vinho, estagiam em barricas de carvalho.

É uma das uvas que contém maior quantidade de Reverastrol, substância encontrada nos vinhos tintos que ajuda na redução do mau colesterol e no combate ao câncer. Possui seis vezes mais antioxidante que todas as outras.

Na França, a Tannat é muito utilizada para blends com a Cabernet Sauvignon e Cabernet Franc.

É a uva símbolo do Uruguai,

onde é conhecida também pelo nome de Harriague, em homenagem a Pascual Harriague. Adaptou-se muito bem aos terroirs do Uruguai, tendo como resultado uma combinação perfeita entre acidez e taninos. São macios e elegantes.

Os vinhos Tannat são encorpados, potentes, com um vermelho intenso, e aromas que lembram figos e frutos vermelhos, como amoras e framboesas.

Os produzidos na região de Salto no Uruguai e na Campanha Gaúcha têm taninos mais suaves, mesmo assim encorpados e intensos.

Harmonizam com churrascos, parrillas e pratos substanciosos. Além de monocastas, os blends mais usuais são com Pinot Noir e Merlot.

No Vale dos Vinhedos, no Rio Grande do Sul, várias vinícolas já estão também produzindo muito bons vinhos com esta uva.

Exatamente como ocorreu com a Carménère no Chile, com a praga da Filoxera no século XIX, a uva Tannat desapareceu na França. Em 1990, foi levada de volta para a Europa.

Roteiro de viagem

O Uruguai faz fronteira com o Brasil na região da Campanha Gaúcha, ao sul do Rio Grande do Sul.

Uruguai e Campanha Gaúcha são compostos de planícies, pampas e propícios à criação do gado bovino e equino.

Por estarem nos paralelos 30 e 35, zonas temperadas, os mesmos das regiões vinícolas da África do Sul e Austrália, são propícias também ao

Vinhedo Antigua Bodega

plantio de vinhedos.

Os uruguaios são orgulhosos da sua história política, e de ter sido a terra natal de Carlos Gardel, o maior cantor de tangos de todos os tempos.

Ele nasceu em Tacuarembó, uma cidade ao norte, próxima da divisa com o Brasil, em Santana do Livramento.

Orgulham-se, também, do seu rebanho de gado, da carne, do vinho e principalmente do futebol.

Foram campeões do mundo duas vezes. Em 1950, em pleno Maracanã foram campeões do mundo, derrotando no jogo final a seleção brasileira por 2x1.

El Maracanazo é um dos maiores orgulhos dos uruguaios.

A maioria dos brasileiros que tem optado por fazer turismo no Uruguai o faz por algumas razões específicas. É muito próximo, não é tão caro e não precisa de muitos dias para conhecer e curtir.

Carlos Gardel

De avião de São Paulo leva cerca de 2 horas e 30 minutos. Se morar nos estados do sul, Paraná, Santa Catarina e Rio Grande do Sul, dá para ir de carro, tranquilamente.

As opções de turismo de uma maneira geral são curtir Montevidéu, as praias de Punta Del Leste e José Ignácio, conhecer

Museu Casapuleblo

Uruguai

Seleção do Uruguai, Copa de 1950

a Casapueblo do pintor Carlos Vilaró, visitar vinícolas, degustar muitos bons vinhos e comer ótimas carnes.

O Uruguai já dispõe de uma ótima estrutura de turismo para atender aos visitantes.

Toda vez que vou ao Uruguai encontro mais brasileiros, principalmente jovens e casais em lua de mel.

Apesar de todas as facilidades, recomendo que façam um planejamento da viagem como um todo, principalmente onde se hospedar.

Abaixo estou colocando o mapa de Montevidéu, para que possam entender melhor.

Montevidéu fica no estuário do Rio da Prata. Ao norte, ficam as regiões vinícolas de Canelones. A cerca de 180 quilômetros a Oeste, fica a cidade de Colônia, de onde saem os barcos que atravessam o Rio da Prata para Buenos Aires.

A maioria das vinícolas está concentrada no entorno de Montevidéu e Canelones.

Bouza e Carrau estão à cerca de 20 quilômetros do centro de Montevidéu.

Em Colônia além do porto, das balsas para Buenos Aires, as outras atrações são o centro

MONTEVIDÉU

Praça Independência, Montevidéu

histórico e as vinícolas.

A Leste de Montevidéu, a cerca de duas horas de carro ficam as praias de Punta del Leste, José Ignácio, a Casapueblo e vinícolas entre elas a Garzón, Vinhedos de Los Vientos e Viña Éden.

Se a sua programação é visitar a região de Canelones e as vinícolas no entorno de Montevidéu, recomendo hospedar-se em um hotel nos bairros de Positos, Punta Carretas, Cientro 18 de Julho ou Ciudad Vieja.

Vai ser mais fácil sair e entrar na cidade. O transito é relativamente complicado pela manhã e à tarde.

Se seu interesse são as praias de Punta del Este, José Ignácio e aproveitar para visitar vinícolas, recomendo hospedar-se em algum hotel nestas duas praias, ou em Montevidéu, de preferência nos bairros de Positos e principalmente Carrasco.

A cidade de Montevidéu não oferece muitas atrações. Não há também uma região específica de lojas e restaurantes. Está tudo muito espalhado. Em algumas regiões há shopping centers.

No centro histórico da cidade, onde estão a Catedral, Teatro Municipal, Praça da Liberdade com a estátua do herói José Artigas, museus e o Mercado Central, dá para caminhar durante o dia com segurança.

Uma das atrações desta região são os restaurantes de carnes e parrillas no Mercado Central.

Todas as vezes que fui ao

Uruguai, hospedei-me em Montevidéu e de lá saí para os passeios.

Na Ciudad Vieja, hospedei-me no Hotel Alma Historica, um pequeno hotel de charme, no centro histórico, próximo do Mercado Central e da Catedral.

Esta região tem um movimento grande durante o dia. À noite com o fechamento das lojas, reduz bastante. Ficam abertos somente os restaurantes e bares.

Em uma outra vez, hospedei-me no Oliva Hotel, em Pocitos, pequeno, moderno e confortável.

Pocitos é uma região com casas, prédios de apartamentos residenciais, pequenos hotéis, alguns restaurantes e um shopping center.

Guias e agências

Se pretender visitar vinícolas e fazer passeios, o ideal é contatar um guia ou uma agência de turismo que faz programações em grupos.

Com um guia dedicado, você poderá escolher as vinícolas que deseja visitar. Como são relativamente próximas uma das outras, é possível visitar quatro no mesmo dia.

Através das agências de turismo, você visita as vinícolas que estão na programação do tour.

Sempre que vou ao Uruguai, opto por um guia da Wine Experience, Ryan Hamilton, que fala fluentemente inglês, espanhol e português.

Ryan tem um ótimo relacionamento com os donos e enólogos de várias vinícolas e

Mercado Central em Montevidéu

pode agendar visitas privadas.

O contato é pelo e-mail *contact@thewine-experience.com*

Duas agências bem cotadas no Trip Advisor são Master Turismo e Excellence Turismo. Elas também atendem tours privados.

Não utilizei nenhuma delas, mas os comentários que tive de outros turistas foram sempre muito positivos.

Dicas de Rodovias

Para ir para Montevidéu de carro, há três opções para atravessar a fronteira.

Por Uruguaiana, seguir pela Rodovia 3 em direção à cidade de Salto, onde há várias vinícolas e os primeiros vinhedos de Tannat. Seguindo em direção ao sul pela mesma Rodovia 3, vai direto para Montevidéu.

A Rodovia 3 corre paralela à fronteira com a Argentina.

Por Santana do Livramento pela Rodovia 5 até Tacuarembó, cidade natal de Carlos Gardel, e depois seguindo pela mesma Rodovia 5, até Montevidéu.

Esta rodovia corre pelo centro do país.

A terceira opção é atravessar pelo Chuí, pela Rodovia 9, seguir para o sul, em direção a Punta del Este, e depois pela mesma Rodovia 9, continuar para Montevidéu.

A Rodovia 9 corre paralela ao Oceano Atlântico.

Estando em Montevidéu, é muito fácil chegar de carro nas vinícolas nas regiões de Juanicó e Castelones pela Rodovia 5.

Para Colônia e se quiser atravessar de carro para Buenos Aires, é pela Rodovia 1.

Para as praias de Punta del Este e José Ignácio, e visitar as vinícolas da região leste, seguir pelas Rodovias 9 e 10.

Visitas às vinícolas

Vinícolas ao Nordeste de Montevidéu

Saindo de Montevidéu pela Rodovia 5, em direção a Juanicó e Canelones, ao seu redor estão concentradas as mais importantes vinícolas do Uruguai.

Com um guia privado, consegue-se visitar até quatro vinícolas por dia.

Custa mais caro, mas você pode escolher as vinícolas e tem um atendimento personalizado.

Vinhedo Antigua Bodega

Uruguai

Em um tour privado, saindo de Montevidéu às 9h30 dá para programar visitas a duas vinícolas pela manhã, às 10h30 e 12h, depois, almoçar em uma terceira às 13h30, visitar uma última às 16h, retornando para o hotel às 17h30.

Se preferir visitar em um tour em grupo, as escolhas das vinícolas serão de acordo com a programação das agências de turismo.

A maioria dos tours em grupos concentra as atividades nas degustações.

Há tours que incluem almoço com degustação.

Uma outra opção é se estiver de carro próprio.

É muito fácil chegar nas vinícolas. São todas muito próximas, e ao redor da Rodovia 5.

Algumas possuem atendimento em tempo integral, outras requerem reservas e marcações antecipadas.

Nos fins de semana, o atendimento na maioria é integral, inclusive nas que oferecem almoço.

Em minhas viagens, contrato sempre passeios privados. Além da degustação, o objetivo é sempre buscar informações mais detalhadas das vinícolas, das uvas, dos vinhos, fotos e conteúdos para o livro.

Sou sempre recepcionado pelos proprietários, enólogos ou pelos gerentes comerciais.

A maioria dos proprietários das vinícolas são membros da 3ª geração de famílias que vieram da Espanha, Itália, França e Alemanha.

Na região de Canelones, muitos são das Ilhas Canárias e, por isso, são chamados de "Canários".

A maioria das vinícolas produz vários rótulos monocastas e blends com Tannat. No entanto, para atender as preferências dos consumidores, têm produzido vinhos com diversas outras castas.

Uruguai está entre os Paralelos 30° e 35°, os mesmos da África do Sul, Nova Zelândia e Austrália, propício a cultivar com sucesso várias castas.

As uvas mais utilizadas no Uruguai são:

VINHOS TINTOS
- Tannat
- Cabernet Sauvignon
- Merlot
- Pinot Noir
- Cabernet Franc
- Nebiolo
- Tempranillo
- Marselan
- Shiraz
- Petit Verdot

VINHOS BRANCOS
- Chardonnay
- Riesling
- Sauvignon Blanc
- Torronté
- Viognier
- Pinot Blanc
- Alvarinho
- Gewürztraminer

Antigua Bodega

Fui recepcionado pela proprietária Virginia Stagnari, a enóloga Laura Casella e o gerente comercial e de exportação Fabian Houjeije.

Produzem vinhos com as uvas Tannat, Cabernet Sauvignon, Cabernet Franc, Sangiovese, Merlot, Sauvignon Blanc e Chardonnay.

Com Virginia Stagnari e Laura Casella, Antigua Bodega

Uruguai

Com Manuel Bouza, Bodega Bouza

Seus principais vinhos levam as marcas PEDREGAL, PRIMA DONNA E OSIRIS.

Há um tinto especial com a marca IL NERO.

O local é muito bonito, arborizado, rodeado de vinhedos, agradável para caminhar e fotografar.

Bodega Bouza

É uma das mais conhecidas e visitadas pelos brasileiros. Fica relativamente próxima de Montevidéu e tem atendimento em tempo integral, ou seja, não há necessidade de reservar a visita.

Fui recepcionado pelo proprietário Manuel Bouzas e o enólogo Dr. Eduardo Boido.

Produzem seus vinhos com as uvas Tannat, Merlot, Tempranillo, Pinot Noir, Alvarinho, Chardonnay e Riesling.

Os principais vinhos levam no rótulo a marca BOUZA.

Com enólogo Eduardo Boido, Bodega Bouza

O local era uma fazenda, com alguns edifícios antigos restaurados.

O atendimento do enoturismo e a loja para as vendas dos vinhos são em edifícios novos e modernos.

O local é amplo, com um restaurante e um museu de carros.

O atendimento é bem profissional. Atendem muitos grupos de agências de turismo.

Com Javier Carrau e
Marcos Carrau, Bodegas Carrau

🍇🛢️ Bodegas Carrau

É também próximo de Montevidéu. Fui muito bem recepcionado pelos proprietários Javier Carrau, Ignácio Carrau e o filho Marcos Carrau, com almoço e degustação dos vinhos.

Produzem vinhos com as uvas Tannat, Merlot, Cabernet Franc, Nebiolo e Chardonnay.

Seu principal vinho é o tinto JUAN CARRAU.

Muito arborizado, espaçoso e com um pequeno vinhedo, com as diversas castas que cultivam.

🍇🛢️ Bodegas Castillo Viejo

Fui recepcionado pela proprietária Ana Anfuso e sua filha e Diretora Comercial Mariana Anfuso.

Produzem vinhos com as uvas Tannat, Cabernet Franc, Cabernet Sauvignon, Merlot, Tempranillo, Pinot Noir, Marselan, Chardonnay, Sauvignon Blanc, Viognier e Gewürztraminer.

Os principais vinhos são CATAMAYOR E VIEJA PARCELA.

Oferecem uma lista de rótulos com uma grande variedade de monocastas e blends.

Com Ana Anfuso e Mariana Anfuso, Bodegas Castillo Viejo

Salão de degustação da Bodega Castillo Viejo

Uruguai

Salão de barris da Bodega Pizzorno

É uma vinícola familiar e muito tradicional.

São prédios mais antigos, amplos e que transmitem um clima de simplicidade.

O salão do enoturismo é grande, um pouco escuro, mas combina com a degustação dos vinhos.

🛢 Bodega Marichal

Fica em Canelones e é a mais distante de Montevidéu.

Fui recepcionado pelo proprietário, diretor comercial e enólogo Juan Andrés Marichal.

Com Juan Andrés Marichal, Bodega Marichal

Com Francesco Pizzorno, Bodega Pizzorno

Produzem vinhos com as uvas Tannat, Pinot Noir, Chardonnay e Sauvignon Blanc. Seus principais vinhos levam a marca MARICHAL.

O local do enoturismo é bem simples, mas todo rodeado de vinhedos.

🛢 Bodega Pizzorno

Fui recepcionado pelo Diretor de Exportação Francesco Pizzorno.

Produzem vinhos com as uvas Tannat, Cabernet Sauvignon, Malbec, Merlot, Petit

Bodega Spinoglio

Com Alejandra Spinoglio, Bodega Spinoglio

Bodega Spinoglio

Uma das mais bonitas vinícolas da região, tanto no paisagismo como nos edifícios que compõem o local. Uma combinação linda e perfeita de árvores, flores e vinhedos.

Fui recepcionado pelos proprietários, a responsável pelos eventos e enoturismo Alejandra Spinoglio e o enólogo Diego Spinoglio. A visita incluiu o almoço com a degustação dos vinhos e um ótimo papo.

Produzem vinhos com as uvas Tannat, Merlot, Cabernet Sauvignon e Sauvignon Blanc.

Os principais vinhos levam a marca TIERRA ALTA, mas há um tinto especial produzido em anos de uvas excepcionais, TONEL DIEZ.

O local como um todo é muito bonito. Os edifícios antigos restaurados proporcionam um

Verdot, Sauvignon Blanc e Pinot Blanc.

Seus principais vinhos levam as marcas DON PROSPERO E PIZZORNO.

Fica também em Canelones. O local do enoturismo é pequeno, simples, mas bem agradável. O passeio pela área das barricas de carvalho, no subsolo, é um *must* na visita.

Uruguai

contraste muito bonito com os edifícios novos do restaurante e enoturismo.

Há um edifício antigo com um grande salão, com barris de carvalho gigantes, onde está o mítico Tonel Diez, e que é utilizado para casamentos e grandes eventos.

🍇 Bodega Juanicó

Fica também próximo de Canelones, na Vila Juanicó.

Fui recepcionado pelo Gerente Comercial e Exportação Gonzalo Garcia.

A visita incluiu almoço com degustação dos vinhos.

Produzem vinhos com as uvas Tannat, Shiraz, Cabernet Sauvignon, Cabernet Franc, Merlot, Petit Verdot, Chadornnay e Viognier.

Seus principais vinhos levam a marca DON PASCUAL, em homenagem a Pascual Harriague.

O enoturismo é em um edifício amplo, rodeado de vinhedos.

Com Gustavo Pisano, Nicolas Kosik e Ryan Hamilton, Bodega Pisano

O atendimento para almoço e degustação é em tempo integral, independente de reservas.

Como é muito utilizada por grupos de agências de turismos, recomendo nos fins de semana fazer a reserva com antecedência.

🍇 Bodega Pisano

Esta vinícola não atende enoturismo. Aliás, vangloriam-se de produzir vinhos e exportar para 45 países diferentes.

Conseguimos uma visita especial através no nosso guia Ryan Hamilton da Wine Experience.

Vinhedo Bodega Juanicó

Bodega Pisano

Fui recepcionado pelo proprietário Gustavo Pisano e o Gerente de Exportação Nikolas Kosik.

Produzem vinhos com Tannat, Merlot, Cabernet Sauvignon, Cabernet Franc, Shiraz, Petit Verdot, Torrontés.

Principais vinhos levam as marcas CISPLATINO, RPF e RIO DE LOS PÁJAROS.

Para muitos especialistas estão entre os melhores vinhos do Uruguai.

Vinícolas a Leste de Montevidéu

Há poucas vinícolas na direção de Punta del Este.

Se ficar hospedado em Montevidéu, o ideal é programar o dia inteiro para visitar duas vinícolas, e conhecer Punta del Este e José Ignácio.

Se houver tempo e interesse, visitar também a Casapueblo.

Se optar por hospedar-se à beira-mar, pode curtir as praias e dedicar algum tempo para as vinícolas próximas.

Sempre me hospedei em Montevidéu e programei, pelo menos, um dia inteiro para esse lado.

Incluí em uma das vezes conhecer a Casapueblo, do pintor Carlos Vilaró, em Punta Balenas. Vou falar sobre ela logo a seguir.

Visita às Vinícolas

Bodega Garzón

A mais bonita do Uruguai, sem dúvida. Localização espetacular com edifícios modernos e um enoturismo de altíssimo nível.

Minha visita foi em grupo e seguiu os padrões que incluíram as histórias, as explicações do guia e a degustação. Se puder, vale a pena visitar, é muito linda.

Produzem vinhos com as uvas Tannat, Merlot, Cabernet Sauvignon, Pinot Noir, Petit Verdot e Alvarinho. Os principais vinhos são GARZÓN, PETIT CLOS e BALASTO.

🍇 Viña Edén

Fica na região de Maldonado, próxima da vilazinha de Pueblo Edén, uma área nova de vinhedos, e a cerca de 10 quilômetros do Oceano Atlântico.

Fui recepcionado pelo proprietário Mauricio Zlatkin. Produzem vinhos com as uvas Tannat e Chardonnay. Seus principais vinhos levam no rótulo as marcas VIÑA EDÉN e CERRO NEGRO.

Em minha visita, Mauricio me mostrou um projeto que estão desenvolvendo para vender quotas dos vinhedos e da produção dos vinhos.

A Viña Edén cuidaria da agronomia, da enologia e da produção dos vinhos e os coproprietários poderiam ter seus próprios vinhedos e vinhos personalizados.

Com Mauricio Zlatkin, Viña Edén

Viña Edén

Casapueblo, Punta del Este

⭐ Casapueblo – Carlos Páez Vilaró

Fica em Punta Balenas, muito próximo de Punta del Este.

Carlos Vilaró, contemporâneo e amigo de Pablo Picasso, é o pintor uruguaio mais famoso internacionalmente. Além das pinturas, adorava música, carnaval e candomblé.

Em 1972, vivenciou uma experiência traumática. Seu filho foi um dos poucos sobreviventes do avião, com os jogadores de rugby da seleção uruguaia, que caiu nos Andes.

Mas ele é também muito famoso pela Casapueblo que construiu em Punta Balenas, de frente para o mar. Seguindo suas próprias instruções de arquitetura construiu uma casa totalmente fora dos padrões convencionais. Lembra um pouco as casas brancas das ilhas gregas.

Casapueblo abriga hoje um museu com várias de suas

Hotel da Casapueblo

Uruguai

Foto de Carlos Vilaró

Museu Casapueblo

Houve um período em Punta del Este que eram famosas e disputadas as festas de Ano Novo e Carnaval organizadas por brasileiros. Era um *point* dos VIPS do Brasil, Uruguai e Argentina.

Neste período, havia também bares e boates com músicas brasileiras.

Vinicius de Moraes estava sempre por lá, curtindo e se apresentando em uma boate chamada Cirrosis. Que ironia, ele morreu disto.

Na época, Vilaró estava construindo sua Casapueblo, e Vinicius, para homenageá-lo, fez os versos da música "**A CASA**" que diz: "*Era uma casa muito engraçada, não tinha teto, não tinha nada...*"

Uruguai é um país de um povo simples e acolhedor. Montevidéu é uma cidade tranquila e segura. É um lugar que gosto muito de ir, para curtir a gastronomia, carnes, vinhos e os passeios pelas vinícolas.

obras e objetos pessoais, um hotel de alto nível e ainda a casa da família, onde moram seus herdeiros.

Casapueblo – *Era uma casa muito engraçada...*

ÍNDICE REMISSIVO

A
Abadia Retuerta 207
Abadia Saint-Pierre 266
Abraham Izak Perold 48
Academia dell'Alberello 354
Adriano Adami 394
África 36
África do Sul 35
Africâner 42
Agoston Haraszthy 235, 247
Águeda 417
Ahu Tahai 158
Ahu te Pito Kura 156
Aizy 266
Alan York 249
Alasca 230
Alava 175
Alba 310
Alberelos 345
Alberobello 329
Albino Rocca 307
Alcibiade Zecca 348
Alemanha 231
Alfred Hitchcock 255
Alfred Tubbs 244
Alyeska 231
Amarone 399
Ambrosini 410
Amoreira de Gandara 419
Ana Martinez Bujunda 189
Anadia 417
Anakena 155
Anatólia 329
Angelina Morelli 124
Angola 38
Antelope Canyon 256
Antico Palmento 355
Antígua Bodega 442
Antonelli San Marco 379
Antonio Domenico Salton 95
Antonio Pigafetta 139
Antonio Saldanha 60
Apartheid 42
Aracuri Vinhos 100
Aranda de Duero 197
Ashbury 256
Ashton 70
Auguste Devaux 272
Auguste Renoir 273, 277
Augusto
    (imperador romano) 389
Aureliano Ascanti 390
Autin Goheen 343
Avareipua 156
Aveigo 417
Ávila 209
Ay-Champagne 266
Ayrton Giovannini 90
Azienda Agraria
    Scacciadiavoli 380
Azienda Agrícola Taurino
    Cosimo 350
Azienda Albino Rocca 306
Azienda Giuseppe Cortese 308
Azienda Leonne de Castris 347
Azienda Massolino
    Giuseppe 309
Azienda Vinicola Rivera 356
Azienda Vitinicole Ceretto 309
Azineda Vitivinicola Marulli 349

B
Baia dos Mexilhões 37
Bairrada 417
Balmaceda 149
Baños Carrera 180

Barbaresco 301
Barbaresco 310
Barbolino 407, 409
Bari 329, 330
Barolo 310
Bar-sur-Seine 271
Bartolomeu Dias 37
Basilica di São Nicolau 332
Bay Bridge 239
Beaulien Vineyards 253
Bento Gonçalves 87
Beringer Brothers 244
Berluchi 410
Best Western 268, 270
Bevagna 373, 376
Bezinger Winery 249
Bisol 1542 394
Black Station 253
Black Zinfandel 344
Bloemfontein 42
Bodega Bay 231, 255
Bodega Bouza 443
Bodega
   El Lagar de Islla 202, 204
Bodega Garzón 448
Bodega Juanicó 447
Bodega Marichal 445
Bodega Migeul Merino 182
Bodega Pisano 447
Bodega Pizzorno 445
Bodegas Campo Viejo 184
Bodegas Carrau 444
Bodegas Castillo Viejo 444
Bodegas CIAVIN
   de las Animas 204
Bodegas Conde Valdemar 188
Bodegas Don Carlos
   (Sec. XV) 202, 204
Bodegas Duron 204

Bodegas Gomez Cruzado 180
Bodegas Marques de Riscal 186
Bodegas Menade 211
Bodegas Pago de
   los Capellanes 204
Bodegas Pinna 203, 204
Bodegas Protos 203
Bodegas Valduero 204
Bôeres 40
Bom Jardim da Serra 106
Bonnievale 70
Bordeaux 15
Bornos Bodegas & Vinhedos 212
Bouchard Finlayson 66
Boulders 64
Brescia 409
Brindisi 329
Briones 175
British Commonwealth 43
Bruno Benzinger 249
Buena Vista Winery 235, 247
Buitenverwachting,
   Beyond Expectation 51
Burgos 197

C

Cá del Bosco 410
Cabo das Agulhas 69
Cabo da Boa Esperança 37, 62
Cabo da Tormenta 37
Cabo do Bojador 35
Caiquéns 145
Califórnia 230
Calígula 389
Calistoga 235
Camille Claudel 105
Caminho de Santiago
   de Compostela 192

ÍNDICE REMISSIVO

Campanha Gaúcha 435
Companhia
  Williamson-Balfour 164
Campestre 100
Campos de Cima da Serra 99
Campos de Vacaria 99
Camps Bay 62
Cantina Conti Zecca 347
Cantina Fongoli 378
Cantina Paolo Leo 348
Cantina Ruggeri 395
Cantine Milziade 376
Cape Colony 38
Cape Winelands 53
Capitania
  de São Pedro do Rio 88
Carl Doumani 246
Carlos Dreher Filho 89
Carlos Gardel 436
Carlos I 222
Carlos Páez Vilaró 450
Carol Meredith 343
Caroline Frey 286
Carrara 317
Cartizze 389
Cartuxa Reserva 19
Casa de Habsburgo 221
Casa do Tratado 219
Casapueblo 450
Casas del Bosque 127
Cascata Monumental 339
Casileiro del Diablo 18
Castel del Monte 341, 355
Castellana Grotte 353
Castelo de Bari 332
Castelo de Saint Just 288
Castilla y Leon 175, 197, 209
Catanhede 417
Catarina da Áustria 222
Catedral de Bari 332

Catedral de Canterbury 339
Catedral de São Sabino 332
Caves São João 420
Ceja Vineyards 253
Champagne 263
Champagne Banfontarc 276
Champagne Milan 267
Champagne Taittinger 266
Champagne-Ardene 271
Chapman's Peak Drive 62
Charles Krug 235
Château Louise Brison 274
Château Montelena 244
Château
  Mouton-Rothschild 1989 16
Chateaux Devaux 272
Cidade do Cabo 35, 38, 42, 59
Cierro Las Cuevas 182
Cinque Terre 315, 321
Clemente Clark Moore 334
Cline Celars 253
Coimbra 417
Col de Lupo
  Azienda Agricola 396
Colônia do Santíssimo
  Sacramento 429
Companhia
  das Índias Orientais 38
Concha y Toro 18
Conde Zecca 348
Condessa
  Sabini di Altamura 343
Condor 145, 146
Conegliano 387
Conhaque Dreher 89
Constantia 47, 49
Continente africano 37
Copertino 349
Cordilheira dos Andes 137
Cornerstone 253

Corniglia 315, 318
Corte Bordalês 19
Corvina 398
Corvinone 398
Creation Wines 67
Cristovão Colombo 218
Crljenak Kaštelanski 343
Cruzadas 337
Cueva del Milodon 140
Cullian Diamond Mine 73
Curiel de Duero 197
Czar Alexandre II 231

D

D. Afonso VI 209
D. Angel Gomes Arteche 180
D. Augusto 180
D. Beatriz
   Dreher Giovannini 90
D. Jesus Gomez Cruzados 180
Damery 266
Daniel Geisse 94
Daniela Fagioli 375
Dáunios 329
David Gonzalez 181
Davis University 343
Decameron (Boccacio) 316
Denis Dudorbien 286
Denominação
   de Origem Rueda 25
Diane Disney 236
Diane Disney Miller 236
Diego de Almagro 132
Digne 292
Diomedes 344
Divina Comédia
   (Dante Alighieri) 316
Dolomitas 387
Dom Manuel 138

Domaine Carneros 251, 253
Dominio de Bornos 214
Don Giovanni 89
Dona Joana I –
   Rainha de Castela 219
Dorso Rosso 349
Doutor do Cabo 38
Doze Apóstolos 62
Drakenstein
   Correctional Centre 54
Dutru-Bocnier 163
Duval-Leroy 267

E

Eco Resort
   do Rio do Rastro 108
Eduardo Chadwick 119
El Calafate 151
El Chatén 151
El Enemigo 24
El Escorial 121
Épernay 263
Ernando Magallanes 134
Essoyes 273
Estrada
   do Rio do Rastro 106
Estreito de Bering 231
Estreito de Magalhães 137
Eugene Eydar 162
Eugenia de Montijo 179
Excelsior Estate 71

F

F. W. Klerk 44
Fairview Estate 57
Falsa Baia (False Bay) 63
Fattoria Colleallodole 376
Fazenda Santa Rita 100, 102

ÍNDICE REMISSIVO

Felipe Cruz Sanchez 121
Fernão
   de Magalhães 140, 429
Fiji 155
Finca la Emperatriz 179
Finca Pago de Pardina 215
Five Roses 347
Fleury-La-Riviére 266
Florianópolis 109
Foggia 329, 344
Forte Bulnes 143
Forte Ross 231
Fraai Wtzicht –
   Beautiful View 71
Franciacorta 409
Francis Drake 141
Francis Ford Coppola 236
Francisco Vidiella 432
Frank Bartholomew 248
Frank Gehry 186
Franschhoek 47, 54, 57
Franschhoek Wine Train 55
Fratelli Cigliuti 307
Friedensreich
   Hundertwesser 246
Fromagerie Lambert 288
Fynes Morison 390

G

Galípoli 329
Gandhi 44
Gansbaai 68
Garda 407
Garibaldi 87
General Mariano
   Guadalupe Vallejo 234
Gênova 315, 317
Geoffrey Chaucer 370
George C. Yount 235

Geórgia 335
Gianfranco Fino 354, 355
Gil Eanes 36
Gioia del Colle 340
Girard Winery 253
Giulia
   Trucolo Martinelli 90
Giuseppe Campagnola 405
Giuseppe Cortese 308
Glaciares 149
Glen Carlou 56
Glera 388
Gloria Ferrer 250
Gold Reef City 77
Golden Gate 239
Goleta Ancud 143
Graham Beck 71
Grand Canyon 256
Grand Provence 58
Groot Constantia 50
Grupo Pernot Ricard 185
Grupo Valdecuevas 215
Grutas Castellana 353
Guagnano 350
Guanaco 140, 145, 146
Guelbenzu 214
Guerra de Troia 344
Guerra do Paraguai 431
Gumiel de Mercado 204

H

Haight 256
Hanga Roa 155
Haro 175
Harpers Weekly's 334
Hau Maka 155
Haute Cabriére 57
Hautvillers 266
Haway 155

Hermanus 47, 65
Hermanus Pieters 65
Homem Passado 158
Homewood 253
Hotel Abadia Retuerta,
  La Domaine 206
Hotel Alma Historica 430
Hotel das
  Termas de Cuim add
Inha Matua 155-156
Hout Bay 62
Hunguenotes 53

I

Ibis 268
Ice Wine 321
Ilha de Páscoa 155
Ilha de Robben 65
In situ 124
Índias 35
Indonésia 38
Inferno 36
Irmãos Grimm 243
Isabel e Fernando 218
Isla Negra 115, 131

J

Jacob e Adam Grimm 242
Jacob e Frederick Beringer 244
Jacob Roggeveen 162
Jacob Schram 235
Jacuzzi Family Winery 251
Jam Harmsgat
  Historic Farm 71
James Cook 162
Jan Van Riebeeck 38
Janis Joplin 256
Jardim do Eden 288

Jean Charles Boisset 248
Jeun de Balaup
  La Perouse 162
Jean Renoir 277
Jean Valjean 292
Jean Michel
  Bousiquot 111
Jobs
  Martinez Bujunda 189
Jim e Bo Barrett 244
Jimmy Hendricks 256
Joanesburgo 41, 71
Joaquim
  Martinez Bujunda 188
Joe Montana 236
John Patchett 235
John Sutter 232
José Altamira 233
José Bernardo
  Carvalho Junior 105
Jose Gervásio Artigas 430
Juan Antonio Leza 181
Juan Dias de Solis 429
Juan Guillermos 143
Juan Manoel
  Arancibia Araos 122
Juan Sebastian Elcano 139
Juarez Machado 105
Judy Hill 253
Jules Devaux 272
Just Nuisance 64

K

Kaketi 335
Karl Dreher 89
Klein Constantia 50
Koreto 163
Kosher 350
Kruger National Park 78

ÍNDICE REMISSIVO

Krupp Brothers 253
KWV South Africa 56

L

L'Atelier
   de Degustation 267
La Azul 24
La Cave
   aux Coquillages 263
La Cité du Chocolat 285
La Guardia 175
La Horra 197
La Magny 279
La Rioja 175
La Spezia 317
Lago de D'Iseo 409
Lago de Garda 387
Lago de Garda 407
Lapu-Lapu 139
Larson Family 253
Lauro Miller 106
Lecce 329, 336
Leôncio Señoret 164
Les Liceys 278
Lesedi
   Cultural Village 72
Leverano 347
Ligúria 317
Limone del Grada 407
Lion & Safari Park 72
Lívia (esposa
   do imperador Augusto) 387
Lleiroso 214
Logroño 175
Lombardia 409
Longa de Duero 197
Los Angeles
   (San Francisco) 239
Los patagones 140

Luanda 38
Lucio Leuci 350
Luis Pato 418
Luiz XII (1498-1515) 292
Luna Vineyards 253

M

Madiba (Pai da raça) 44
Makemake 156-159
Malásia 38
Malcesine 407
MAM (Nova York) 276
Mama & Papas 256
Manarola 315, 317
Mandúria 340, 353, 354
Manu Rangi 162
Manuel Oribe 432
Manutara 158
Mar Adriático 387
Mar da Ligúria 315
Marco Antonio Salton 96
Mario Andretti 236
Mario Geisse 92
Maropeng Museum 75
Maropeng Museum of
   Humankind 75
Marques de Riscal
   Luxury Hotel 187
Marquesas 155
Marrocos 36
Martínez Corta 214
Martinotti-Charmat 390
Massolino Giuseppe 310
Mata ki tenagi 156
Materra 358
Matupo 38
McArthur Glen 269
McGregor 70
Mealhada 417

Medina de Rioseco 215
Médoc 15
Menade by Secala 211
Meninas (Renoir) 276
Menoti Schiavoni 343
Messápios 329
Michel Chapoutier 287
Miguel Merino 182
Mike Derringer 249
Missão
   San Francisco Solano 233
Mistral 15, 290
Miwok 230
Moai com olhos 157
Moai viajante 157
Moçambique 38
Moët et Chandon 92, 264
Molinara 398
Monge Fillipo Francesco
   Indellicati 343
Monopoli 329
Montanha da Mesa
   (Table Mountain) 475
Montefalco Sagrantino 372
Montenisa 410
Monterosso al Mare 315, 319
Montgueux 270
Monument Valley 256
Morella 355
Morize Guy 278, 279
Morize Père & Fils 278-279
Mother City 38
Motu Nui 158
Museo Comarcal
   de Arte Sacro 204
Museo
   del Vino Ribierte 204
Museo Provincial del Vino 204
Museo Sacro en la Iglesia
   de San Juan 204

Museu Judaico 336
Mussolini 339

N

Napa Celars 254
Napa Valley 229, 235
Napa Valley Vintners 254
Napa Valley
   Wine Auction 254
Napoleão Bonaparte 39, 49
Napoleão III 179
Nathan
   Coombs 235
Nau Victoria 138, 139
Navarra 175
Nelson Mandela 43
Nero di Troia 341, 344
Nova York 16
Nova Zelândia 155

O

O Lobo de Wall Street
   (Martin Scorsese) 316
O Tempo e o Vento,
   Érico Verissimo 88
Occitanie 434
Oger 267
Oliveira de Bairro 417
Olivia Hotel 439
Onas 140
Ônibus
   Espacial Columbia 164
Ordem Religiosa
   dos Salesianos 143
Orot 214
Orval Salton 96
Os Miseráveis
   (Victor Hugo) 292

ÍNDICE REMISSIVO

P

Paarl 47, 53
Pablo Neruda 131
País Basco 175
Palacio de los Berdugo 204
Palácio
   Nacional do Bussaco 422
Palmento 355
Pancrudo 182
Papa Gelésius 370
Papa Leão XIII 347
Papai Noel 332
Parque
   Arqueológico Paidahuén 123
Parque Nacional de Torres
   del Paine 147
Pascual Harriague 432
Paso de Los Lobos 432
Passito do Vêneto 321
Patagônia 139, 140
Paul Jaboulet Ainé 286
Pedro de Valdívia 132
Pedro Sarmiento
   de Gamboa 141, 142
Pedrosa de Duero 197, 204
Peñafiel 197
Peñaranda de Duero 205
Perito Moreno 151
Peruggia 365
Peso da Régua 141
Pesquera de Duero 197
Peucécios 329
Philippe Fourrier 276
Phoenix 256
Piemonte 301
Pierre Renoir 277
Pilansesberg National Park 76
Pinhão 141
Pinotdi Franciacorta 409
Pinto Bandeira 86, 87
Pitcairn 155
Plaza Del Dotto Winery 253
Polignano a Mare 329
Polônia 231
Polvanera 351
Polydor Chapoutier 287
Pomery 266
Porca de Murça Reserva 19
Porto de Leuca 337
Porto Elizabeth 37
Porto Venere 315, 316
Praça Mandela 46
Preju Provence 253
Presidente Andrew Johnson 232
Pretoria 42
Primaticcio 343
Primitivo 342
Príncipe Felipe da Áustria 220
Prosecco 387
Provence Vineyards 253
Puerto Hambre 142
Puerto Montt 137
Puerto Natales 137, 145, 146
Puglia 329
Punta Arenas 137, 143, 144

Q

Quinta do Crasto 141
Quinta do Ribeira 419
Quinta Nova 141
Quintarelli
   Giuseppe 406
Quixote Winery 246

R

Rafael Pinto Bandeira 87
Rainha da Inglaterra 43
Rainha Elizabeth I 141

Rainha Margarida
   da Dinamarca 354
Ranch Wegener 249
Rano Kau 155, 166
Rapa Nui 155
RAR (Raul A. Ramlon) 100
Ravanello 100
Recioto 399
Rei D. João II 37
Rei Felipe II da Espanha 142
Rei Luis XIV 278
Reino de Navarra 175
Reinos
   de Castela e Aragão 217
República
   Sul-africana dos bôeres 40
Restaurante Baltazar 16
Restaurante Olevm 375
Ribera del Duero 197
Rio Duero 197, 217
Rio Ebro 175
Rio L'Ource 273
Rio Marne 266
Rio Oja 175
Rio Rhone 15, 285
Rioja 175
Rioja Alta 177
Rioja Baixa 177
Riomaggiore 315, 317
Ripasso 402
Riva del Garda 407
Riviera da Ligúria 315
Roa de Duero 197, 204
Roberto
   Mondavi Winery 253
Robertson
   Wine Valley 47, 69
Robledo Family 253
Roero 310
Rondinela 398

Rose de Les Liceys 279
Rose de Ricey 278
Rota dos Portugueses 37
Rueda 217
Rússia 230
Ryan Hamilton 139

S

Santa Oriental 36
Sabrosa 141
Saint Helena 235, 240
Salento 336
Salice Salentino 347
Salomão 155
Sam Brannan 235
Samoa 155
San Donaci 348
San Esteban de Gormaz 197
San Marco 378
San Marzano 354
San Millan
   de la Cogolla 192
Sanchez de Loria 121
Santa Chiara de Assisi 368
Santa Claus 334
Santo Domingo
   de la Calzada 193
Santuário de Santa Maria 338
São Benedito de Nórcia 366
São Francisco de Assis 367
São Joaquim 99, 103
São Nicolau de Bari 332
São Valentim 369
Sarzana 317
Sciacceta DOC 321
Scott Mackenzie 256
Segóvia 197, 209
Señorío de Sarría 214
Serrano 149

ÍNDICE REMISSIVO

Silverado Winery 253
Simon Van de Stel 53
Simon's Town 64
Sinteklass 334
Sítio Religioso
   de Orongo 159
Sitka 231
Soho 16
Solano Lopes 431
Sonoma 229, 233
Soria 197
Sotillo de La Ribera 197
Soweto 43
Spaccio RAR 102
Sparkling
   Wines Cellar 250
Speri Viticoltori 405
Stag's Leap 246
Steenberg Estate 51
Stellenbosh 47, 53
Stellenbosh University 48
Stephans
   Johannes Krueger 78
Sterkfontein Cave 75
Storybook
   Mountain Winery 242
Straw Wine 321
Sumaridge Estate Wine 66

T

Tacuarembó 436
Taha Tai 165
Tain l'Hermitage 285
Taittinger 253
Tangata Manu 158
Taranto 329, 340
Tenute Chiaromonte 352
Terra da Fumaça 140
Terra do Fogo 139, 140

Terra dos Fogos 140
Terre Carsiche 353
Terre dei Nappi
   (Bevagna) 377
Terrific Tours 242
Teuelches 140
The New York Times 38
The Tides Warf 255
Thomas Nast 334
Tibério 389
Tonga 155
Tordesilhas 217
Tormaresca 356
Torres del Paine 137, 145
Torrevento 357
Tournon 285, 288
Tratado
   de Tordesilhas 25, 217
Treviso 387
Troia 329
Troyes 263, 268
Tubarão 109

U

Ucrânia 231
Umbigo do Mundo 156
Úmbria 365
Upsala 151
Ushuaia 151

V

Vacaria 99
Vacaria dos Pinhais 99
Vagos 417
Valbuena de Duero 197
Valdobbiadene 387
Vale de Casablanca 115, 125
Vale de Colchágua 115

Vale de Napa 229
Vale de Uco 24
Vale do Rio Aconcágua 115
Vale dos Vinhedos 87
Valladolid 197, 209, 217
Valparaíso 125, 131
Valpolicella 387, 401
Van Hunks 61
Vaqueria
   de los Pinares 99
Vasco da Gama 38
Veneto 387
Veneza 387, 393
Vernazza 315, 319
Vertus 267
Veuve Clicquot 268
Via Ápia 331
Via Francígena 337
Via Trajano 331
Viansa Sonoma 253
Vicenzo Tóffoli 396
Victor Emanuel II,
   rei da Itália 348
Viedma 151
Vila de San Marzano
   di San Giuseppe 354
Vila Real 141
Villa Creppia 410
Villa Francioni 105
Vin de Mauves 293
Viña del Mar 131
Viña Edén 449
Viña Errazuriz 119
Viña Indómita 130
Viña Matetic 129
Viña San E
   de Altitude 99, 103
Vínico Valmarino 95
Vinícola D'Alture 106
Vinícola Geisse 91

W

Walker Bay 68
Walt Disney 236
Wappo 230
Waterford Estate 58
Waterfront 46
Wilhelm Grimm 243
William Seward 232
Wine Experience 439
Wine Train 254

X

Xhosa 42

Y

Yao Ming 236
Yountville 235

Z

Zagreb (Croácia) 342
Zagrese 342
Zinfandel 343
Zulu 42

Dados de Catalogação na Publicação

Milton Mira de Assumpção Filho.
Viagens, Vinhos, História: Volume II /
Milton Mira de Assumpção Filho.
2023 – Rio de Janeiro – Starlin Alta Editora e Consultoria Ltda.
1. Turismo 2. História 3. Vinhos ISBN: 978-85-508-2349-2

©2023 Starlin Alta Editora e Consultoria Ltda.

Direção de arte: Carmen Fukunari
Assistente de arte: Adriana Fukunari
Mapas: Leonardo Rosa Benedito
Tratamento fotográfico: Carlos Pedretti
Produção editorial: Lucimara Leal

Design da capa: Isadora Mira
Foto da capa: Eloi Omella | iStock
Imagens: as fotos sem crédito na lateral
são do acervo do autor

MBooks do Brasil Editora Ltda é uma empresa do
Grupo Editorial Alta Books
Todos os direitos reservados.
Proibida a reprodução total ou parcial.
Os infratores serão punidos na forma da lei.

ALTA BOOKS
GRUPO EDITORIAL

Rua Viúva Cláudio, 291 – Bairro Industrial do Jacaré
CEP: 20.970-031 – Rio de Janeiro (RJ)
Tels.: (21) 3278-8069 / 3278-8419
www.altabooks.com.br – altabooks@altabooks.com.br
Ouvidoria: ouvidoria@altabooks.com.br

Editora
afiliada à: